臺灣放眼亞洲北東南——

族群文化論集

謝世忠 著

自序

　　筆者碩士論文指導老師中研院院士芮逸夫教授七十華誕時，在眾弟子協助下，整理了他數十年研究的成果，由臺北藝文印書館於1972年出版《中國民族及其文化論稿》上中下三冊以為慶賀。這重重厚厚紅皮巨書，抱在一起，可是身心都壓力，「身」指的是脊骨膝蓋承重，「心」當然就是浩瀚學問，我們晚輩到底哪天可以趕及啊！筆者就是那常常搬運的主角，目的只有一個，學習與再生產。學老師之專業，然後也看看自己有無一點點寫字問世的學術生產機緣。

　　每每芮師翻閱三大冊之際，筆者都看見作者的滿滿幸福笑容，縱使他也常常滴滴咕咕文章根本沒收齊，小小有嘆氣。一晃半世紀，當時1972，現在2022，當年艷羨崇仰老師的年輕人，又做些什麼了？答案是，出書，也是如同恩師三冊般的研究紀錄彙集（2004年臺大先出了《族群人類學的宏觀探索——臺灣原住民論集》與《國族論述——中國與北東南亞的場域》二冊，現在又二冊，另冊《佈點人類學——觸角與廣識》有另序，此不贅述）。前陣子大學同學聚會，有位好友出言「你是芮逸夫的繼承人」，我則直覺否認，因為學術好像不宜封建式的接班傳承，而應是學生要開創超越。更何況，筆者始終自己以非常不同之視角參與觀察人類事物，早和老師的套路有著千里之隔了。然而，回到冊書的出版現實一事，突然驚覺自己所為，的確與老師相像度極高，而且他研究中國西南民族，而我本書有一大半北部東南亞，正是師生區域探索的延伸證據，因為許多族群活動都是跨域為之，在那頭由芮逸夫聚焦，到這頭換謝世忠下筆。果然，薑是很老的最辣了，50年悠悠，望著年歲已逼近老師當年的出書貴庚，終於不得不佩服院士大師無形的影響力，小輩如我，以為業已跑出了他的飽滿大手，但，其實始終還在附近繞繞。

　　筆者從未想到有一天，剛好發現自己的東南亞和東北亞論文數量等

齊，可以分半前後部，合而集成一書。論文集不是專書，不過，林林總總加起來，從文字裡或也可透露些許作者的時代心境。一下子東南，一下子又東北，哪來這種能耐，難不成因為雙子座，可以分心區隔如此？其實，興趣廣或是主因。興趣廣對人類學者來說，並非優點，因為學術生命有限，不可能讓你各方都包，哪裡都行。只是，做一名研究課題點將錄行者，似還蠻適合筆者個性，很愛去拉線很遠的各方。人類聰慧，充滿各類穿越性的潛力。東南與東北兩極遙對，卻也擋不了移動跨出的步伐。人類學者自己已然實踐，兩邊多年跑跑走走，很想看看雙邊世界文化創造的穿透形質。至於學論之穿透建置有否成功，就敬請指教了。

寫於穿越泰雅族大豹社過往獵場的安坑綠中海綠綠家屋

謝世忠　Hsieh

2022年7月13日

目次

導論

　　本論文集分成二大部份，其一為東北亞洲愛努族，其二為東南亞洲泰傣寮族系。一東北，一東南，正好位處大亞洲的上下兩極端。一名人類學者橫跨如此廣闊幅度地區進行研究，當屬少見，而筆者卻讓自己成為少見者之一。其中故事應從東南的部分先說。

　　打從學生時代表達對中國西南非漢族的研究興趣始起，自己的涉獵範圍多未超過中國西南與東南亞大陸北區，此為成就東南亞學者身分的前提。當然，說是一區，卻也還是一個龐大範圍。有關中國西南的那一塊，除了博士論文以及相關小書出版之外，其餘論文多數已刊於《國族論述──中國與北東南亞的場域》（2004／臺北：國立臺灣大學出版社）。至於東南亞的區塊，《國族》該書集結了一小部分，另外的多篇則等到今日的本書，才得以合輯方便參閱。

　　怪怪的事情就是，明明東南亞，又為何跑出東北亞？這必須說明。北海道大學與臺大於2006年底在札幌北大校內合辦大學與原住民族主題的研討會，以為其甫成立的北方民族研究所暖身慶賀。當時，在會場上，親見愛努族領袖接續發言，嚴厲批判日本學界對愛努的百年研究剝削，當場迫使北大同意新研究所將改以愛努民族為名。原本筆者就有擬定長期研究計畫，試圖釐清不同政體歷史背景的亞洲國族─國家與其境內非主體族群關係模式。而此回親身參與愛努族人會議上的積極表現經驗，促使筆者興起認識並進一步了解該族族群位階變遷的動機。剛好臺大獲得教育部五年五百億頂尖大學補助，參加研究計畫的教授，均須提出有別於國科會計畫的新研究目標，於是愛努族水到渠成，即刻成了筆者東北亞新學術興趣的代表對象。

　　本書的五篇愛努族文章，第二、第三以及第五篇均曾於特定期刊登載，第一篇為領到日本交流協會招聘活動的「研究報告書」，第四篇則為

在韓國參加學術會議的論文。從一到五的各篇，分別著重於歷史、祭儀、兩性、認同、以及國際等場域。關於歷史的探究方面，並不在陳述編年敘事，而是討論多元被建構或被呈現之愛努族史的社會層面。祭儀文章主要說明處於缺乏自然村，也沒有了傳統居家可能性環境下的族人，如何將博物館展示建築予以神聖化並充分使用的過程。兩性的論述，強調儀式步驟裡所見的性徵與性別力量要素。而認同該篇則敘述一項復振儀式的再現艱難及其所反映出的族群意識面向。最後的國際篇，寫到族人過去多年的訴諸世界歷程，其中有幾項要點，佔據了出面控訴時的最大版面，它們也構成了文章的主軸標題。五篇文章當然難以道盡愛努族的今昔，但，它們算是中文學術關懷的起步，尤其幾個人類學關注的範疇，均已有所著墨。

　　第二部分的泰傣寮族系，全部焦點於分布在不同國度裡之語言學分類上的泰語系群體，他們包括泰國的泰人，中國與寮國的泛稱傣族，以及中國海南島的黎族。部分文章內容亦涉及國境內非主體族群的非泰語系部落，但，他們的生活全都與泰語世界息息相關。黎族的黎，必須以在地多數人群閩南語發音成lai，它就是泰傣之tai的音轉，亦即t已經清化成l音了。七篇文章排列自六至十二。第六係為了釐清泰人傳統雙系文化與佛教信仰的關係。第七和第八都論及傣泐人，亦即中國的少數民族之一傣族，其中的要點，述及了作為傳統時代，居於各大帝／王國和殖民勢力壓力下，傣人族裔型迷妳小國的近現代命運。第九到第十一的三文，均與寮國內部人群互動過程有關，其中包括了該國主體族群、北方傣泐人、越來越多的華人、以及歐美背包客等，而博物館展示和其所揭舉之族群定義，以及明信片人物圖樣等，也是部份的重要材料。最後一篇就是黎族，內容為一批該族文物的收集與今日處境的討論。此等文章問世，僅係提供些許分析意見，對於泰傣寮廣泛南傳佛教區域，仍有太多值得探究的好題目，它們都有助於對在地人類故事的了解，這也是筆者繼續投入的目標之一。

　　本論文集標題「放眼」，而內容又是區域上的二個極端方位，事實上即在表示，人類學題目可以同時二大區對映對話，而且出自同一人之手。筆者認為，如此安排有其意義，也因為如此，才放開腳步雙向進

行。東北亞例子看盡一個極弱族群的生存努力，東南亞之部，也是以一個弱體小型王國從解體至復體的形質雙重意義為主。我們不離開國族─國家架構的客觀事實，從而以逐一議題來觀察其間之個人與團體的上演故事。人類學表達關懷的路徑或有不一，而筆者的本書自大區域著手，接續以特定族裔群體為對象，大小視野並置，期盼能獲有跨越與整合理解的效果。

第一部分

東北亞洲愛努族

虛實之間的民族史
──愛努人的「歷史」與歷史記憶

一、前言

　　2008年6月6日日本國會通過承認原居北海道的愛努人為該國先住民族。此事對150年來始終驕傲於自己是單一大和民族的日人而言，無疑具「破天荒」之意涵。換句話說，原本一國一民族的景況，一夕間，便成一國由兩個民族組成。未來日人從法政到個人的種種調適措施，必為一持續長久的挑戰。不過，被官方承認是一回事，愛努議題受到學界的重視，可不是遲至今天才開始。也就是說，在超過五個世代（按，一世代以30年計之）的時間裡，日本史學家、人類學家、民族學家、生物遺傳學家等等，幾乎從未間斷詮釋書寫愛努。基本上，愛努知識的積累著實豐富，因此，欲認識或甚至較深度暸解愛努，並非困難之事，認真閱讀即可。

　　當代國家常見習慣性地絕對固定境內的民族單元與數量，例如，中國固定了55個少數民族，越南法制認定54族，泰國北部有山地5族（謝世忠2004[1998]，2007），臺灣也類似確定了14個原住民族群。學術思維雖不盡然一致於國家規制，但，各國國內學術研究者，大部份仍是依循行事，以單一民族為對象，從事相關課題研究。其中最為顯著者，就是歷史或稱民族史的旨趣。中國方面，國家民委和各級黨政機構組織，出版過無數以如藏族史、蒙古族史、或傣族史等等為名的專書論文，臺灣省文獻委員會（今已改制為國史館臺灣文獻館）也曾動員大量學界人士，分別撰寫出版原住民各族的歷史。越泰兩國在中小學課本中，更是清楚確定了國內各族歷史版本。如今日本多了一個先住民族，理論上，對她的歷史過程，應會

如其他國家一般，即將出現官方說法的場域，但，由於日本的研究書寫傳統紮實，關於愛努人歷史論述，圖書館和專業書店，早已堆冊山高，所以，未來政府如何參與，「正版」愛努族史會是什麼，仍有待觀察。

那麼，在未來式之前的當下，現狀的「愛努族史」又是什麼？亦即，它的外顯展貌（即，公諸於外，人人可見可學可觀察者）和內質認知（即，流通傳誦於族群內部的歷史體認）景況如何？吾人尚未可知。因此，在本文中，筆者即擬以此為題，探討「愛努族史」長久以來的呈現場域，藉以說明歷史可能存在的實體與虛幻辯證關係。

二、印象掠影

研究者或具特定探索興趣者抵達北海道，基於各類文獻、大小博物館、節目展演、觀光場地、儀式活動以及幾處組織機構訊息，不需太長時間，簡單理出一愛努人的族群文化歷史，並不會太困難。換句話說，四處已然存有的介紹述說，加上自己的有心觀察，一份愛努歷史圖樣，可望清晰留存腦海。以下是筆者田野初步心得。

北海道是日本唯一以「道」為名之行政單位，它一方面代表該區的廣袤大地，另一方面則宣示了偏遠異域之意。過去日人稱其為蝦夷地（Ezo），而愛努原住民分佈更遠至今俄國庫頁島和千島群島，當然也包括日俄領土爭議的北方四島。明治維新之前，有少數如松前藩等地方軍閥，曾盤據過有限地區，一般而言，當時日人在北海道人口仍相當少。爾後，俄羅斯顯現出了對蝦夷地的野心，驚動帝國政府，明治天皇才開始規劃經營之。自此，開啟了愛努原住民與外來日本國家和人民長期嚴峻的對話歷程（see Howell 2005）。日本採強制殖民政策，同化是為主要目標。從1871（明治4年）至1883（明治16年）短短十數年間，陸續規定禁止如文面、室內葬等各項文化行為，同時不准捕獵熊隻和鮭魚，停止重要祭儀的舉辦，更強制要求學習日語。

1899年，《舊土人保護法》公佈，宣告日本已全然掌有北海道，此時，原住民已成了接受福利協助的無力之人。1946年，北海道愛努協會（The Ainu Association of Hokkaido）成立，1961年更名「北海道同胞協

會」，「同胞」一詞，愛努語為*utari*，所以，大家就習稱之為*Utari*協會。但是，英文會名仍維持Ainu的用字。2008年政府承認愛努人的先住民地位後，2009年夏天，協會決定恢復1946年舊稱。

不過，1899年舊法，一直要到1997年7月《愛努文化振興暨愛努傳統與愛努文化傳播宣揚法》（慣稱《愛努新法》）頒佈，才宣告廢止。換句話說，縱使民間協會以「愛努」或「同胞」為名超過半個世紀，官方的「舊土人」一詞，仍使用了近100年。而協會本身，亦相當程度地配合政府，係以族人的福利補助為工作要點。協會總部設於首府札幌，全道共有數十個分會，組織不可謂不大。迄今，它仍是與政府對話協商的族群單一窗口。

基本上，整個北海道已無愛努族的自然村存在。也就是說，像臺灣原住民各族的部落社區，早已不復見於愛努生活世界。愛努新法內容僅及傳統與文化。法令頒佈後，在政府協助下，札幌郊區設立了財團法人振興機構（see The Foundation for Research and Promotion of Ainu Culture ed. 2007），旁邊空地搭建一展演式的屋舍村落，以供各項文化活動的舉辦。族人多以*kotan*（愛努語：村落）名之。其它地方（如中部的阿寒和南邊的白老）也有幾處被稱為*kotan*的表演或觀光場區。綜合觀之，日本政府執行同化一個半世紀，造成愛努族人雖擁有協會與財團等兩個彼此關係密切的龐大社團，卻失掉所有村子；愛努一稱用於社團的英文名字，卻放棄國內日文名稱的使用；晚近通過的法律，明文保障文化之推廣，然各項傳統生活的實踐，卻多難以與觀光表演有效區隔。

以上的民族誌簡略觀察，可為後文接續描述分析的背景參考。關於愛努族的「從過去到現在」，仍有不少地方，必須逐一細數，方可理解其間的虛實分際，也才能更清楚地言明人類學愛努知識的所在。

三、考古學術

日本列島在史前史方面，最為著名的考古學現象，就是其綿延久遠的繩紋陶文化。即使可將之再細分成不同時期，但它北自北海道南至琉球群島的全境出現，無疑對近現代的大和民族國族建構，有著推促的效力。

　　然而，北海道存有族群語言文化均和本州九州等日本本部大不相同的愛努族一事，學界不可能略而不論。今天，考古學研究的結果，大致已有定論（見如加藤博文2007）。

　　學者們公認，繩紋陶時代，全日本的文化面貌接近，族群背景應相差不遠。但，繩紋陶晚期，北海道出現擦文粗製陶器樣式，成為一在地的特色，再加上不少可能係儀式用熊骨頭出土，論者因此多視其為今愛努人祖先。到了12世紀，道南各地與本州北部來往密切，南方的精緻陶瓷，大量進口，逐漸取代擦文陶的地位。當時墓葬顯現出複體文化景象，亦即本土的物質設備和南來的瓷器用品，均成為陪葬的物件。日本考古學稱此時方是愛努文化的建立期。換句話說，12世紀之前的擦文時期，只能說是「前愛努文化期」，而直至與本州開始往來之後，才開啟了愛努文化。

　　此一論點，對日本的國族建構與維繫，依筆者之見，至少有兩項關鍵的支持思維。其一，繩紋陶是為包括北海道在內的日人共祖文化。其二，12世紀起始的愛努文化，係以南方精瓷文化為仿習標竿，因此，它實為同源整體日本文化的一部分，至於擦紋陶器，頂多只能視為地方相而已。考古學術的定調，不僅拉近了北海道與日本本土的距離，更將兩者連成一體。據此觀之，百年多以來的同化政策，事實上就是期望複製12世紀的景象，使北海道的在地族群（即所謂的「舊土人」），在政府協助下，很快的融入南方本州的文明體系。畢竟，同化成一，並非創舉，它至多只是提醒今日愛努族人應快快效法800年前祖先的智慧，擇優（南方文明）並以身許之（儘速同化）。

四、文獻公演

　　前節提及，日人學者對愛努文史研究，業已累積許多成果，此一事實從任一展書之處，即可獲得證明。札幌市愛努文化振興機構除了設有kotan造村之外，另有一室內博物館和一小規模圖書館。後者規模雖小，但，整面書櫃全是愛努歷史文化相關出版品，令人印象深刻。北海道大學附近街上有頗具聲名之學術書店，店內愛努研究專售區，大小精緻封皮專書琳瑯，目不暇及。其他大自位於新札幌市的道立北海道開拓紀念館，小至白

老愛努博物館外的藝品店家攤位，總是擺滿各類研究書冊，供人取閱購買。換句話說，整個北海道，四處見著愛努研究出版。

誠如上節所言，道內已找不到任一愛努自然村，所有過去著名或較大族人部落社區如白老、二風谷、十勝、白糠、旭川、帶廣、靜內等等，也都僅存有限的追憶。依筆者經驗，尚記得以前村落所在地的人，已是寥寥無幾，而縱使確定了地點，前往觀看，哪怕走上數十回，也發現不了任何蛛絲馬跡。族人四散，土地的依憑早已失去，來到北海道，除了觀光表演場所，還真不易遇上日本兩大民族之一的愛努族成員。但，諷刺的是，相關研究報告卻多如江鯽。任一名來到白老的訪者，在市區尋不到愛努村里鄰坊，而卻能在市郊博物館裡外，讀到百本族群各類細緻書寫。此一現象十足代表文字所記，全是過去之事了，愛努人實有如已早早成了歷史。

日本留下許多關及蝦夷地的歷史圖冊文獻，彩色黑白都有，而明治納入版圖之後，更開始製造極大量的攝影和記載資料，官民雙方的研究者陸續投入寫作，成就了今天看到的出版景觀（見古書サッポロ堂書店編2006；弘南堂書店編2006；高木崇世芝2005[2000]）。但是，兩百年來的作者，幾乎百分百為日裔人士（按，當然有極少數如二十世紀前半葉登別出身的知名愛努作家知理幸惠和知理真志保姊弟等人〔參知里森舍編2004〕，但仍極度不成比例），因此，它們綜合構成了北海道愛努的「和人知識」（愛努人稱日人為「和人」[Wajin]）。前至北海道，準備認識愛努族群歷史文化，在缺乏部落社區現場眼見證據的情況下，除了博物館或觀光區之外，就屬四處可及的書籍文本最為實際。只是，翻閱之後，吸收入身者，恐怕盡是和人觀點（按，近年陸續有幾位愛努菁英出版專著〔見如宇梶靜江2006；小川早苗與かとまぢ2004[1996]〕）。也就是說，和人精英作家透過文筆，寫下愛努，再集體公演於今日北海道展書之處，形構了本地先住民的主體論述場域。

五、亮眼博物

北海道展有愛努文物的博物館數目不在少，各館除了陳列或販售前述大量出版品之外，更重要者，當然就是館藏展品。筆者自2006年底起迄

今三年多時間裡，計田野造訪北海道幾近十次，每回報到，總會設法參觀至少一處未曾去過的博物館舍。截至目前，共訪問過北海道道立開拓紀念館、社團法人北海道Utari協會附設文物館、財團法人愛努文化振興研究推進機構附設文物館、二風谷愛努博物館、二風谷萱野茂紀念館、白老愛努博物館、靜內町真歌公園愛努博物館、帶廣百年紀念館、阿寒愛努文化館、旭川自然保存中心、旭川中村紀念館、白糠文化保存中心等12處大小館不下20來次。欲知愛努傳統生活，來到博物館，大致就能相當程度滿足需求。

不同館舍自然有其特定的展覽要點，尤其為了強調在地性，部分常設或特展，就會以博物館所在町目傳統特色為題。不過，卻少見有特別對各區文物或文化進行系統比較的展示。換句話說，「愛努」往往就是給人留下印象的綜合主題。更何況，展覽手法與內容方向，各館並無太大差異，多半就是以飲食、住屋、衣飾、農業、狩獵、畜養、祭儀、宗教、樂舞、紋面、分佈以及歷史說明等為策展對象或範疇（參財團法人アイヌ文化振興・研究推進機構編2009）。來到博物館，很快地即可瀏覽完畢愛努人的過去生活內涵，而從中建構族群印象，亦成了除開前舉大量介紹或深究文化之文獻以外的另一主軸來源。

從另一角度來看，這些規模不等的公私立博物文物文化館，盡收愛努文物，致使部落已然消失的族人，亦無從擁有傳統生活用品，那麼，愛努族人所剩幾何，不難想像。愛努人就在一百年「舊土人」身分歷程中，失去社區，也完結了傳統。社區村里於高度同化壓力氣氛下，化作無形，而傳統物質則在少人察覺之際，完善地轉入各地館內。博物館人員告訴筆者，愛努族人主動前往博物館參觀自己祖輩文化者，並不在多，而本人幾次的觀察經驗，事實的確如此。這或許是該族缺乏一種全民性社會運動推力之故，日後當以專文論之。總之，在此一情境下，吾人可以確定的是，愛努文化的亮彩精華，就在受到細心照料的博物館內。長期未被承認為現生先住民的景況，從文物全數進入典藏一事，亦可獲得說法。換句話說，既然國家並不存在先住民，那就表示大家都屬同一種人，因此，所有過去留存，理應交由博物館保管，畢竟，一切都已成不復存有的歷史了。

六、樂舞文本

　　愛努族人的樂舞表演，可見於許多場合。觀光重點地區，如白老博物館旁kotan的一間家屋，就是演出場地。每日固定演出數場，外加演後的場外合影，以期取悅來訪客人；阿寒kotan後邊的一間表演廳，晚上有兩場表演，有時還會請來沖繩樂人前來助陣。Utari協會或由地方政府支持之各地文化保存會舉辦的藝文和母語比賽等活動，少不了唱彈節目的搭配。觀光大飯店亦常請來專業團體，選於夜晚餐後，特別演出招待住客。幾項碩果僅存或近幾年恢復成功的祭典儀式，諸如迎卷鮭祭儀、舟船下水典禮、及紀念歷史英雄活動等，在正事結束之後，就開始觀賞接續出場的藝演舞技。甚至國際性大型活動如2008年夏天分別在平取町舉行的「世界先住民高峰會議」，以及在愛努文化振興研究推進機構舉辦的「愛努民族高峰會議」，都安排了跳唱曲目舞碼。前述文獻書籍和珍貴博物兩類屬係非現生族人體驗性質，它們至多只是紙類物類的愛努版本，反之，舞樂場合必與活生生族人接觸，觀賞者親眼見到穿著族群服裝的愛努成員。訪客的生動感覺，似比較容易被激發出來。

　　在各個地點或為各種目地而演出，內容均不會有太大差異。最為常見者包括口簧琴演奏、Sahalin（庫頁島）吉他琴彈奏、男子劍舞、女子甩髮舞、鶴舞、背著幼子工作舞、驅蝗蟲舞、鯨豚舞等節目。在不斷出演的景況下，這些樂舞形成一另類的文化文本。縱使不再有部落社區，散居的族人，依舊維持此些傳統舞碼及其器材不斷，想像中，當是付出了相當心力。

　　行文至此，我們大致可說，考古文本清楚地使愛努史與國族論述結合，文獻文本實有如愛努通史教材，而博物文本則完好呈現「舊土人」的舊式生活，至於樂舞文本，至少應能稱之為文化持續的當下面貌。不過，這些種種，不是學術／國家觀點（如考古說法），就是和人／日人觀點（如文獻結語），即使曾是族人生活的重要一環，今天的物質文化，早已轉由專業博物館觀點負責詮釋，而樂舞範疇，縱然稱之為活生生文化展現，但它的休閒樂趣屬性，實仍難以代表當前族人歷史意識的實踐範疇。

那麼，愛努人史觀為何？答案恐怕無法自前述幾大項次內獲得。

七、族人史觀之一：三大戰役

　　愛努人雖早已不復見自然村或部落實體的存在，但，不少族群意識較強的個人，她（他）或為*Utari*或愛努協會的幹部成員，或為地方支部要角，抑或只是純粹單人等等，均仍對我族歷史抱有一份想法。而縱使此等不同個人間，對公共事務或有嫌隙異見，筆者發現，大家卻擁有一份共同的歷史想法。「一份共同的歷史想法」，對所有成員已然分處各地的族群來說，深具意義。換句話說，它極可能就是當前族人「解」而不「散」的關鍵要素。

　　自筆者2006年開始接觸認識愛努族人以來，一直到今天，都還在繼續聆聽新識者講述同一份歷史故事。族人們相信，先祖曾於1457、1669以及1789等三個重要年份中，和入侵的日本人（或稱和人）交戰，其中1669年該次，全族在英雄Shakushain的領導下，竟能取得優勢，和人被迫請求談和，但卻在談後宴會上，毒死了Shakushain。自此，Ainu人即一蹶不振，直至1789年再次失敗打擊，就全然受入侵者擺佈了。

　　今日愛努族人包括村落消失、母語斷線、教育低落、經濟貧弱、文化頹色等等在內的「慘狀」，均被認為與上述三大敗仗息息相關。也就是說，失去戰力如同喪失信心一般，對隨後明治政府排山倒海而來的強制同化措施，根本毫無招架甚至反應能力。百年的壓迫，幾乎未見積極的抵抗行動（按，Richard Siddle[1996]曾以「愛努抗爭與抵抗」為題，述說包括同胞／愛努協會成立一事之景況，明顯有過度詮釋或誇大其辭之嫌。另外，Katarina V. Sjöberg [1993]大作取名《愛努再起》[*The Return of the Ainu*]，亦極容易誤導讀者認知現狀），愛努族有如憑空消失，致使日本大和民族論述與建構，少有見到挑戰（按，結城庄司為極少數的公開反對者之一，但力量相當有限〔參結城庄司1997〕）。1980年日本首相中曾根康弘甚至非常引以為傲地宣稱日本正是一單一民族的國家。當時1899年的《舊土人法》仍在效期，首相一語，十足代表舊的事務已然飄渺，所以，「土人」們即使有所不悅，聲音也是非常微小。

不過，比較引人關注的是，三大戰役史觀的普遍化，到底反映出何種深層意涵？依筆者之見，其一，它讓族人自我合理化了當前愛努極端弱勢的事實，因為，就是絕對的戰敗，才使全族潰散致此；其二，它以極度負面的共同歷史經驗，反向地演變成族人共享的認同象徵；其三，英雄在愛努這邊，而騙殺者則於和人那邊，所以，兩族基本上人格族格有差，族群界域因此永遠兩隔。據此，散居無村的愛努人，依是與和人清楚區辨，而它也是中曾根首相單一民族論言後近三十年，該族竟能成為國家先住民或被承認為另一民族的背景基礎。

八、族人史觀之二：歧視終身

除了三大戰役的失敗收場之外，另有一項愛努族人幾乎也是人人會自動提及者，那就是歧視。筆者在北海道，凡是與該族人士初認識談話，總是很快地就會聽到對方說到承受歧視的經歷。此一共同擁有的語詞表述特質，存在於當下愛努人身上，它直接點出了三大戰役之後和人及其政府的言行，也反映了族人形質二方全面挫敗的外在因素來源。

前節說到，北海道「*Utari*（同胞）」協會一名雖改自原有的「愛努」協會，但，英文會稱，卻仍是維持Ainu Association之名。英文的Ainu，族人感知遠距，所以，幾十年來，並未生事。但是，為何當年日文名稱要從「愛努」換成「同胞」呢？理由是，「愛努」族稱實在太令人羞恥了，許多族人避之唯恐不及。改成「同胞」之後，比較不會受到「愛努」污名的困擾。許多族人表示，扛著愛努族一員的背景，就永遠被人歧視。有的人始終隱藏自己，然，一但被發現愛努族裔身分，就勢必長久躲不掉外在歧視的眼光與作為。所以，使用「同胞」一詞，有緩和與間接性化的作用。不過，眾人還是日夜焦慮，深怕身分曝光。如今，在日本國會與政府承認愛努先住民地位之後不久，協會就決定改回「愛努」稱名，各地支部陸續傳來不安情緒，因為過去「愛努」一名的負面性以及受害經驗傷害太重了。一位報導人表示，「一但開始張顯愛努意識，他們又要叫我們『nuko』（slave／奴隸）了」。筆者的年輕音樂家好友認為，當今的愛努新生輩，面對族名所承擔的壓力，更勝於過去世代。一名地方文化保存會

的女士告訴筆者，直到五年前，她都還不敢承群身分，因為深怕受到歧視。一般認為，只要曝了光，悲劇慘事必定接踵而來。

　　一位發展愛努文化的社團負責人抱怨年輕人都不願加入，因為他們不想面對異樣眼光。另一名相當活躍的女性行動家曾公開提及，她的家庭九個成員，唯有自己一人具有愛努認同。然而，此舉卻引起其二哥嚴厲的責難。「薩哈林（庫頁島）愛努協會」會長與筆者聊天時，曾說到只要有人較長時間盯著他看，就會令自己坐立難安。一次在參與某項儀式時，一名年輕族人嘆氣表示，他的最好朋友自從知道其愛努背景之後，就再也不連絡了。同樣參加是次活動的中年人說，自己年輕時，根本不敢公開承認族群身分。雖然政府已經接受愛努先住民地位，但很多過去深受歧視之害的老一輩成員，依舊拒絕接觸任何與愛努有關之事物。一名老年婦女對前來探訪的年輕族人說，「拜託不要再來煩我了」。幾乎所有族群社會運動活躍者都明白，由於「愛努」一稱的深層污名，以致在事務推動方面，橫生阻礙。

　　的確，對多數愛努資深年歲者來說，此一族稱如魔隨形，非常可怕。一位退休教師表示，「在我母親年代，所有愛努族人都深怕看到冰淇淋，因為此一美味甜點日語發音aisu，很容易使人想及發音接近，但卻有極端負面意涵的ainu」。1975年，一位內心深受傷害許久的名望老人，竟大庭廣眾對族人說，「汝等如此令人憎惡的子孫啊，我看著你們的臉，漸漸感覺到，每一個人都成了紅魔鬼或藍妖怪了」。阿寒地區的一位地方領袖告訴筆者，幾乎所有族人都有極為墮落的性格，而這正是自明治以來，長期受到嚴重歧視的結果。多位報導人均曾說到，他們非常不願去想祖父母親和父母親時代的不幸遭遇。許多和人一直到二十世紀都還對愛努人相當殘酷。一名年約七十的先生指出，在其父母的年代，男人都被警告千萬不要迎娶愛努女人。筆者的退休小學校長好友說，和人之所以如此歧視愛努人，主要是後者的多體毛以及身體的怪異味道。

　　不少族人提到了家庭暴力。主要的原因，依筆者之見，當一名早已歷經挫敗失志煎熬的父親，面對著強烈質疑其族群意識的孩子，很可能難以忍受而失控做出暴力的行為。一位中年藝術工作者說，他幼年時非常討厭父親，因為爸爸是一反對日本統治的積極份子，好好一個平和家庭，就因

其連續發起幾次批判政府的行動，而受到波及。60歲的女子記得小學時，幾次因講愛努語而被老師處罰。她又說，祖父母彼此以愛努語對話，但只要發現孫女走近，立刻停止母語的使用。另外，這位女士也抱怨丈夫的兄長從不承認自己為愛努族，而令人遺憾的是，不巧有一大堆重要傳統文物從前就放在他們家，現在根本不知到底情況如何了。筆者在白老曾聽到一則引人傷感的故事。當地有一愛努博物館，一群表演工作者天天於此唱跳奏彈琴曲謀生。某日，一個小學至博物館校外教學，當然也觀賞演出。不料，一名學生發現父親竟穿著愛努服裝出現在表演團體中。此時，他才知自己族群身分，深以為恥，立即羞愧跑開。

　　一位退休教師回想從前。他說，有一名11歲小孩，其臉部特徵，一看就知是愛努族。她沒有朋友，同學們常常嘲笑她。老師想接近她，和她談話，但對方卻總是頭低低，不敢直視。她非常害羞膽小，嚴重缺乏自信心。一天，這名愛努女生感冒請假，她的隔鄰和人同學立即寫一打油詩，「一天缺課，兩天請假，甚至三天都不來，原來熊兒還在冬眠呢」。還有一名離婚婦人，獨立扶養女兒，和人丈夫早不知去向了。某日，女兒哭著跑回，直說今天脫衣健檢，許多同學竟拉著她身上長長體毛，笑弄取樂。筆者接觸到的愛努族人，有著成打成堆的受辱故事。「受到歧視」幾乎成了身為愛努人的必經歷程（按，Emiko Ohnuki-Tierney曾為文指出，耕作重農主義的日本人，極端歧視非農傳統的愛努人[1998:31-51]）。自日本帝國政府統領北海道，同時和人成千上萬的移進並入侵愛努村落生活始起，先住民們就承受著無比的壓力，各種悲慘日子的報導與怨言，百年多以降，從未見間斷。愛努認同的基礎，除開上節的三大失敗戰役共有認知之外，大抵就是普遍存在的和人歧視經驗。「戰敗」與「歧視」都是歷史延展而來的事實，對過去種種的記憶，全化在此二大先驗範疇之內，族群認同竟也據之而得到強化。

九、族人史觀之三：祖先供養

　　習慣於在如一個部落、村寨、或有限範圍鄰里社區等定點進行參與觀察的民族誌研究者或人類學家，或會對失去類似定點生活場域的愛努族人

深感惋惜。一來，該族可能人消群散，難以再被作研究，二來，缺乏空間地方維護的族群，必是生活困頓。不過，更多接觸之後，可能就會改觀，甚至重燃希望。事實上，愛努人族群性（ethnicity of the Ainu）展現兩種極端相反的景況。意即，雖有不少人終身隱逸，但，也不乏我族認同感相當強韌者。除了前節敘述的歷史失敗記憶與共同受歧視苦難經驗，一起作用強化了族群意識之外，特定祭典儀式的維繫，亦是關鍵要項。

只消稍稍檢閱歷史文獻、古史研究報告、或日本政府執行大同化政策前期的近代學人紀錄，均很容易可以看到愛努族人豐富的各類宗教儀式，以及超自然信仰實踐的種種方式。而百多年來，縱使外在壓力強大，諸項禁止令紛紛發佈，部份愛努人仍是堅毅地承繼傳統，儀式照作，或者等時機有利，就恢復舉行活動。當前最具代表性的全族祭典，應是一年一次秋季對民族英雄Shakushain（按，對和人第二次戰事的領袖，後不幸中計毒死）的祭祀活動。另外，也是年度大事之至北海道大學祭拜存放於醫學院的祖先儀骸（按，原為實驗研究標本，後經抗議才收而管理收藏）、白老和登別的新船下水典禮、以及每年9月千歲川與札幌豐平川的迎捲鮭儀式等，總有相當數量族人參加。

不過，個別的儀典仍非最富認同臝涵的場面。依筆者所見，不論任何祭典都會舉行的祖先供養儀式，或才是真正關鍵要項。換句話說，在靜內町的Shakushain公園，北大校園，以及各地水邊放舟抓鮭等，必會有不只一次的以酒、水果、甜點、餅乾等等食物，奉送至象徵祖先的長短木棒之前，請其享用。男性負責室內圍爐唸禱，女性則專門端美食佳餚外送廣場棒插之處。所有的祭典儀式進行之前，總有幾位男士忙著製作今天準備使用的多根木棒，棒棒都代表祖先，因此，非常慎重。公開性之典慶祭祀活動如上，另還有私人性如某一地方Utari協會支部首長邀約幾位親友至家中自己舉辦儀式，而這些就全都屬於祖先供養的範疇。他們的儀式過承，類同於公眾性祭典，只是較小型，限定人數，或不願公開。所以，無論公開型抑或私秘型的愛努祭儀，均在顯現祖先供養的關鍵地位，而它正是世代環扣相連的機制。也就是說，族人以此祭儀，連承先祖長輩，整體歷史據以串接，哪怕戰敗歧視終身相困，愛努民族史亦能透過對最親近祖人的祭祀，得以被永續述說。

十、討論與結論

　　愛努族人在未被政府承認之前，學術界或研究者早視其為一個特定族裔語言文化群體（a particular ethnic / linguistic / cultural group），繼而進行各項書寫論述。如今，該族被正式認可為日本國家的先住民族，由此也直接證實了過去對愛努族群單元的非官方認定，基本上是正確的。換句話說，愛努人百多年來，一直有人在寫他們的民族史。有興趣的讀者，隨手查閱，定能獲得大量書冊訊息。未來官方是否會推出一國訂版愛努先住民民族史，目前尚不得而知，不過，大致上，整體愛努的學術研究結論，已有相當的共識。這份共識包括了蝦夷地土著民族、熊祭的民族、鮭魚與鯨魚獵用的水岸及海洋民族、12世紀開始結合北海道與本州北部陶瓷要素的愛努文化、貓頭鷹神祇崇拜文化、衣飾圖紋抽象表意、明治開始正式設治統領並推展同化政策、和人／日人大量移入從而絕對性地稀釋了先住民、北海道愛努／同胞／愛努協會的半世紀福利支援屬性等等。這些知識存在於幾乎百分百的和人作者筆下，也就是說，愛努民族文化或民族史，在文獻的場域裡，基本上就是一種和人知識。我們閱覽群籍，事實上，正在被和人或日人觀點所左右。甚至，連與政府關係密切之同胞／愛努協會以及1997年因應新法而成立之振興機構的出版品，亦深受和人觀點的龐大文字力量所牽引（見社團法人北海道ウタリ協會札幌支部編2003；The Foundation for Research and Promotion of Ainu Culture ed. 2007；財團法人文化振興‧研究推進機構編2008）。然而，此份「主流」的歷史文化論述，雖因背景學術，所以有其被認定為具客觀性的優勢，但，依筆者之見，它們統合起來，僅是一種迷惘視覺與吞飽學問的文獻公演，而看不到族人的真實生活經歷。

　　敘說愛努歷史文化者，還有博物館展示和樂舞展演。愛努已無自然村，幾乎多數傳統文物全歸各個大小博物館，欲知該族歷史文化，就只能參訪館區。各館擺設並無大差異，整體的思維係把愛努當成歷史民族，逐項介紹與今日工業都會科技世界絕然不同的古老生活。人們看到展場文物與說明，即可獲得一個過去人群異樣形狀和原初社會的印象。唸書可為自

己建立文獻史觀，博物則協助參訪者，想像原始的日常種種，據此，或將更具象地形塑古時非日裔和人的蝦夷／愛努人之物質文化史觀。另外，幾個愛努表演團體經常性或特定性的演出，使得博物館參觀者、館外廣場複製村落的來訪者、會議結束後的娛樂節目對象、祭典完結附帶歡樂共享者、以及旅館酒店特約娛興活動圍觀者等，均能獲有動態愛努的體驗。書本與博物館畢竟靜態，雖可緬懷過往，但相較下，千真萬確的愛努人在眼前重現古早，感覺當更為不同。於是，許多人紛紛爭著與穿有傳統服裝演者合影，留下歷史在當下時空的再現倩影。

　　但是，所有上述建構愛努歷史想像者，多為外在給與的機會。文獻為和人成績，博物則靜靜沉澱，筆者發現，愛努人極少有與之互動者，因此，這些學術文物資訊到底提供了什麼愛努歷史文化內容，族人並無關心。而樂舞展演對演出者而言，亦僅為工作獲薪範圍，不會嚴肅看待。換句話說，它們都是身外之物。愛努人的自我史觀，通通不是奠基於考古學術、文獻公演、亮眼博物、以及樂舞文本之上，他們有特定的認同維繫機制，而此等機制體系，正是愛努主體歷史意識的根源。筆者發現，建基於歷史記憶與處境認知的三大戰役、歧視終身、及祖先供養等要素，即是三項關鍵性的史觀內涵，也是該族已然失去聚落社區，卻仍有強韌族群認同的緣由。古代戰事的失利，說明了今日愛努落魄景況，而蕭條淒涼與深受歧視息息相關，但，多數族人仍堅守祖先供養儀式，以期世代先輩與今天子孫永續對話。戰敗與歧視，反向地強化愛努人對當下族群不利狀況的理解。供養祖先則正向地支撐內部似乎瓦解多時的族人，在各個場合中，驕傲地與祖輩共享酒品美饌。對族人而言，歷史非常真實，因它已在現下獲得印證。反而，學論書籍博物表演等等，不是遙遠無感，就是無甚意義，它們形如虛空，感動不了族群成員們。不過，拉大廣角視之，「學、書、博、演、」卻是主流，大世界以此認識愛努，或者甚至設計規劃該族的下一步。對於國家／和人與國際／觀光大眾來說，透過該等媒介，一份歷史古族的整體模樣，無疑是實在而飽滿的。虛幻與真實交織現身，凡有述說歷史者認定了一方為真實，另方即可能幻影不存（如看書觀物賞舞者，幾乎全然不知族人另面的挫敗與傷情。或者，以戰敗、歧視、祭祖為基的愛努意識擁有者，根本無感於文獻館藏的內

容）。兩者平行共存，長期以來卻對話有限。或許，兩個「民族史」彼
此相互辯證檢視的機會，可能就會出現於2008年6月6日先住民確立之後
的任一時空中。我們拭目以待。

引用書目

小川早苗、加藤町子
　　2004《アイヌ紋様を曾祖母から継いで五代》。札幌：アイヌ文化传承の会手づくリウ
　　　　タラ。
古書サッポロ堂書店編
　　2006《北海道・シベソア文献目録　2006》。札幌：サッポロ堂書店。
古書專門弘南堂書店
　　2006《北方關係を主にした　弘南堂古書目録　第47號》。札幌：古書專門弘南堂書店。
宇梶靜江
　　2006《アイヌのカムイユカラ（神謠）より　シマクロとサケ》。東京：福音館書店。
加藤博文
　　2007〈変化される機能と価値─北海道における先住民考古学の試み〉,「資料與詮
　　　　釋：人類學知識的當代理解工作坊暨國際學術研討會」宣讀論文。2007年11月8-10
　　　　日於臺北縣立十三行博物館。
知里森舍編
　　2004《知里幸惠書誌》。登別：知里森舍。
高木崇世芝
　　2000《北海道の古地図　江戶時代の北海道のすがたを探る》。函館：五稜郭タワー株
　　　　式會社。
結城庄司
　　1997《チャランケ結城庄司遺稿》。東京：株式會社草風館。
財團法人アイヌ文化振興・研究推進機構
　　2009《アイヌの美　─カムイと創造する世界─ロシア民族學博物館・オムスク造形美
　　　　術館所藏資料》。帶広：十勝每日新聞社山版株式會社。
財團法人アイヌ文化振興・研究推進機構
　　2008《アイヌ民族：歴史と現在─未來を共に生きるために─》。札幌：財團法人アイヌ
　　　　文化振興・研究推進機構。
社團法人北海道ウタリ協会札幌支部
　　2003《UTARIアイヌ民族30周年記念誌》。札幌：社團法人北海道ウタリ協会札幌支部。
Howell, David L.
　　2005 *Geographies of Identity in Nineteenth-Century Japan*. Berkeley: University of California Press.
Siddle, Richard
　　1996 *Race, Resistance and the Ainu of Japan*. London: Routledge. Sjöberg, Katarina
　　1993 *The Return of the Ainu: Cultural Mobilization and the Practice of Ethnicity in Japan*. Switzerland:
　　　　Harwood Academic Publishers.
The Foundation for Research and Promotion of Ainu Culture
　　2007 *Summary of the Foundation*. Sapporo: FRPAC
The Foundation for Research and Promotion of Ainu Culture ed.
　　2007 *Paye=an ro: Let's Experience Ainu Culture*. Sapporo: The Foundation for Research and Promotion
　　　　of Ainu Culture.

Ohnuki-Tierney, Emiko

1998 A Conceptual Model for the Historical Relationship between the Self and the Internal and External Others. in *Making Majorities: Constituting the Nation in Japan, Korea, China, Malaysia, Fiji, Turkey, and the United States.* Dru C. Gladney ed., pp.31-51. Stanford: Stanford University Press.

* 本文撰寫過程中，承森若裕子、王鵬惠、郭欣諭、楊鈴慧等諸位女士多所協助，謹致謝忱。此外，日本交流協會的慷慨支持，以及北海道所有日籍朋友，尤其是愛努族長輩兄姊們的熱心指導，筆者更表感激。

（本文係2009年日本交流協會招聘活動研究報告書，亦為「社會與社會性質：文化人類學和考古學的亞太區域比較研究國際學術研討會」宣讀論文，2010年12月3-4日於國立臺灣大學文學院人類學系。）

展示建物與祭儀空間的神聖轉位
——無土無村無屋無節慶之當代北海道愛努族的認同機制

一、前言

　　人類學很早就注意到人類社會中慶典／節慶（festival）的普遍存在（Turner 1987[1967]; 1984[1982]），因為，社群生活中，始終會有需要慶祝（celebration）的事情。當然，與此同時，研究者也在探索"ritual"（儀式／祭儀）的意涵（Turner 1987[1967]）。於是，慶典與儀式間的關係，即引起不少學者的興趣（Santino 2011:61-73; Kifleyesus 2007:249-276; Schechner 1993:45-93）。多數的觀察結論是，節慶裡必有儀式質素，而各個儀式也均含有節慶的潛力。不過，縱然如此，節慶與儀式終究有別。後者的參與者多半是表現身為社會成員的一項義務，儀式活動係為了社群的福祉，人們以此來確認共同延續存在的事實，它可能很正式，典儀嚴肅，標準化過程，或者極為神聖（Santino 2011:63）。至於節慶，則總是反映出諷刺、情緒起伏、嘉年華式、以及逆轉狀態（inversion）（ibid. 62），或Victor Turner（1920-1983）所稱的反結構（1969），它針對的正是規矩的社會體制。節慶和儀式都牽涉到轉換（transform / transit）的期待與呼喚。也就是說，個人或團體的身分角色，應於典儀慶祝的象徵要素催促中，以及多少具有強制性力量的推動下，認分地轉置自我。Turner尤其強調，在節慶裡的玩樂（play），其實是在用來反思平常認知的神聖傳統，所以，表面上的胡鬧，反而是在呈現心底的價值。

　　由於節慶的超於一般單純儀式，活潑了人類行為內容，其趣味性高，

特別是最極致展現社會文化逆轉狀態的嘉年華慶祝活動，更加受到研究者青睞。從Alessandro Falassi（1945-2014）所編*Time Out of Time*（1987[1967]）古典一書，以及Turner編寫稍晚近名著*Celebration: Studies in Festivity and Ritual*（1984[1982]）和Richard Schechner上世紀末的專書*The Future of Ritual: Writing on Culture and Performance*（1993）等之幾部關鍵專著中，即可看到大量相關論述。自儀式的人類學傳統分析起步，歷經節慶旨趣，最後集中於嘉年華的豐沛戲謔和反轉展演，在其中，後殖民時空所呈現的混合殖民要素與當下在地生活的對峙或相容演出劇碼，更是重要研討對象[1]。然而，節慶甚至嘉年華真如一般所認知地是普世存在的嗎？節慶和嘉年華常被指稱係與族群或文化甚至國族認同息息相關，也就是說，在類此慶典活動中所呈現出各種認同的情況，多已為學界所理解；那麼，設若有不存在著節慶更遑論嘉年華此類超級熱鬧之文化性項目的地方，其在地人群又如何以非慶典性的簡單傳統祭儀維繫認同？他們所維持延續的認同內涵又是如何？為何沒能發展出節慶？在缺乏節慶純儀式文化景況下，其認同效能是否受限？凡此，都是筆者構思本文研究的最基本問題考量。

　　當代日本北海道愛努族，即是一個多少擁有一些族群文化祭儀、但卻缺乏節慶的群體。後文會詳細敘述其間的情況。不過，或許正因如此，祭儀幾乎成了唯一象徵性傳達族群與個人身分角色的場域，其整體儀式場景和執行過程，更顯異常嚴肅，頗有必須藉由此一珍貴時空強化自我認同的樣態。深論該課題之前，尚須自另一角度，先行鋪陳祭儀的物質要素背景，以利於愛努民族誌的分析。

　　在人類學領域中，建築構屋一般被視為物質文化的要項之一。它代表特定族群或文化群體護身庇體，以及存物置衣設施之美學建造和力學概念的綜合，甚至更常見發展成神聖室內外空間的意涵。換句話說，有的社會俗體建築與聖體建物明顯區隔，如基督宗教世界的教堂和一般人家之別；有的則在俗聖有差的建築本體之外，俗方內部亦有再次的聖俗之分，例如，臺灣漢人有居家和廟宇的不同建物分別，而俗民家裡卻又有大廳為神明祖先供奉之處。又如大陸東南亞南傳佛教傳統之社會如泰國和寮國，村鎮市區佛寺遍布，那是聖區，除了作為佛祖法力展現之處外，富裕人家亦常把過世長輩以小型塔狀墳柱方式，置於寺內，而普通人家居屋內角落和

屋外門口，亦有代表家神處所的地方，或者另立一個據信神力巨大之現生佛爺高位供拜的位置。凡此，只要建築文化的基本項目——建物本體得以存在，亦即，聖方各類形制建體和俗方或俗兼聖等屋宇繼續存有，那麼，文化的持續，基本上應無大問題，畢竟重要儀式既得以執行，人們與超自然溝通管道當就繼續有效。

然而，在高度社會變遷情況下，建築的聖俗二方，均可能面臨重大挑戰，甚至衝擊到文化制度的維繫。例如，社會主義中國將近七十年的無神論主流意識形態，以及反封建迷信的政策運動，造成民間信仰在長時間內幾近毀滅性的衰退，一般街道市景不容易看到傳統漢人生活區的神壇廟觀，原本傳達超自然神聖意義的建屋已不復存在，俗屋成了當代建築物質文化的全部。學術界多視佛教為泰國國家文化與民間文化雙層面認同的主體（Keyes 1987, 1995[1977]；謝世忠2008:507-531），而縱使隔鄰的寮國為共產國家，該宗教亦是政府與寮人主體族裔群體[2]共同支持發展的傳統文化代表，甚至在地流傳久遠之泛靈範疇的寨神家神信仰，也多能繼續維繫存在，於是，聖方建物及其相關物質設施，仍然充沛湧現。反之，中國縱然宣稱「改革開放」超過三十年，屬於人類學界定下之民間信仰範疇的宗教神聖建築，除部分轉為民俗觀光功能者之外，多數因被劃歸「封建迷信」，已然飛速消失無蹤了。

日本北海道愛努族（圖1）近一個世紀之前，就已無任何自然村存在（謝世忠2012b:432-453）。也就是說，該族人失去傳統居家或其他神聖使用的建築實體，已超過四個世代。今日所見北海道各町市社區，全係明治時期過後自南方本州島或其他地區遷來之日本和人（Wajin）的後裔所建置，縱使某些地點如白老町和平取町過去曾為愛努大社（北海道新聞編2007a、2007b），今也完全看不出跡象。比較準確地來說，愛努族一方面傳統村落消失殆盡，另一方面，其原有聖俗共用的建築物體，在日本政府長期同化政策促導下，更是全然不見蹤影。然而，依筆者幾年來的田野觀察，愛努族建築所關聯的祭儀文化並未從其當代生活中消失。本文即要描述該族在無村無屋無土亦不見節慶的情況下[3]，仍充分展現其建築與空間祭儀文化的過程。換句話說，筆者擬述說一個飽受百年以上同化壓力而身處極為邊陲位置之原住民或先住民族群，於有限資源環境中，既沒有歡慶

圖1：札幌市北海道愛努協會展示歷史時期愛努
　　　族分布圖。（謝世忠翻拍自北海道愛努協
　　　會展示空間，2007.07.12）

節日也無後殖民國家地區常見之反諷逆轉本質的嘉年華活動，卻仍能在建
築相伴之超自然溝通儀式範疇內尋得認同的故事。

二、今日愛努民族與愛努文化

　　近代日本建造強國的過程中，最具代表性之意識形態，就是唯一
大和民族的理論與實踐。日本除了在城市內部有穢多（*eta*）或部落民
（*burakumin*）等職業屬性的賤民階級之外（De Vos and Wagatsuma 1995:264-
297），南北兩區，亦即琉球群島沖繩縣和北海道，分別有與本州為主之
典型日本人不同歷史文化傳統的群體，於是，為求單一大和國族建構之目
的，如何消除兩區特殊的非大和族群文化屬性，就成了統治者的一大任

務。其中北海道超過百年的近現代史，幾乎就是一部愛努族長時間面對政
治、軍事、教育、社會、文化等綜合極度同化力量的紀錄（北海道新聞編
2008、2009；謝世忠2012b）。今日較具族群抗爭意識的愛努人士，亦多
有類此的感知。

　　對日本而言，舊稱蝦夷地（*Ezochi*）的北海道原屬域外荒蕪世界，除
了16世紀以來松前藩（*Matsumae*）在南部沿海一帶的殖民之外，就多是探
險家的尋奇寶地。此情況一直到19世紀中後期明治天皇的新國家建置觀念
付諸實現之際，才有所改變。現在的看法多認為，鑑於沙皇俄國的東漸力
量已危及至日本，而北海道首當其衝，所以，明治政府先下手處理，一方
面以武力取代了沿海殘存藩鎮殖民勢力，另一方面則進行人口的改造。人
口改造包括二大部分，其一為對原居北海道之在地人群的處置策略，其二
為自內地招來移民以充實當地人力。基本上，無論是哪一部分，其力道與
速度都是驚人的。換句話說，明治政府一來全力鼓勵南方和人家庭，舉家
搬來北海道，二來即是以非常極端之方式，強力同化在地的愛努族人。依
筆者的看法，和人與愛努族的人口數量懸殊，兩個文化群體皆為平地適應
生活：一則，傳統上，愛努族部落居處河海環境，北海道較高山地區域並
無該族足跡，一般社區均散處於河流下游或海口附近，以捕撈鮭魚為生
業；另一則是和人於平地發展的水稻種植文化。Ohnuki-Tierney曾指出，後
者的重農主義者和人，極為輕視前者的漁獵民族愛努（1998:31-51）。同
樣居處於平地。不消多時，人口眾多的和人，先是與愛努混居平地，很快
地就全然稀釋了愛努人。

　　「舊土人」是日本官方對蝦夷地／北海道原居族民的稱呼，所有正
式文書均使用該名，其中最具代表性者，即是1899年發布之《北海道舊土
人保護法》。該法一直到1997年才為《愛努文化振興與愛努傳統知識普及
與啟發法》所取代（財團法人愛努文化振興研究推進機構編2008；財團法
人愛努民族博物館編2008；財團法人アイヌ文化振興・研究推進機構編
2008；謝世忠2012b:432）。不過，存在長達百年之久的「舊土人」並非
唯一被傳用的族類稱號。「愛努」是「人」的意思，就和許多原住族群
的族名被初接觸之外來人士以「人」的自稱命名一樣[4]，該稱其實是包括
舊土人與和人在內日常生活裡使用頻繁的前者族別自稱。因此，1946年

成立的在地族人組織，就稱「北海道愛努協會」（Hokkaido Ainu *Kyokai* / Association），而非使用「舊土人」一詞。該協會屬重視社會福利的半官方組織，然卻未使用正式法律文書之「舊土人」用詞，頗堪玩味。筆者在田野地問不出道理，文獻紀錄也未明確指出根據。不過，經過幾年思索，發覺二詞彙其實指涉意涵接近，根本不需特別強調或抹滅何者。也就是說，過去超過一個世紀的時間裡，無論在學校師生同儕間，或者街坊鄰居相聞，「愛努」的識別與匿躲，始終未有稍歇，被識破者，注定飽受永遠歧視，而更多人在家中長輩再三叮嚀下，終身深藏不露。「愛努」雖是族群自稱，卻是一個污名（stigmatized identity）（見Eidheim 1969:39-57；謝世忠1987），所以，新成立協會使用該稱，事實上不僅並無從他稱的「舊土人」進步到尊重自稱之「愛努」的意義，情況還可能更糟。十五年之後（1961），協會改名為「北海道同胞／兄弟協會」（*Hokkaido Utari Kyokai*）（社團法人北海道ウタリ協会札幌支部編2003），其亟欲淡忘極度負面之愛努族名的動機極為明顯。不過比較令人感興趣的是，漢字改名了，而對外英文則仍稱Ainu Association，問及此，多半受訪者只有笑笑回應。

　　愛努一稱的污名化一直影響至今。不過，事情還是經歷了一些正面轉變。聯合國於2007年頒布《原住民權利宣言》（Declaration on the Rights of Indigenous Peoples）之後，長期宣稱自己為單一民族組成的日本，承受了巨大國際壓力，加上境內部分愛努人士抗議外在壓迫，要求復權之聲不斷（圖2），翌年（2008）6月6日國會終於通過承認愛努為「北海道先住民」[5]（圖3），並開始著手籌劃處理新的族群課題。因為不少人仍對過去「愛努」與「深度歧視」被劃成等號一事很是擔憂，在幾番幾近造成領導階層分裂的爭論之後，同胞／兄弟協會於2010年改回原本的愛努協會。從舊土人變為先住民，以及自去愛努到重拾愛努，整整耗去三個世代以上的光陰。

　　愛努族各項文化生活多隨著國家同化政策與族群惡質互動而急速消退，人類學傳統上所觀察的物質文化、社會組織、以及宗教信仰和祭典娛樂等等，無一倖免。一位目前從事母語教學年約七十的愛努女性族人向筆者表示，她的多位兄長之處藏有不少祖母傳下的文物，但因不願承認自己族群身分，而不與致力於文化復振的妹妹往來，那些傳統愛努器物衣服也

2　圖2：北海道札幌愛努族人抗議活動。（森若裕子提供，2007.09.08）

3　圖3：北海道平取町2008愛努領地先住民高峰會議祝賀愛努族獲得先住民地位
　　　認可。（謝世忠攝，2008.07.01）

圖4：白老愛努碑。（謝世忠攝，2008.04.10）

就長久隱埋了。另外，隨著自然村落的消失，原來的親族與地域社會單元
形同瓦解。白老町過去是愛努大社，早期日本學者曾協助町政府完成厚厚
大部頭在地愛努調查報告，足見過去該族的顯著存在。但是，縱然町內有
一刻上「愛努碑」字樣的大型立石（圖4），後頭並錄有數十位捐款者姓
名，但無人會去主動尋求確認該等人士愛努身分與否的答案，因為問及是
否為愛努一語，實在太過敏感。白老地方雖留有頗為豐沛的過往記憶，惟
人們已然難以續用傳統社會建置方式來經營當下生活了。

　　愛努族有多種傳統與祭祀神明有關之祭典（*Khamuy-nomi*）、其中尤
以「送熊祭」（*Iyomante*）、「新舟下水典禮」（*Cipsanke*）、「歡迎捲鮭
儀式」（*Ashirichepkhamuynomi*）、「感謝捲鮭祭儀」、「貓頭鷹祭祀」、
以及「鯨祭」等最具代表性。惟這些祭典不是牽涉殺戮熊隻活動，就是與
現場獵捕鮭魚有關，政府早早就禁止了該等儀式，理由包括過於野蠻或
浪費資源等，總之就是落伍土人的舊風俗，不應存於現代社會。由於祭典

的不再舉行，傳統服飾派上用場的機會大為喪失。因此，大約到二十世紀中葉，愛努人的生活景況就是沒有自然村、缺乏儀式活動、亦無穿著傳統服飾的時機，再加上語言的學習和使用更是一大禁忌，久之就幾近全然消失，一個民族的全面性危機迫在眉睫。

不過，既然有前後《北海道舊土人保護法》與《愛努文化振興與愛努傳統知識普及與啟發法》（通稱愛努新法）的頒布執行，還有一個代表愛努族的大型協會也存在了近七十年，無疑表示族人確實生活於世。那麼，難道他們對族群文化遭逢危機一事無有所感？當然不是如此。一定有人會於特定時空裡，起而表達抗議，而這項抵抗行為早在1970年代即已出現[6]。愛努族人有相當比率成員加入同胞／愛努協會，因為可申請孩子的教育補助。但是，畢竟政府從未承認愛努為國家的原住民／先住民或少數民族（national indigenes or national minority people），協會由政府編列預算，基本上僅是一社會福利組織。在聯合國宣布1993年為「世界原住民國際年」（the International Year of the World's Indigenous People）之前的數年裡，已有族人向國際呼籲請求幫忙爭取愛努人權，而在國際年開始之後，更激起一些回應，其中也包括協會幹部的領導遊行活動。再過幾年直到2007年國際原住民權利宣言發布後，才有次年先住民地位的被正式承認（謝世忠2012b:432-453）。文化復振運動隨著先住民地位之獲得而有更積極的發展，其中幾項祭儀如歡迎捲鮭和鯨祭等，舉辦的地點和參與人數即有增多之勢。

三、愛努屋的當代現身

愛努族群文化復振運動造成了一些效果。先住民地位的獲取，自然是首項。另外，包括前舉部分祭典儀式的恢復或更形熱烈，以及對民族英雄如三百多年前曾率領族人與和人戰爭的領袖Shakushain進行隆重祭祀（圖5），還有要求過去被任意拿來研究之祖先骨骸必須由學術機關（尤其指北海道大學）妥善保護，並每年現場舉行祭祖儀式等，現在都已成了族人聚集展現族群意識的場合（謝世忠2012b、2013）。在此等祭儀時刻，族人多穿著愛努服裝，儼然傳統衣飾文化的再現於當代（圖6）。此外，祭典所用之宗教設備及用具亦相當齊全，再加上服飾以及祭祀後為了愉悅神

靈的簡單傳統清唱樂舞表演，整體觀之或可謂代表物質文化的全面復甦。在當下時分，前往北海道，舉凡愛努祭儀活動，均能見到包括衣裝飾品、日常用具、宗教物品等等物質文化代表項目，而且可謂被充分地使用，令人深感文化再現的成就。然而，嚴格來說，這些均僅是小區域的點狀復興，而非全面的族群文化現象。所以，外人蒞臨北海道，除非特殊管道指引，一般欲見著愛努祭儀，其實非常困難。後文會再續論此一景況。

　　愛努人多認為自己曾被日本政府殖民百年，因此是百分百的受害者。殖民的種類依筆者之見，至少可分成三類，其一是西方國家至非西方殖民，其二是西方人建立新國家對內部原居民的殖民，其三是傳統非西方國家的內部殖民。愛努與日本的例子，比較接近第三類。前二類均能找到今日所流行的專屬慶典。例如脫離殖民獨立的萬那杜（Vanuatu），其原屬特定地方之男性跳下塔樓以象徵地瓜成熟儀式，慢慢轉成民俗固制化的國家嘉年華式慶典，用以維繫國民認同（Tabani 2010:309-328）。紐西蘭挪用了毛利原住民的傳統戰舞成為國家慶典文化項目之一，則為另一類實例（Murray 2000:345-357）。但是，愛努身在原本殖民者統轄境內，卻無從發展成任何慶祝活動，一方面長久堅信單一民族國家論的日本政府，不可能如同紐西蘭一樣的對先住民感興趣，另一方面永遠深受同化壓抑之苦的愛努族人，可能難以發展出帶有活潑詼諧性質的慶典。就算是目前較能廣泛吸引族人前來參與的*Shakushain*紀念儀式，講的多是悲戚失敗受騙故事，實不易轉型生成具有慶祝氣氛的活動，而祭儀本身是否足以構成朝聖（pilgrimage）條件（Salemink 2007:559-582），亦未可定，例如，筆者一位熟識的報導人／研究參與者族群意識甚強，經常四處教授愛努母語和傳統吟唱，但對*Shakushain*活動卻興趣缺缺。不過、國家的手未伸進來以使愛努先住民文化合法化或給予標準定義（Scher 2002:453-484、2007:107-126），反而形式上瑣瑣碎碎或支支節節復興出來的愛努祭儀文化，其傳達出之「純」族群文化傳統的代表力道，不容小覷。

　　然而，縱使如此，作為祭儀所需之物質文化範疇的最大型指標實體建築以及由其所組構而成的自然村落，卻從未被愛努族人主動論及復原或重造。筆者翻閱各項關於愛努社會運動的報導，也請教田野研究參與者／報導人，均未能獲有相關資訊。唯一較常聽到族人回應者，是說從前的房子

圖5：北海道靜內町Shakushain紀念儀式。（謝世忠攝，2010.09.23）

圖6：北海道白老族人著傳統服裝進行祖先供養儀式。（森若裕子提供，2008.04.26）

全是茅草堆蓋，不合現在消防安全法規，所以，不可能建造使用。

　　那麼，是否到北海道就看不到愛努建屋？當然不是。其實旅行團體若要走訪愛努傳統建築，只要有所安排，達到目的並不太難。北海道首府札幌市郊觀光地點的小金湯溫泉處旁，建有一「札幌市愛努文化交流中心」（Sapporo Ainu Culture Promotion Center），它是由1997年《愛努新法》頒布後所設之財團法人所管理。中心內部有一博物館，陳列各式愛努衣飾器具文物，也有大廳空間，提供團體舉辦大型活動。愛努協會即常借用此地。就在愛努被承認為日本先住民族的同年（2008）7月1日至4日，部分族人聯合學界舉行了「2008愛努領地先住民高峰會」，最後高潮亦選擇從100公里外的平取町移至此文化交流中心。

　　交流中心正式建物外頭空間設有一愛努建築屋舍與傳統作物示範區。建築數量不多，不過，據導覽員兼愛努七弦琴演奏家石井先生的說法，這些都是真實的古老樣態，還包括男女廁所模型。北海道的愛努文化展示地點，不少設有類似室內外博物館的設計。前文提及之位於札幌南方100公里靠海邊的白老町，有一頗富名氣的愛努民族博物館（圖7），除了一般室內型陳列文物的博物館之外，還建有排成一列的六座大型愛努古建屋（圖8），裡頭有所布置，供人參觀，也安排真人在裡面製作工藝，另外更特別闢出一間設計成演出場所，觀眾可以欣賞每日定時歌舞和吹口簧琴的表演。平取町二風谷是傳統愛努大社，當地有一「平取町立愛努文化博物館」（圖9），室內設計相當精緻，而戶外也立有幾間過去愛努社區必有的住家、船屋、熊舍（專門用來養大從成年大熊冬眠穴窩抓回來的幼熊）、穀倉等建物（圖10）。近年在稍過去一點的空地上，繼續蓋建數個大型房舍，屋內外一切均依傳統擺設。不同時期所立愛努展示型建築連成一氣，成了全北海道最大的愛努族建築文化實體模型區。在該博物館跨過主要馬路對街不遠處有一愛努族人唯一曾任國會議員的萱野茂先生所收藏品紀念館，正式名稱為「萱野茂二風谷愛努資料館」，館外亦建有家屋和其他如穀倉熊舍等建築或展示儀式用物（圖11）。

　　位處於登別市山上，必須搭纜車抵達的熊牧場旁邊，也建有一排愛努傳統屋（圖12），並提供衣服給遊客穿著拍照。依筆者多次觀察，眾人多擠去看熊，而少見前來參觀房子者。不過，這些建築也已矗於此地數十

圖12：登別市熊牧場邊展示屋。（謝世忠攝，2008.04.11）

年，北海道土地上曾經出現過的人類歷史，多少可以引起偶爾路過者的想像。另外，屬於有珠郡壯瞥町而同時被劃入支笏洞爺國立公園的昭和新山休閒區，也設有一愛努建屋，外面為廣場表演區，屋內是一可供小型演出的場地。族人演者亦提供服裝請客人穿上一起拍照留念。

　　白老、登別、二風谷等地都可算是觀光景點，因此，所擺設於外的愛努建築實體，有其展示過往在地物質文化的意涵。然而，這些地方的觀光吸引力仍不如東部之阿寒湖旁的愛努部落區來得響亮。阿寒是目前北海道唯一公開標榜愛努部落存在之地。但是，它是以觀光為唯一產業的地區，整個鎮上都是旅館和禮品店，部落位於一角，相對面二排房子，總共約二十間（圖13）。的確所有經營者均是愛努族人，名符其實的部落。但是，該地原本並無愛努聚落，現在的族人都是從外地為觀光生意遷來者。部落建屋不採傳統形制，大抵都是現代的連壁三層樓房，再加上強調愛努意象的看板。在部落和每日均有定時演出的表演館之間，路邊有二棟傳統茅草

圖13：北海道阿寒愛努觀光部落。（謝世忠攝，2009.09.17）

屋舍，可以參觀購買紀念品。簡單地說，就是傳統屋不住人，水泥屋則當成部落村子。

　　札幌附近的新札幌地區建有一極具盛名的北海道開拓紀念館，旁邊另有一北海道開拓之村（圖14）。紀念館是北海道最大的博物館，裡面的愛努文化展區也頗有規模，甚至曾經於2013年與俄羅斯聖彼得堡民族學博物館合作，展出庫頁島與千島群島的愛努文物[7]。博物館展示諸多與愛努建築相關資訊，但戶外並無如其他地區博物館旁的建物實體示範。開拓之村有許多過去開發北海道時的和人建築樣貌，然而卻無展出任一在地愛努的屋舍。關於此事，筆者曾請教過紀念館的研究人員，對方僅以空間不足回應。不過，此地若有建築實體展示，或許不甚恰當，因為，「開拓」代表外來人口力量的入侵，對不少愛努族人而言，是一不願回首的過去，甚至發出要求改變使用該稱之呼籲，始終不斷。倘使建有愛努住屋在開拓館村邊，更形顯示征服與失敗二方的所在。

圖14：北海道新札幌北海道開拓之村。（謝世忠攝，2007.07.11）

　　總之，現在北海道所見之愛努建築大致如上所述，它們多數時間靜靜立佇，少有人會刻意長時間造訪，畢竟是在觀光地區，遊客至多就是門外拍個照，或者進去看完節目即行離去。幾座非有收費遊覽地點的建屋更形孤零，基本上連與其合影的來人都很缺乏，冬日白雪覆蓋之景，最能述說那份文化的寂寞心境（圖15、圖16）。不過，它們當然不會如此失能，僅適宜靜態觀賞。在欠缺慶典活動以使族群能藉之強化自我認同的情況下，愛努族人感受到了這批祖先建屋的活化效益，近年的作為，頗有愈來愈用以增強儀式象徵力道之勢，後節會有討論。

四、傳統祭儀家屋

　　根據族人的報導、舊照片、以及民族誌報告和歷史文獻紀錄，除穀倉和餵養小熊欄屋之外，北海道愛努族傳統上就只有一種居屋類型，縱使有

15
─
16

圖15：北海道平取町二風谷冬景之一。（謝世忠攝，2008.11.23）

圖16：北海道平取町二風谷冬景之二。（謝世忠攝，2008.11.23）

大小之分，但基本上均為由乾枯的在地特有茅草搭成的單間長方形平房。一般聚落規模很小，往往三五間房屋即成為一個親族組成之獨立部落，類似前述博物館外少少幾座展示屋的形態。當今族人雖無住居小聚落的經驗，卻有不少自小聽聞祖母提過，因此，看到現在展示屋區寥寥幾間，多感到親切真實。過去人們居住裡面，亦常須以該屋本身和神靈祖先互動。其中，火塘最具要角。人們平時圍著火塘烹飪用餐談話聊天，風乾處理過之鮭魚一尾尾掛在上頭，提供全家一整季的蛋白質來源。祭典儀式時也是圍聚火塘，由族長主持，以進行慣習的敬神活動。屋子寬邊與大門相對方向開有一大窗，窗外即置放代表神祖的長形帶花捲狀木條圈的木幣[8]。進行儀式時，禁止任何人橫越窗前，因為窗子係留給神祖進出之用，俗人後代不准干擾。現今凡有專業導覽人員或臨時解說人員甚至包括筆者在內的研究人員在場，勢必強調該項忌諱，也會多次提及火塘的重要性。

　　現在的「迎捲鮭」儀式都是以如札幌、千歲、登別、苫小牧、旭川等地區為名，進行活動，其他「感謝鮭魚」、「鯨祭」、「新船下水」等典禮，也是以登別、釧路、白老各地為舉辦範圍（圖17）。但是，在過去，這些祭儀往往都是由幾戶組成的親族社區自己舉行，也算是地區活動，只是地區的意涵古今大不同，今為町市範圍，過去則以小聚落地點為據。儀式一定有室內和戶外，而前者必定是居家屋內，後者就是大窗望過去的一整排長木幣處。除了此等公共型祭典之外，還有祖先供養祭。這是自己家人舉行的儀典，需要準備食物和酒類，經由一定的儀式動作，奉獻給祖先。傳統聚落就三五人家，結果是公共型的祭典和居家的祭祖參與者差不多為同批人，而任何公共祭典亦均會進行祖先供養，所以，該項儀禮無疑就成了愛努族超自然文化的基本要素。

　　愛努族的家屋祭儀文化即是人與神祖以火塘為中心所建置者。當然，有些儀式項目必須移外執行，例如「迎捲鮭」和「謝捲鮭」儀式的海邊河口祭祀（圖18、圖19），還有「送熊祭」要在寬廣空地上進行，地點多於村寨附近，而進行這些戶外儀式之前或之後，則須於屋內火塘四周進行祖先供養。甚至，當代發起的每年於靜內町祭祀民族英雄Shakushain，也必於外頭英雄塑像前的行禮如儀之後，全體人員移至旁邊博物館後方的屋舍內接續祖先供養儀式。

　　家屋基本上就是一切。愛努族沒有如臺灣原住民卑南族和邵族擁有的祖靈屋[9]、或漢人的神壇廟宇、或西方基督宗教的教堂等之特定的神祖專屬建物。他們的人祖與人神交流溝通，就以同一建屋裡的火塘為開啟媒介，再按步驟行之。所以，有極大比率之描寫蝦夷地土人／愛努族傳統建築的歷史手繪圖像，一定會突顯火塘的位置及其重要性[10]。而此等火塘中心的文化要素，縱使時空環境變化甚巨，仍一直延續至今（圖20）。

五、展示屋的聖化

　　愛努族可說是無土、無村、無屋、也無節慶活動的一無所有原住族群。他們不像臺灣原住民有保留地，或者如美國加拿大之印地安原住民或稱第一民族（The First Nation / People）有保留區，亦缺乏中國所設計使用的少數民族地方區域自治權利，現今更沒有據信是普世皆有之歡慶節日的存在。當2008年國會通過承認愛努為日本先住民族之後，各方代表組成

圖17：北海道平取町室內祖先供養儀式。（謝世忠攝，2011.09.10）

18
—
19

圖18：北海道登別室蘭在海邊進行感謝鮭魚儀式之準備。（謝世忠攝，2011.
　　　09.10）

圖19：北海道平取室蘭戶外感謝鮭魚祭祀神靈儀式。（謝世忠攝，2011.
　　　09.10）

圖20：白老博物館表演場所也設有火塘。（謝世忠攝，2011.09.09）

「懇談會」協調組織開始運作，目標為使先住民身分權益獲得保障。但截至當下，族人抱怨聲不斷，不少人認為根本毫無進展，正名七年了，愛努族人的生活與過去備受歧視，或選擇隱匿認同景象似乎沒兩樣。關於此一情況，筆者的看法是，「無土無村無屋」之事實，造或了權益課題難以突破，談來談去，只要憲法還是現狀主義，以及僅僅重視鼓勵文化活動的《愛努新法》不予以更新，除了協會重拾愛努名稱以及會員繼續申請教育福利之外，對於散處各町鎮內的族人而言，所有事情基本上大概只能原地踏步。愛努族人常向筆者表達對臺灣原住民擁有專屬之中央部會與地方局處，以及數百名各級民意代表的羨慕之情，目前該族在日本沒有任何民意代表，更遑論中央和地方政府機構的官員了。此等超出百年以上的悲觀心境，更不可能期待其出現族群性的歡樂典慶活動，繼而用以鞏固自我認同。

　　不過，資源如此有限的愛努族，在過去超過百年極度同化壓力下，仍有維繫傳統生活以及發揮常續性認同（persistent identity）的機制，而且其效果一直維持至今。在族群文化被高壓歧視的情境下，所有公共祭典儀式

幾乎都無法舉行，直到1980年代初起，才慢慢有改善跡象，例如札幌「迎捲鮭」儀式開始恢復，其餘地方亦陸續跟進。數十年沒有公共祭儀的時期，部分族人繼續祕密地進行最基本的祖先供養儀式。通常他們會邀來十數位極親之族眾，在族長家裡舉行。如同過去傳統屋內一般，新型日式房屋客廳中間特別置放著一火塘，大家整齊圍坐，並依古法祭拜飲酒供食。由於四周鄰居都是和人，參與之族人深怕儀式活動被發現，因此非常低調，非受邀者不得進入。直到今天，仍有部分家裡祭祖的儀式，禁止如筆者等的研究人員攝影拍照甚至手寫記錄，只能靜靜在旁觀看。祖先供養儀示分為室內室外二道程序，室內結束後，女生要至外頭地上插上象徵男性族群繁衍力量之短棒木幣，再貢獻食物、水果及酒類[11]。此一手續因須走出戶外，更擔心為人發現，族人們承受的壓力不難想像。

　　就在公共性祭儀慢慢恢復舉辦之後，尤其是1997年《愛努新法》公布，同時成立財團法人愛努文化振興研究機構，繼而建立小金湯溫泉旁的財團附屬室內博物館與戶外建築以及傳統植物展示區之際，幾座傳統家屋吸引了族人的目光，公共性祭典的室內場所終於有了著落。不久，觀光建屋成了祭儀聖地。不過，財團所在地位處山麓，過去並無愛努聚落，而且距離海岸河邊又遠，因此多半是有特殊活動如前舉之世界先住民高峰會，才會專程至此一代表愛努權益處的展示屋內，舉行祖先供養儀式。

　　然而，並非每一地區均恢復「迎捲鮭」的祭典，實際上有完整回復祭儀者仍極其有限，因此，像愛努人口可能數量較多的白老和平取町二風谷地區，就無法如札幌與千歲可以沿河岸舉行儀式（圖21），也不像登別族人集體至河口海邊祭祀。二風谷如前節所描述，有多處示範性屋舍，而且數量不少，但因未舉辦迎鮭儀示，這些建築反而終年空蕩蕩。白老則因每年均舉辦新舟下水儀式，博物館內的建屋因此被拿來當作儀式場所，觀光地轉成聖地又一例。財團地點距辦理迎鮭儀式的河邊太過遙遠，所以每年僅於戶外岸邊祭鮭，同時搭棚以行祖先供養，真正家屋室內的活動就省略了。千歲的情況亦然。但登別的迎鮭和謝鮭二儀式，卻均由室內先開始，隨後集體移往海邊，之後再回到室內。登別沒有傳統展示屋，因此，族人就利用地方居民辦理活動的生活館作為室內儀式場所。帶廣市無迎鮭儀式，但每年會舉辦慰靈祭，有時也如同登別的作法，先於生活館進行室

內祭祀，再出外至租借而來的公園空地辦理祭祀，不過卻也常直接行戶外祭儀，省卻了室內的儀式。有趣的是，本來生活館是提供市民活動之用，但在愛努分布地區，此等建屋往往默契地變成愛努專用的族群文化空間。筆者多次好奇問及此事，北海道和人朋友多半也不知緣由所然。生活館彷如另類的傳統屋，畢竟，傳統建屋和生活館樓房都是愛努專用，進入此等建築裡頭，就自然而然知悉如何應對，或者說，就自動清楚應以愛努規矩行事。

　　不過，位於北海道最東南角的根室市並沒有展示屋，也缺乏生活館，於是族人就在海邊的一間大型倉庫舉行儀式。倉庫內有火塘，旁邊也有族人住家，可供前來參與者住宿用餐，這是做生意較成功之愛努成員的奉獻。根室歷史上曾發生外來殖民統治者松前藩集體屠殺愛努族人的事件，現在每年紀念日都會舉行儀式，但僅針對這批犧牲者，所以祭場布置於倉庫外不遠的海岸高起平臺上，並於半夜舉行，因為當年就是在此時刻不屈被殺。除了典型的供食獻酒之外，更有不懼血腥威權的狂吼喊聲，同時亦

圖21：千歲迎捲鮭儀式。（謝世忠攝，2009.09.06）

將一束束花，拋向大海。

　　沒有傳統建屋之地，只好如登別、帶廣、根室一般地以生活館或族人所能租借使用的倉庫充作場地。依筆者的印象，該等地區的族人並無對有傳統建築的地區顯現出羨慕之情，也沒聽聞準備建蓋一座之念頭，畢竟儀式還是可以順利進行。至於有展示屋之地，如札幌財團總部和靜內町靜內公園Shakushain雕像附近的博物館邊，許多族人直接以愛努語的kotan（村子）和chise（家屋）來稱呼之。「走去kotan的chise」彷彿成了一個對似幻似真存在之傳統實體的認同。大家都知這二個詞彙，也使用得很自然，而筆者亦認為，生活館本身或也具有kotan與chise的意涵，縱使它的新屋早已非古屋的造形。

　　雖然事實上愛努族早就是「無土無村無屋無慶典」的民族，觀光展示建屋亦非遍布全島區，但幾個被聖化使用的房屋、三五座一起，雖未據此發展成共有之典慶節日活動，卻很快地被族人內化成為當今住屋祭儀文化與部落村寨的代表。缺乏建物村落示範實體之地的族人，一方面都知悉何處有一「傳統的」kotan和chise，另一方面則會不加思索地嚴肅看待「非傳統的」生活館屋，無論是觀光展屋抑或公家樓房，一旦賦予祭儀神聖屬性之後，全屋各處以及屋外特定地點的禁忌規範，馬上會被嚴格要求，人人戒慎恐懼，此景與平日觀光客進入隨意走動的情形，判若二個世界。在此一情形下，愛努人不需如多數後殖民地區人們常以慶典反諷或逆轉人物事件，來陳述文化歷史或歷史文化，他們的祭儀屋舍既有當代觀光休閒功能，又具傳統神聖性，現代性與歷史性得以交織作用，族群認同據此自然可以增強。

六、無屋有屋的故事

　　北海道沿主要河川邊或海岸地區曾經分布著不少愛努族聚落，面積相當龐大的茅草屋，是當時村內的主體建物，其餘還有穀倉和熊舍等。從明治政府大力鼓勵南部本島人移入北海道，同時積極布局開發，以及增強軍事防禦設備起始，愛努村屋實體，即以極度快速之勢，被放棄甚至摧毀。基本上，二次大戰結束之際，整個北海道已不見任一愛努自然村，

而所有傳統建築也全數消失。說愛努族之傳統建築文化至此已然滅絕，亦不為過。

當然，村落和建築屋舍實體不再存在一事，族人們也都知悉，且似乎也已習慣了。筆者田野間常會探詢相關問題，但當問及已無愛努聚落的情形時，多數人並沒任何反應。甚至，還有一些受訪者會說舊式屋舍不合時宜，不安全且易燃。至於村寨消失之事，好似也沒太大關係。推敲其中道理，筆者認為此一景況正反映出超過百年之極度同化壓力，造成族人以為本族傳統物質文化的確落伍，而老舊形制村屋即為不進步的代表。在進行族群社會運動時，也少見拿無土無村無屋的權利被剝奪情況，來訴求於大社會。日本戰前戰後都在積極追求成為現代國家，成功的教育使得國人均將之內化成一種價值，愛努人身為日本國民，亦不例外。以筆者的觀察，愛努族群運動所追尋的目標，其實並不清楚，換句話說，不求復古傳統，也沒說當代社會不好，因此更不會拿自己本族傳統要素，作為控訴現代文明侵擾族群的依據。多數時候就僅是提出較空泛的權利口號。因此，村落和家屋的消失無蹤，就不見於社運人士的言語論述之中了。

各地博物館蓋建傳統愛努建屋之初，亦未聽聞有利用其作為儀式用地者。關鍵時刻應是1997年《愛努新法》之後，建立財團法人愛努文化振興研究機構一事。「舊土人」已成過去，現在政府必須編列預算來「振興研究」愛努文化。所以，財團總部設有展示各種文物的博物館，也在戶外建造幾座傳統房舍。於是，kotan和chise不僅重回族人記憶，直接以母語稱呼展示用與觀光功能的村舍，很快就成了習慣。無論年紀多大，今日絕大多數族人均不會操用母語，但這兩個村屋專稱，卻必定知道，同時朗朗上口。彷彿愛努部落又回來了，大家可以自在地來往kotan與chise，因為那是「我們的家」。

在札幌以外地區的族人，若當地有傳統展示屋，也均以chise稱之，而只要幾座在一起，就成了kotan，最典型的例子就是二風谷博物館外空地舊有加上新蓋的近十棟建屋，有如一座大型愛努村落重現一般。不過，相較於札幌財團總部的kotan和chise，二風谷縱使數量面積均占優勢，其重要性和在地生活實用性，卻明顯不如前者。先住民高峰會最後壓軸的祖先供養儀式，捨棄二整天討論會場的平取町和二風谷chise，超過百人幾十部車子

大老遠三小時車程轉往財團總部*chise*執行，首府的代表性地位不言而喻。此外，二風谷族人人數雖眾，但因目前並無重要的傳統祭儀恢復舉辦，所以，使用*kotan*和*chise*的機會也不高，在如高峰會等重要活動之時，突然要舉行祭祖儀式，建築展示屋雖多，卻也一時難以有效處置。畢竟火塘和戶外相關設備，以及儀式的材料準備，都需人力時間與技術，該地既然久未有大型公共祭儀，此等基礎條件並不充分，也難以有效辦理世界先住民活動的祖先祭祀儀式。

　　前論靜內町所舉辦的民族英雄*Shakushain*年度祭祀活動，當是現今規模與聲勢最大的愛努族祭典。此時，不再受限於如千歲或登別等之地方專屬迎捲鮭或謝捲鮭祭儀的範圍，族人們來自四面八方，著實跨區跨町市。缺乏在地公共祭典的二風谷族人，每年都包車前往參與，沿途唱歌飲酒說笑，實如社區遊覽遠足景象。他們在祭祀*Shakushain*現場參加祖先供養儀式，等於是把作為愛努族一分子應該做的事，在此地充分實踐。因此，縱使二風谷整年沒有代表性祭儀，各個*chise*鎮日孤零立於寂靜的*kotan*之中，也無妨族人以祭儀（參加*Shakushain*儀式）強化認同自我的事實。

　　筆者在另文提到（謝世忠2012b），祖先供養是愛努族最基本的宗教生活。上百年的同化政策，造成愛努文化難以形容的失落崩壞，尤其公共祭儀如「送熊祭」和「迎捲鮭」，被官方和大社會認定為殘忍落伍或耗損漁業資源，在1980年代之前幾十年間從未舉辦，但是祕密舉行的在家祖先供養卻始終未間斷。有了祖先供養，縱使其他文化生活不再，也足以作為愛努認同的依據。愛努族就在此一景況下，維持認同的常續作用，直至70年代開始的族群社會運動助燃，終於在80年代逐漸看到公共祭儀的復興，外加諸如母語教學和傳統織繡、工藝的宣揚活動，使得各項公共與私家儀典更有機會公開舉辦。不過，縱使如此，慶典式的儀式活動，卻仍無緣於愛努。換句話說，各項公私儀式所述說者，均係歷史文化傳統，而很不幸地，它們全都是族群百年失敗的見證，因為惡性同化帶來的極度歧視，使得祭儀幾乎滅絕，如今的復甦似乎是族群希望乍現，然而未有興趣參加相關活動的愛努族成員更多，他們不僅毫無所感，更見有厭惡之態度。

　　悲戚實質的族群史，對映當前沒落的經濟、教育以及政治上的低度成就，更難以全族之姿，發展出任一以主位性立場建置自我調侃兼具嘲諷

壓迫者、同時翻轉勝敗角色、又及於呈現未來光明前景奮鬥之途的歡樂性節慶。民族誌研究的例子告訴我們，後殖民的部分遺產，往往會讓人一直想到殖民的過去與當下，然後就以節慶方式統合一起，招來大家述說歷史和現在的故事（De Jong 2009:38-53）。甚至，嘉年華慶典儀式即是以翻轉（如性別與善惡等）逗笑的玩樂方式來褻玩歷史和當下（using play to play history and the present）（Schechner 1993:45-93），Susan J. Rasmussen 曾以「合奏」（orchestrate）一詞，來說明此等景象（2001:277-303）。另外，節慶不只是文化景觀，也是政治場域，它傳達著與國家競爭資源的意涵（Kifleyesus 2007:249-276）。而愛努的後殖民物質與非物質遺產並不凸顯，亦即在各項儀式活動中，找不到多少令人印象深刻的日本或和人要素，畢竟，包括不少愛努人在內的日本國民，幾乎無人認知北海道曾是日本「殖民地」，再加上政治零資源的事實和挫敗受辱之烙印記憶，那些世界民族誌中的泛慶典節目現象，在北海道果真完全闕如。

　　《愛努新法》的頒布，是歷時將近四分一世紀之久的族群運動催生下產物。不過，早於1997年財團總部建立，並附設博物館和戶外傳統建築屋舍之前，傳統上愛努大本營之一的白老町已於1984年成立了愛努民族博物館，並有幾間大型傳統建屋的展示。兩地都有kotan和chise，其差別在於財團總部外頭展示建築免費參觀，白老博物館則須買門票進入才能看到建屋群。基於總部的地位，以及位在首府札幌範圍，財團所屬的村落建物，比較常被財團自己主辦之大型活動，以及國際性會議如2008年的世界先住民高峰會，擇定舉行祖先供養儀式。白老建屋則只有社區舉行「新舟下水」典禮時，會派上用場。但縱使重要性區別如此，儀式當下的場景，對二地祭儀活動參與的族人來說，都是神聖無比的。也就是說，端坐在展示屋內的特定時間裡，展示屋已不再是為展示而存在。此時，歷史文化所賦予的與超自然溝通之神聖使命，正託付於每一族人身上。大家穿上傳統服裝，男人圍在火塘前排，女人在外圈，每人均兢兢業業做好如謝神與謝禮手勢，端出酒罈，喝下幾口，之後轉給他人等等每一儀式動作。最後，在特定男性代表協助下，女性成員走出戶外至代表神祖之十數根長形木幣旁，一一跪坐輪番於土地上插上短形木幣，並奉上食物與酒類[12]。儀式全程莊嚴肅穆，不得嬉鬧，與神祖木幣處相望的窗戶前端更嚴禁有人穿越。祭儀

屋舍的當下神聖意義，每一參與者必須充分了解並遵行規範。

儀式過後，建屋恢復原樣，大部分時間都供人參觀，當然，白老博物館遊客多，該地的建築文化較有機會得以傳遞給觀光客。反之，財團總部不是典型旅遊場所，建屋因而多半終日孤寂盡立。不過，無論如何，對於欠缺大型節日慶典的愛努族而言，各地分別舉辦的祭祖儀式，其有限在地性的範疇，縱使無法以之扮演如Theodore Schwartz所強調的「族顯特性」（ethnognomonic feature），供大家串起共同愛努意識，卻也成功地使參與者個人承接了一分族群身分憑證（charter of ethnic identity）（1995:48-72）。

此外，有無傳統建屋作為儀式場所，似乎不是最為重要。像數十年禁行儀式時期，許多族人就祕密地在已是日本和人式家屋內祭祖。還有，前面提及之帶廣與登別二地，多年來，族人都充分利用供地方市民申請使用的生活館舉行儀式，該類館體基本上都是水泥樓房。因此，依筆者之見，最關鍵者應是火塘。過去的村落家屋有火塘，現在的展示屋內有火塘，日式房子和社區生活館也放置特定火塘，甚至族人還會充分使用活動式的火塘，隨身攜帶，任何室內外，只要有需求，就派上用場。火塘的存在，才能糾集族人親團的圍坐行儀，至於身處哪一種房舍之內，基本上似乎沒有太大關係。所以，有屋（指傳統愛努建築實體）無屋，或者真屋（歷史上的村寨家戶所居）假屋（為展示觀光功能而蓋），應該都可為族人接受作為儀式用屋，至少現今所見到者，正是如此。所以，各式屋房，一但被選中作為儀式場地，火塘進駐使用，均即刻化為「類傳統的家」，展示屋與水泥建築不再有分，祖先都會蒞臨享受供養，此時，參與的個人進一步確認了自我族群歸屬位置。

七、珍惜*Kotan*與*Chise*

依照多數田野地愛努族研究參與者／報導人的說法，過去的傳統房子是由茅草搭建而成，容易引起火災，也不夠保暖，而現代的和式或西式建屋，比較適合居住。言下之意，大家不介意古式建築文化的全盤去除，甚至可能因而造成自然村落的消失，也未引以為意。當然，此一景況與長期飽受歧視有關，因為倘使某一社區經認定為愛努聚落，很可能就會遭受嚴

重排擠，所以自己住處被大量和人家戶稀釋而不至於成為焦點，反而可以隱逸其中，永不現出自我愛努身分。畢竟，只要能夠操作火塘，住在更新更具隱密性的房子裡，可以較放心進行祖先供養儀式。

　　近二、三十年由各種背景因緣所出現的博物館戶外展示建築，配合社會氛圍，給予族人重新認識傳統建屋的機會。但是，長期以來為了不想張揚以免受到外界干擾的祕密家內祭儀，若搬至展示屋內舉行，勢必將面臨全面公開的情況。此等展屋多為觀光旅遊所需而建，換句話說，很可能舉行儀式時，剛好一群人正在該地參觀。此時，包括心情神聖嚴肅的族人，以及對愛努毫無所悉的好奇外人，全部出現於同一場景，相機攝影鎂光燈四起，總是一項困擾。然而，族人們必須適應，因為不可能在公共展示場所，驅趕外人出去。所幸，現今的外來干擾情形並不嚴重，主要原因是觀光組團少有以參加某一愛努特定儀式為目的，所以不論是迎捲鮭還是祭拜 Shakushain，都很少見到非屬儀式參與者的外人。單純傳統祭儀與嘉年華式的節日相較，後者往往配以國家支持以及媒體渲染傳播，外加熱鬧歡樂的休閒吸引力，不造成萬人鑽洞效果也難，而前者多僅見單調禮拜同時氣氛嚴肅，基本上不易產生觀光效應。觀光場景多半具有自身體會與外部眼光的雙重文化認同結果[13]，而祭儀過程就僅是族人自我的對內建置認同憑證。愛努場合會出現唯一或少數幾名外人，就是如筆者身分的研究者。而不同的主辦單位，對於外來訪者的處理方式也有所不同。像千歲和札幌的「迎捲鮭」儀式，全程於戶外搭棚，他們不會管客卿在何處或做些什麼，反而歡迎大家一起參與，並享用休息時的餐飲。而登別的「迎捲鮭」和「謝捲鮭」乃於生活館室內的儀式，族外來人更少，對方就會要求參觀者也披穿上愛努傳統袍衣，以使全景都是愛努，更顯對祭典的重視，筆者和助理每逢現身，就是愛努族服打扮，然後端坐於一旁。

　　筆者與蘇裕玲合著研究日月潭邵族農曆八月豐年祭典之課題時，曾創用「內演」、「外演」、「難演」等說明概念（謝世忠、蘇裕玲1998）。「內演」指族人依傳統慶祝豐年方式祭祀、唱歌、跳舞。「外演」係指政府為發展觀光，經大力宣傳後喚來許多遊客，而邵族人就被要求配合演出特定節目，然後安排剛好在與該族文化無關的中秋節當天達到高潮。至於「難演」則是大量外來人擠入圈圍儀式舞蹈中間，人數甚至超過邵族人，

族人深感困擾，甚至難以再繼續進行下去。原住民地區凡有發展異族觀光（ethnic tourism）情況者，均可能出現類似邵族所面臨的難題。每年關鍵日子一到，祭儀內演和觀光外演到底應並置和諧，還是必須犧牲某一方只為突顯另一方的重要性，在在都讓族人傷透腦筋。今日愛努族有遇上相同的問題嗎？事實上在大同化時期，愛努人家祕密進行祖先供養，就是百分百內演的性質。族群文化生活上有此需要，縱然處於外在極度敵意的政治社會環境下，族人仍可以運用策略，維繫文化傳承。到了80年代各項祭儀陸續復振再現，公共性祭典進行過程除了家屋室內部分，亦多於戶外河岸海邊或人物紀念處完成另一部分。北海道地區異族觀光吸引力，並未形成一項主要的商業手段，所以各個典禮大致都能內演順利。基本上專門為外演而做的觀光祭典，除了溫泉風景名勝阿寒地區出現之與愛努傳統無關的綠藻球慶典外[14]，在愛努族活動區域尚未見到，當然也就不會有難演的困擾。

　　儀式建屋室內和戶外空間，在現今情境中已都不是問題。展示屋、一般現代家屋以及生活館樓房等，都能被族人接受成為儀式場地，再加上人人得以充分內演，也無外演的壓力，因此，理論上愛努的文化生活應得以有效發展與延續。但現下時間點上，從族人角度觀之，是否有辦法「深演」，而不是僅為表面上的「淺演」恐怕才是問題。儀式進行中，必須使用大量母語，而且是以母語唸吟禱詞，今日很多高齡族長或較年輕族群的運動領袖，均已明顯缺乏族語使用能力，所以，常見儀式過程的主祭唸辭斷續，或者僅能以同樣一二句話不停重複。見此場景，感慨者眾。

　　歷經幾個世代的極度同化壓力，除了參考老舊照片和部分影片以及文獻紀錄之外，少許老人還有丁點記憶，但絕大多數人基本上無法知悉確切儀式語言的完整內容，卻又深知目前祭典中的禱詞使用很鈍拙，對此似乎仍束手無策。當然，各地均有愛努語的教學班，但緩不濟急，而且有不少授課教師為年輕和人，老一輩不諳族語的愛努族人，不太習慣委屈向其學習。還有，傳統文化知識豐富者，相當高比率為女性，但祭儀主導者是男性，古老觀念的性別位置根本無法被取代。在種種不利情況下，與儀式地點相關的族語詞彙，就被強化使用，以顯現出與傳統更為接近的效果。其中最具代表性者，就是*kotan*與*chise*。雖說只要有火塘，就能進行儀式，但

是，若能在傳統建屋群（亦即*kotan*）內的某一屋子（亦即*chise*）內舉辦，大家開口閉口*kotan*和*chise*，即彷如進入了祖傳母語世界，加上又身臨傳統家內外，那種浸淫文化的滋味，難以言喻。於是，縱然非傳統屋樓也能造成神聖感知效果，但盡可能找*chise*進行儀式，或許是未來族人的優先選項。畢竟，難能可貴的*kotan*與*chise*得以成為家常一事，必須被好好珍惜。

　　臺灣原住民尚未見觀光展示屋演變成神聖儀式屋的例子，但北海道愛努族卻正往此一方向發展。其中一個優勢條件是，北海道愛努的異族觀光並不發達，因此，觀光客干擾不到族人於展示屋內的儀式活動，再加上歡樂形態節日慶典的闕如，使得幾處祭儀地點對於族人的認同維繫愈形關鍵。將來借用場地辦理祭典的頻率愈高，會否造成展示屋的常續或甚至固制性神聖化，終而形成一種再造*chise*和*kotan*的運動，目前尚不得而知。不過，族人有效轉置原本僅是孤零零落單的建築文化實體成為儀式地點，可謂是創舉，也是愛努百年失落的一記回馬槍。

八、討論與結論

　　儀式展演（ritual performance）是一個族群對自我文化的強化性認可。過去百年極端同化時期，所有公共祭典都無法舉行，愛努族人們仍不放棄地在家靜聲遂行祖先供養儀式。當然，不是所有家戶都如此，據許多研究參與者／報導人的說法，有更多家庭就此永久消隱，不再碰觸任何與愛努有關之事務，一直到今天。在北海道不易有效統計愛努族及其後裔的人數，最主要原因也在此。一般研究者在田野地很可能不加思索直接問及「你是某某族嗎？」但是，在北海道，直接詢問「你是愛努族嗎？」是很不恰當的，甚至可稱作是一個大家默契認可的禁忌。幾個世代飽受極度歧視的結果，造成族群認同的高度污名化，大量人口永遠不承認自我身分。不過，持續進行家裡祭祖儀式者，大體就是當代族群運動的參與者，也是公共祭儀恢復的推手和主導成員。他們是愛努族群意識常續存在的代表人。今天，公共儀式縱使仍未全然復興，例如，必須犧牲小熊的「送熊祭」是否能重現，仍在未定之天；或者僅是部分地區有所反應。但在屋內河岸海邊或公園舉行的各項再現祭典，已能充分達到族群展演功能，參加

者一方面自我展演，另方面也觀看族親展演，此時人人必是認同愛努。

　　本文前節多次述及之節日慶典的宏觀性展演情形，尚未見於愛努世界，它的族群文化加上國家乃至全球脈絡的合體熱鬧非凡內容，所能呈現的展演效能，包括褻玩歷史和玩弄當下等等詼諧深意，較難於純粹愛努祭儀中見到。然而，不需「外演」，更勿庸擔心「難演」，反而讓自我的「內演」得以寬心進行，縱使稍有「淺演」焦慮，大致都能嚴肅而愉悅地完成敬祖任務。祖靈與後裔的連結順暢，今人的共享祖裔（shared descent）（Keyes 1976; Nagata 1981）不成問題，從個人出發之家庭範疇及至地區範圍的愛努族群性（ethnicity）在此建置呈現，「我是愛努！」的意識終將由個別族人帶回日常生活。愛努係一無土無村無屋無慶典節日的族群，惟其點散分布卻擁有清楚認同的個人成員，均會如實參與後續的祭儀呼喚，整個族群在想像中真的扎實地存在一事，似乎也愈來愈真實的了。

　　有強化維繫認同的需求，使得連結歷史文化祖先傳統的祭儀，被謹慎地規劃安排、準備舉辦，每次的成功完事，就代表愛努認同再次被許多個人或地方成員確認。如此以往，縱使缺乏一統性的全族大號召節慶，族群生命仍得以在個人認同（self-identity）與凸顯地方性（locality）（Gabbert 2007:259-280）的基礎上永續存在。今日愛努的情形，似乎是只要有舉行祭儀即可完滿，亦即儀式過程之與超自然溝通的神聖性想像，造就了族人族群意識的有效宣示，至於儀式的相關配套方面，「包容」與「盡力」應是主要處事原則。

　　本文所描述之愛努人的儀式脈絡，至少包含了祭儀地方（ritual place）、祭儀空間（ritual space）、祭儀物質（ritual materials）、以及祭儀功力（ritual skillfulness）等要項。空間是地方經由人們特定的生活實踐，才能顯出意義（McAllister 2012:111-132）。祭儀地方在傳統時代，指的就是室內，不是聚落中各戶人家於自家屋內辦理的祖先供養，就是族長於其家屋內主持的公共性祭典，儀式地點單純，不會產生困擾，當儀式開始時，普通室內地方立即轉成神聖祭祀空間。到了大同化時期，族長不再公開舉行公共祭典，所剩者僅有部分人家中的祕密祭祖，儀式地點僅剩於部分家戶建屋內，這幾處有限地方的轉換神聖儀式空間，繼續維繫族人認同命脈。今日，族人們可以彈性地在家，在展示屋，在博物館區內，在社區生活館

內，以及戶外的搭棚下舉行，只要可以安置火塘即可。這就是「包容」的作法。由於可以擇用的非家內之地方不多，族人轉而動腦筋到觀光功能的展示屋，終而成功，不啻為文化創舉。

　　火塘是主導人們於儀式地方之空間安排的基石。一旦火塘位置確定，兩性族人即知道要按規矩內圈男外圈女、以及參觀者在更外圍。神聖空間的極致在於正對外面豎立長竿木幣的窗戶，任何人不得橫越，以免擋了神祖的進出。空間規矩人人必須知悉，用以確保神聖性所傳達的文化權威。儀式空間最好是與文化真實接近的傳統建築，縱使其為觀光展示用者也無妨，主要須依火塘中心為據，確認配置使用原則都安排無誤，還要宗教性祭儀物質如大小木幣、沾酒與盛酒漆器，和水果、鮭魚、米酒供品等的事先備妥。最後就是主祭者的禱詞族語祭儀功力了。今日愛努族人在祭儀事項上，下了最多工夫，包括地方、空間、物質、及功力等四大必須要項，漸漸成了族人日常生活的慣習。換句話說，大家都知道怎麼做。無土無村的愛努族人，事實上就如同在象徵性地「領有地方」（territorizing a place）使之成為我文化空間（Howe 2001:35-61）。

　　祭典儀式的文化復振在研究紀錄上極為常見，而愛努族的例子最為特殊者，就是展示屋的轉為儀式屋繼而神聖化。相較於社區生活館樓房和現代形制住屋，依傳統樣態建造的戶外博物館展示建築，仍更接近於文化真實性。尤其是一方面族人多已接受現今所認定之房舍消防標準，以至於充分知曉愛努傳統大茅草屋的不合時宜，所以自己不能住該類房子，卻可以於有需求時，前來展示屋實踐神聖空間所賦予的祭儀目的；另一方面雖然展示屋多係觀光功能而建，但北海道愛努異族觀光並不發達，所以展示屋充當神聖祭儀地點，並無外界的干擾阻礙。

　　在此一情況下，*kotan*與*chise*的親切呼喚，很快地成為眾多族人朗朗上口，彼此認同身分之關鍵語彙。這是愛努建築文化史上一個頗為特殊的現象，可以預見的是，此等新村落與新家屋或稱新儀式建屋，在將來會愈形重要。

　　人們並不尋求重建可用來實際居處的古典愛努聚落和住家建築，畢竟有了這批環博物館脈絡而蓋成的展示屋，對族人而言已經足夠，至少找回了傳統建築文化以及連帶實現之文化上正確的室內祭儀場所，縱使那些屋

子在大多數非愛努祭典時間裡，都是孤單寡影，無人聞問。

　　那麼，到底展示屋僅是虛幻的愛努人居家地方，還是它已千真萬確地內化成族人日常生活的一部分？兩者或均有其可足以圓說之道理，然而祭儀神聖性的強度相當高，它在儀式過程剎那間所產生之族群成員自我緊密認同的能量不能小覷，展示屋當然不會僅是展示屋，文化再生依靠它，族群常續生命也因它而更獲保障。

　　日本鄉社村野之民俗儀典相當發達，或許是因該國長期沒有先住民文化的認定，以致於同是大和民族的農漁村其地方傳統之「異文化」較易被誇大凸顯，以增加國民生活的樂趣。今天，愛努已被承認為日本的先住民族，但因為長期對該族的忽視，或更正確地說，已近全然忘卻北海道曾有過一個「舊土人」群體，正名七年多以來，大社會對於愛努仍是冷漠，政府亦根本從未有納入該族傳統為國家文化之一環的動機，於是愛努的各項祭儀，雖有愛努協會和財團振興機構的參與支持，但依舊距日本和人千里之遠。不過，此種情況的可能好處之一，就是可以免除傳統祭儀被「民俗觀光化」（Mesnil 1987[1967]:184-196），從而只能制式地配合國家需求與指揮。沒有被民俗化，和愛努缺乏大型節慶活動或有關係，但最核心的原因，依筆者之見，應是該族與日本的關係既像殖民與被殖民（部分愛努抗爭積極成員如是觀），又好似不太屬於標準模式（與第三世界情形有差），所以後殖民的特徵也不太明顯，以至於點不燃一個得以綜觀歷史和當下之人人參與的大節慶火花。百年悲情之後，今日能夠象徵性地「占有／領有」展示屋，並賦予祭儀神聖性，已是大不易之事，無土無村無屋無節慶的愛努族人，總是往族群的希望躍進了一大步。

◆附註

1 相關研究可參見Scher（2002，2007）、Tabani（2010:309-328）、Murray（2000）、Gabbert（2007）、Kifleyesus（2007）以及Williamson（2012）。

2 該國人口有半數非屬寮人文化系統，相關研究參見Evans（1998）以及謝世忠（2014）。

3 該族並無如臺灣原住民的保留地，因此傳統領域土地根本不復存在，詳見下文說明。

4 如臺灣原住民的布農和鄒二族之例。

5 日文漢字「先住民」與臺灣中文「原住民」同義。

6 見山岸利男、山本修三編（1993[1991]）；結城庄司（1997）。

7 愛努族原亦分布於除了北海道之外的庫頁島和千島群島，二十世紀初曾將二地愛努人大舉遷移至北海道，以至於今日該二島區裡已無族人居住。

8 具體景況請詳見謝世忠（2013）。

9 參見謝世忠、蘇裕玲（1998）。

10 詳見高木崇世芝（2000）。

11 具體景況請參謝世忠（2013）。

12 具體景況請參謝世忠（2013）。

13 參見謝世忠（1993）、謝世忠（2012a）。

14 阿寒湖盛產球狀綠藻，為了觀光需要，在地生意人將該項原生植物與愛努族予以連結，除了舉行慶典之外，更製造了多樣相關紀念品，俾以創造出先住民古老傳統的觀光想像。

引用書目

山岸利男、山本修三編
　　1993[1991]《アイヌ民族に關する人権啟發寫真パネル展》。札幌：「アイヌ民族に關
　　　　する人権啟發寫真パネル展」実行委員會。
北海道新聞編
　　2007a〈白老　大湖聚落之夜：沈浸在傳統中感受治癒〉。《北海道新聞》2007年8月4日。
　　2007b〈愛努民族是白老的「先住民」施政方針的第一次清楚記載〉。《北海道新聞》
　　　　2007年10月16日。
　　2008〈明治時代獨自的習俗被禁止愛努人的歷史？〉。《北海道新聞》2008年6月7日。
　　2009〈因強制被移住而殉難　愛努民族的慰靈祭　第30回墓前祭〉。《北海道新聞》
　　　　2009年6月21日。
社團法人北海道ウタリ協会札幌支部編
　　2003《UTARIアイヌ民族30周年記令誌》。札幌：社團法人北海道ウタリ協会札幌支部。
高木崇世芝
　　2000《北海道の古地図江戶時代の北海道のすがたを探る》。函館：五稜郭タワー株式
　　　　會社。
財團法人愛努文化振興研究推進機構編
　　2008《愛努民族：歷史至現在》。札幌：財團法人愛努文化振興研究推進機構。
財團法人愛努民族博物館編
　　2008《愛努的歷史與文化》。白老：財團法人愛努民族博物館／財團法人アイヌ文化振
　　　　興研究推進機構
　　2008《アイヌ民族：歷史と現在—未來を共に生きるために—》。札幌：財團法人アイ
　　　　ヌ文化振興・研究推進機構。
結城庄司
　　1997《チャランケ結城庄司遺稿》。東京：株式會社草風館。
謝世忠
　　1987《臺灣原住民的族群變遷》。臺北：自立報系。
　　1993《傣泐—西雙版納的族群現象》。臺北：自立報系。
　　2008〈雙邊繼承與性別等位——大陸東南亞「泰語系—南傳佛教」的文化基質〉。刊於
　　　　《寬容的人類學精神——劉斌雄先生紀念論文集》。林美容、郭佩宜、黃智慧編，
　　　　頁507-531。臺北：中央研究院民族學研究所。
　　2012a〈菜單泡圈與新殖民者：寮國西方客的觀光生活〉。《考古人類學刊》77:23-58。
　　2012b〈「挫敗」、「歧視」與「控訴」的永續言說：北海道愛努族人的第四世界參
　　　　與〉。《文化研究》15:432-453。
　　2013〈鬚髯的能與藝：北海道愛努族的兩性與儀式〉。《民俗曲藝》182:99-148。
　　2014〈不需對話的族群分類——寮國北部的「人民」與「國家」〉。《文化研究》19:
　　　　333-367。
謝世忠、蘇裕玲
　　1998〈傳統、出演、與外資——日月潭德化社邵族豐年節慶的社會文化複象〉。《考古
　　　　人類學刊》53:145-172。

Dejong, Ferdinand

  2009 Shining Lights: Self-fashioning in the Lantern Festival of Saint Louis, Senegal. *African Arts* 42(4):38-53.

De Vos, George A. and Hiroshi Wagatsuma

  1995 Cultural Identity and Minority Status in Japan. in *Ethnic Identity: Creation, Conflict, and Accommodation*. Lola Romanucci-Ross and George De Vos eds., pp.264-297. Walnut Creek, CA: Altamira Press.

Eidheim, Harald

  1969 When Ethnic Identity is a Social Stigma. in *Ethnic Groups and Boundaries*. Fredrik Barth ed., pp.39-57. Boston: Little, Brown and Company.

Evans, Grant

  1998 *The Politics of Ritual and Remembrance: Laos since 1975*. Honolulu: University of Hawai'I Press.

Falassi, Alessandro ed.

  1987[1967] *Time out of Time: Essays on the Festival*. Albuquerque: University of New Mexico Press.

Gabbert, Lisa

  2007 Situating the Local by Inventing the Global Community Festival and Social Change. *Western Folklore* 66:259-280.

Howe, Alyssa Cymene

  2001 Queer Pilgrimage: The San Francisco Homeland and Identity Tourism. *Cultural Anthropology* 16(1):35-61.

Keyes, Charles F

  1976 Toward a New Formulation of the Concept of Ethnic Group. *Ethnicity* 3:202-213.

  1987 *Thailand: Buddhist Kingdom as Modern Nation-State*. Boulder: Westview Press.

  1995 [1977] *The Golden Peninsula: Culture and Adaptation in Mainland Southeast Asia*. Honolulu: University of Hawaii Press.

Kifleyesus, Abbebe

  2007 Folk-fairs and Festivals: Cultural Conservation and National Identity Formation in Eritrea. *Cahiers d'Études Africaines* 47(186):249-276.

McAllister, Patrick

  2012 Connecting Places, Constructing Tet: Home, City and the Making of the Lunar New Yearin Urban Vietnam. *Journal of Southeast Asian Studies* 43:111-132.

Mesnil, Marianne

  1987[1967] Place and Time in the Carnivalesque Festival. in *Time out of Time: Essays on the Festival*. Alessandro Falassi ed., pp.184-196. Albuquerque: University of New Mexico Press.

Murray, David

  2000 Haka Fracas? The Dialectics of Identity in Discussions of a Contemporary Maori Dance. *The Australia journal of Anthropology* 113:345-357.

Nagata, Judith

  1981 In Defense of Ethnic Boundaries: The Changing Myths and Charters of Malay Identity. in *Ethnic Change*. Charles F. Keyes ed., pp.87-116. Seattle: University of Washington Press.

Ohnuki-Tierney, Emiko

  1998 A Conceptual Model for the Historical Relationship between the Self and the Internal and External Others: The Agrarian Japanese, the Ainu, and the special-status People. in *Making*

Majorities: Constituting the Nation in Japan, Fiji, Turkey, and the United States. Dru C. Gladney ed., pp.31-51. Stanford: Stanford University Press.

Rasmussen, Susan J

2001 Wedding of Calm and Wedding of Noise: Aging Performed and Aging Misquoted in Tuareg Rites of Passage. *Journal of Anthropological Research* 57(3):277-303.

Salemink, Oscar

2007 The Emperor's New Clothes: Re-Fashioning Ritual in the Hue Festival. *Journal of Southeast Asian Studies* 38(3):559-582.

Santino, Jack

2011 The Carnivalesque and the Ritualesque. *Journal of American Folklore* 124(491):61-73.

Schwartz, Theodore

1995 Cultural Totemism: Ethnic Identity Primitive and Modern. in *Ethnic Identity: Creation, Conflict, and Accommodation*. Lola Romanucci-Ross and George De Vos eds., pp.48-72. Walnut Creek: Altamira Press.

Schechner, Richard

1993 *The Future of Ritual: Writing on Culture and Performance*. London: Routledge.

Scher, Philip W

2002 Copyright Heritage: Preservation, Carnival and the State in Trinidad. *Anthropological Quarterly* 75(3):453-484.

2007 The Devil and the Bed-Wetter Carnival, Memory, National Culture, and Post-Colonial Conciousness in Trinidad. *Western Folklore* 66(1&2):107-126.

Tabani, Marc

2010 The Carnival of Custom: Land Dives, MiHenarian Parades and Other Spectacular Ritualizations. *Vanuatu. Oceania* 80(3):309-28.

Turner, Victor

1969 The Ritual Process. Chicago: Aldine.

1987[1967] Carnival, Ritual, and Play in Rio de Janeiro. in *Time out of Time: Essays on the Festival*. Alessandro Falassi ed., pp.74-90. Albuquerque: University of New Mexico Press.

Turner, Victor ed.

1984[1982] *Celebration: Studies in Festivity and Ritual*. Washington, D. C.: Smithsonian Institution Press.

Williamson, Kenneth

2012 Night Becomes Day: Carnival, Contested Spaces, and the Black Movement in Bahia. *The Journal of Latin American and Caribbean Anthropology* 17(2):257-278.

（本文原刊於《文化研究》2017/24:81-116）

鬚髯的能與藝
——北海道愛努族的兩性和儀式[*]

一、前言

　　愛努族（Ainu）是日本北海道的原住族群（按，傳統分布地尚包括
庫頁島[Sakhalin]南部、千島群島[Kuriles]以及本州東北部〔圖1〕）（關於

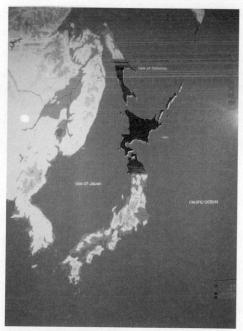

圖1：愛努族傳統分布圖。（北海道愛努協會
　　　提供，2007.07.12）

圖2：根室地區族人夜半面對大海嘶吼儀式。（謝世忠攝，2012.09.15）

各地文化異同可參Ohnuki-Tierney 1976:297-329）。日本人或一般所稱的和人（wajin）於數百年前開始接觸該族之時，即以「蝦夷」（Ezo）一詞名之。北海道就是蝦夷地（Ezochi），更可再細分北蝦夷地、南蝦夷地、野蝦夷地等等（Siddle 1997:18-25；高木崇世芝2000）。來自日本本土東北的松前藩（Matsumae）地方政治勢力，自十五世紀起始，即控有北海道南半部沿海及至東面地區，當時該等地方通稱和人地（Wajinchi），以別於愛努人集中的蝦夷地（Siddle 1997:19-22）。歷史上愛努族人曾有因反抗日人商賈剝削，而被藩鎮軍隊集體處死的紀錄，今天北海道東北根室市地區族人，每年祭儀紀念此事，並慰藉死難。筆者2012年9月15與16日二天曾參與該項儀式，其中的二個活動場景，最令人印象深刻，先是族人大半夜於先人被處死地，面向大海，集體嘶吼，展現當時不畏被殺戮的勇氣（圖2）；然後，次日清晨抵達紀念碑前，禱告祈求悲劇不再來，並灑花瓣入海（圖3）。愛努族記憶中，最後一次與日本和人較大規模戰爭，最終仍歸失敗的時間（1789年），也在松前藩時期。

　　到了十九世紀中葉之後，明治政府取代松前藩統治，開始鼓勵和

圖3：祭祀之後將鮮花灑向大海。（謝世忠攝，2012.09.16）

人移民至北海道（關於愛努與日本和人間歷史關係可參Sakata 2011:175-90），同時採積極同化愛努族的政策（Siddle 1996; 1997:23; Cheung 2004:140-41；財團法人アイヌ文化振興・研究推進機構編2008a:24 & 2008b; Schorow 2001:72-73）。當時以內部殖民（internal colonization）的理念（Kikuchi 2004:157），認定蝦夷地為無人之土，遂於1869年成立開拓使（*kaitakushi*）機關，並將蝦夷地改稱北海道（Siddle 1997:23）（按，今首府札幌南方新札幌地區有一北海道開拓記念館，展示各類北海道歷史課題。不少愛努族人表示該「開拓」之稱，見之即頗為反感）。從字義上即可知，該地區原本不是和人的領域，而明治政權之所以急於將之納歸國土，一方面係強國建軍開疆闢土思維的實踐，另一方面，沙皇俄國大舉東拓，甚至臨至日本北方，並對北海道和千島群島興趣濃烈，著實令日本政府極為緊張。同化政策的結果，對愛努族造成非常深沉的影響，其中尤以嚴重歧視一事，迄今依然困擾著許多族人後裔（參謝世忠2012:432-53）。

　　明治政府1899年制訂了《北海道舊土人保護法》，該法為決定愛努人命運的最高位法律，其後歷經大正、昭和、平成各朝，一直沿用將

近百年，到了1997年，才以《愛努文化振興與愛努傳統知識普及與啟發法》（俗稱《愛努新法》）取代之（社團法人北海道ウタリ協会札幌支部2003），但不滿意該法的聲音始終不絕（see Porter 2008:201-19）。到了2008年，日本國會在國際輿論，尤其是甫於2007年9月13日頒布「原住民族權利宣言」（Declaration on Rights of Indigenous Peoples）的聯合國壓力下，終於承認愛努人為日本的先住民族。日本人一向相信自己國家為單一大和（Yamato）民族組成，如今多了一個愛努先住民族，相關法政與社會文化牽動景況，仍待後續觀察。不過，至少到了已過了數年之後的今天，多數愛努族報導人宣稱不曉得到底自我族群地位和實質生活，與過去未獲承認之前有何明顯改變（另參Okada 2012:1-14）。政府為因應此一國家族群組成之變革，所設立的一個專門懇談會組織，其中愛努代表名額有限的不合理規定，即常受到批評。今天，愈來愈多族人相信，當年政府認可愛努先住民地位一事，根本只是為了讓同年7月於北海道洞爺湖舉行的G8高峰會列強國家留個好印象罷了。

　　數個世代以來，愛努人始終承受強烈同化壓力，受到嚴重歧視（Ohnuki-Tierney認為[1998:31-51]這是根源於日本稻作重農主義者〔agrarian〕對狩獵肉食族群之內部異化他者[internal others]的行為），對不少族人而言，一直是個人與家族的悲慘記憶（按，這是筆者田野情境中，最常聽到的族人心情故事）。不少北海道在地田野報導人表示，有極高比率的愛努人，選擇不願面對所屬族裔的身分。不過，相對地，在北海道的居民生活領域中，還是可以看到明顯的愛努現身角落，為何說是「明顯」？因為，在該等角落場合上，多見穿著傳統服飾的族人。換句話說，依筆者的觀察，縱使在長期同化與歧視等不利的環境中，一個堅實卻又略帶神祕性的常續性維繫族群認同機制，似乎亦同樣存在於該族社會生活中。此一機制依筆者之見，就是環繞於祖先供養祭儀的人事物展演體系之上，本文即擬陳述該體系的作用過程及其顯現之內在意義。

二、兩性造型

　　日本旅行者與作家畫師，數百年來對北海道蝦夷地住民，留下諸多描

4｜5　圖4：傳統愛努女性典型畫像。（白老愛努民族博物館提供，2010.09.24）
　　　圖5：漫畫家新作依然突顯愛努男性鬚鬟。（橫山孝雄提供，2011.11.27）

述其特徵的文字和繪像（參如北海道開拓記念館1993:85；財團法人アイ
ヌ文化振興‧研究推進機構編2008b）。其中動物方面出現最多棕熊、鮭
魚、鯨魚、貓頭鷹、鶴、鹿、狐狸及犬隻等，樂器以口簧琴為主，房舍多
見茅草搭成，服飾之抽象圖案引人入勝，武器與獵具則弓矛和刺槍均有。
除此之外，男女人物更是重要的描寫對象。男性多半在行獵捕魚、圍著火
塘參與儀式、或者跳著舞蹈娛神。女性常見帶小孩、吹口琴、以及也參加
儀式和跳舞，但所居位置與男性不同。不過，這些均非寫繪者的重點，男
性最吸引外人者，是為成年人的長鬚，而女性的特別之處，則是唇邊四周
的刺墨，直至今日，凡有愛努新成畫作，仍是如此（圖4、圖5）。

　　到了晚近，照相技術出現並且日漸普及，在北海道拍攝愛努人生活點
滴者，同樣對上述圖畫時代的重點較多留意，尤其男女身體的極端改造或
任其發展之處，更獲目光。極端改造指的就是女性的刺青嘴部，而任其發
展則為男性鬍子的無限留長（圖6、圖7）。外人觀看到的愛努男女身體造
型特點，或許令人見「異」，然而，對該族族人本身而言，它們都具深層
文化意義。繪圖拍攝者當然看不出內在文化意涵，文字書寫者也少有仔細
推敲者，因此，長久以來，鬚鬟與刺青就僅流於代表蝦夷人或愛努人的族
群特徵之說（Krutak 2008:1-6; Kindaiti〔金田一京助〕1941），而學術研究

6 | 7　圖6：愛努女性舊照。（萱野茂二風谷愛努資料館提供，2008.11.23）
圖7：愛努男性舊照。（萱野茂二風谷愛努資料館提供，2008.11.23）

的主要論述重點，亦不在解說兩性身體突出營造部分的意義。今天，愛努女性環唇刺紋風俗早已不再延續（按，1871年禁止入墨），然部分男性長者卻仍留著長鬚。他們在穿著族群服裝現身的場合裡，實與過往圖畫照片人物樣態無異，充分顯出愛努的文化風格。筆者認為，唯有自愛努祭儀體系入手，方可探得該族文化核心與人物造型的道理。

三、祭儀史論

　　上節提及，舊圖繪與老照片所留下的愛努族人生活景象，祭典儀式是其中要項。的確，直至今日，若欲感受一下該族文化氣氛，選擇一項儀式活動，然後盡可能全程參與，大抵仍是最簡便的方式。因為，其一，族人多數穿著傳統服飾，頗有古典人物再現風華之姿（圖8、圖9），其二，儀式過程對照古舊圖片（圖10、圖11），相互輝映，直覺文化傳承的魅力，其三，所有祭儀用物特殊，超自然想像豐沛，讓人有身處另一文化世界的

8	9
10	11

圖8：今日登別愛努族人參與祭祀活動多著傳統服裝。（謝世忠攝，2012.
　　09.09）
圖9：今日札幌豐平川邊愛努族人參與祭典樂舞時之傳統服飾裝扮。（森若
　　裕子攝，2007.09.17）
圖10：愛努族人樂舞圖繪。（二風谷萱野茂愛努資料館提供，2008.11.23）
圖11：愛努族人樂舞舊照。（萱野茂二風谷資料館提供，2008.04.12）

感受。愛努族有此一活生生文化的綿續，很容易使研究者發覺其認同長存
的道理所在。

　　當然，在大同化時期，語言、取名、服裝、刺墨、長鬚、家屋、村
落、以及生計行為等等傳統範疇，不是陸續被禁用（如1871年禁行室內
葬，1876年禁止毒矢狩獵，1883年禁止捕鮭魚），就是快速沒落或自己揚
棄，主要祭典不是列為禁止項目，就是因傳統生活方式受限（如不能再
捕鮭），其相關祭儀也無繼續舉辦的價值了。有許多儀式幾十年未見舉
行，或者從此消失（例如，最典型的送熊祭典[iyomante]1955年被禁，自此

以往，只有1968年於平取町和1985年於旭川市，為配合電視臺拍攝，特別表演了二回，其餘有些族人傳聞某地似曾於某時辦過，但，無人能確實證明）。自今日角度觀之，其文化滅絕之悲劇情況，令人難以想像。不過，愛努族人的祭儀堅韌精神，著實令人讚嘆。除了幾種主要祭祀神明儀典（*Khamuy-nomi*）如新舟下水典禮（*Cipsanke*）（圖12）和歡迎捲鮭儀式（*Ashirichepkhamuynomi*）（圖13）等，自80年代後半以來，紛紛於各地復振舉行之外，在過去極度艱難環境下，始終能夠維繫著一些更基本的祭儀，其內在動能實值大書特書。

　　一般來說，當代愛努人的祭儀可分公共儀典與家屋祭祀二大類。至於在過往時代，兩者的界分並不是太清楚。北海道是愛努族的原鄉領域，以愛努語稱之即是*Ainu Mosir*，愛努國度（或稱大地或領地）之意。該地疆域遼闊，約近8萬3千平方公里，臺灣的二倍半，而愛努人口一向不多，1993年統計23,830人（財團法人愛努民族博物館1996:3），歷史時期雖少有正式數字，縱使有所增減，應該也差距不大。當時，村落規模很小，三五戶，可能全是親族，就可成村，而下一鄰村，距離遙遠。田野中的多位族人表示，過去欲見一次外地親友極其困難，好不容易看到了彼此，卻常認為這可能是此生最後一回了。

　　進行公共儀式之時，多是近親關係的村民一起舉行，它和家族自己舉行祭祀活動所參與的人，其實差別不大（see Ohnuki-Tierney 1976）。公共祭儀有多種（如前舉送熊祭典、新舟下水、迎鮭儀式，以及繪本上有之，卻已於記憶中失去了的貓頭鷹祭典，還有目前僅存於白糠地區的鯨祭儀式等均是），而家屋祭祀則就是指祖先供養（*icharpa*），也就是祭祖之意。今日愛努族人舉行任何公共儀式，必接連行祖先供養，此一情形也佐證了公與私祭儀領域之場域和族人參與差距狀況不大，才會大家先公後私，神靈和祖靈都得到尊榮。不過，在極端嚴酷之同化歷史過程中消失者，全係公共儀式，而私領域的祖先供養，則一直留著，外人看不到，族人們卻從不間斷維繫著。其原因並不難理解，畢竟公領域活動容易引人眼光，加上政府不是明文禁止（如送熊儀式），就是生活面受到巨大變動而使儀式的發起動機受到抑制（如不准捕鮭之後，造成迎鮭儀式徒具形式）。反之，在私家內靜靜祭祀祖先，只要參與者彼此效忠，就可長久保密。現在還有

12　圖12：白老博物館湖畔新舟下水典禮。（森若裕子攝，2009.05.02）

13　圖13：札幌豐平川邊歡迎捲鮭儀式。（森若裕子攝，2007.09.17）

不少家屋自己舉辦祭祀祖先儀式，仍是祕密行事，不准外人參加，縱使破例來了客人（例如，像筆者一般的人類學者），也不允許拍照或紀錄。總之，文化就是這樣傳承下來，數百年來維繫愛努族群生命，也使愛努於2008年起，成了國家承認的先住民族，終究得以有一份還稱完整的傳統文化面貌，可用來說服大眾自我族群位置的真理性。

　　多數愛努族人均會在各種可能的場合裡，說出過去幾百年間與和人鬥爭歷程中的三次關鍵失敗戰役（1457年*Koshamain*之役、1669年*Shakushain*之戰、1789年*Kunashiri-Menashi*之仗）。其中1669該回戰事，原本愛努族佔優勢，後來代表和人勢力的松前藩（*Matsumae* Clan）佯裝和好邀宴，結果毒死所有愛努代表，包括最高領袖*Shakushain*在內。北海道各界為紀念該名領袖，遂於1977年開始，假靜內町當年*Shakushain*陣地所在（2006年與三石町合併成新ひだか町[*Shinhidaka*]但不少人仍習用舊稱，車站名字亦未

圖14：靜內町Mauta公園愛努民族英雄Shakushain
　　　　紀念活動。（謝世忠攝，2010.09.23）

更改）的*Manta*公園舉行大型祭祀活動。活動內容除了有政治人物、各界
來賓及主辦單位北海道同胞／兄弟協會（Hokkaido *Utari* Association〔1930
年成立，時稱北海道愛努協會，1961年改名*Utari*，到了2010年之時，才又
改回*Ainu*原稱〕）理事長的致詞報告之外，還有祭祖儀式和最後的樂舞團
體展演（圖14、圖15），甚至邀來外國原住民表演隊伍，共襄盛舉（圖
16）。*Shakushain*祭典是當代愛努族最典型的英雄祭祀活動，參加者眾。前
首相鳩山由紀夫先生在擔任總理職務前，幾乎每次都會現身。該紀念活動
時間頗長，一整天不間斷，各地愛努協會支部族人和文化保存會成員，即
有不少包遊覽車前來者，足見大家的重視。

　　北海道大學現今藏有包括北海道和千島群島愛努祖先的遺骸1,004具，
他們主要是戰後日本體質人類學和如醫學等相關領域學科專家，尤其是
北海道大學醫學科學部兒玉作左衛門（*Kodama Sakuzaemon*）教授率領之解

圖15：靜內町Mauta公園愛努民族英雄Shaikushain紀念活動的樂舞表演。（謝世忠
　　　攝，2010.09.23）

圖16：靜內町Mauta公園愛努民族英雄Shakushain紀念活動的美國阿拉斯加原住民團
　　　體樂舞表演。（謝世忠攝，2010.09.23）

剖學團隊研究的材料（Siddle 1997:28；東村岳史2013:1-15）。愛努族人於
1980年代之際，開始對過去私挖祖墳以及任意使用並公開先骨於媒體等事
宜表達強烈抗議，後校方將其統整安置於校園儲藏所內（圖17），不再受
到研究干擾。大學方面曾主動表示可將祖骨送還各町市，但只有包括旭川
市在內極少數地區前來申請領回。族人每年8月均至儲藏所前舉辦拜祭儀
式（圖18），同樣會請重要人士蒞臨致詞，也有代表說明紀念原委，甚至
由族人耆老帶領逛校園，認識過去在校址上的愛努部落遺跡（圖19）。祖
先祭祀隨即於各項活動完成後不久舉行。

　　北海道愛努協會設有不少地方支部，有的活躍，有的靜寂。支部活躍
與否，往往和當地有無舉辦如歡迎捲鮭返回儀式（如千歲〔Chitose〕、札
幌〔Sapporo〕、苫小牧〔Tamakomai〕等地舉辦）、感謝鮭魚儀式（如登
別〔Noboribetsu〕市舉辦）、鯨魚祭（如白糠〔Shiranuka〕舉辦）或放舟典

17 | 18
―――
19

圖17：置於北海道大學的愛努族先人遺骨儲箱。（森若裕子攝，2007.
　　　08.03）

圖18：北海道大學愛努先人遺骨祭拜儀式。（森若裕子攝，2007.08.03）

圖19：愛努族人在北海道大學校園講解過去部落遺跡。（森若裕子攝，2007.
　　　08.03）

禮（如白老〔*Shiraoi*〕舉辦）等活動相關。有活動者，支部事務局就會積極參與主辦，無活動者，協會組織則往往形同虛設，看不到愛努的生活場景。此外，部分在歷史上曾有過特殊犧牲事件的地方，例如東南面城市帶廣（*Obihiro*），其協會支部就每年舉辦慰靈祭，專祭祖靈，該市的傳統歌唱文化保存會（the *Obihiro Khamuy To Upopo* Preservation Society）也會在是日以樂舞娛神。

　　在一些國內外學者（本國學者如現職北海道大學名譽教授兼北星學園經濟學部教授小野有五（*Ono Yugo*）教授，外籍學者如現任美國加州大學聖塔芭芭拉分校現代日本文化研究學系助理教授Ann-Elise Lewallen）協助之下，部分積極行動的愛努族人於2008年7月1日假北海道平取町舉行「2008愛努領地先住民高峰會」（2008 Indigenous Peoples Summit in *Ainu Mosir*），邀來十三個國家或地區的原住民代表與會（按，日本漢字「先住民」與臺灣所稱之「原住民」意思相同，本文依出現脈絡，分別使用二詞），討論國際原住民權利的問題，也對即將於一周之後同在北海道另一傳統愛努族領域洞爺湖地區上場的G8八大工業國高峰會議，提交一份宣言書，呼籲各國遵守聯合國2007年9月7日所頒布的「聯合國原住民權利宣言」（United Nations Declaration on the Rights of Indigenous Peoples）。先住民高峰會全程三天，其間有多場各國代表演講，也有分組專題討論，最後於北海道首府札幌市閉幕（參謝世忠2012）。當時選在該市愛努振興機構所屬類似文化園區內之傳統家屋展示間，舉行祭祖儀式（即所稱的祖先供養），國際貴賓也獲邀參與圍坐火塘，見證過程，並飲用全場傳遞的同壺酒類。

　　從上所描述之包括英雄祭祀（如祭拜*Shakushain*）、拜祭先骨（如北海道大學校園儀式）、慰靈儀典（如帶廣的祭儀）、以及高峰會之類的大型國際活動等等在內，均見有祖先供養的儀式。換句話說，該儀式正是愛努族人最基本的超自然生活範疇。多位報導人表示，歷史時期北海道地廣人稀，傳統愛努村落規模很小，有時甚至一家就是一個聚落。所以，現在所見之顯現族群性（ethnicity）或特定地區聚落性（locality）的公共祭典如歡迎捲鮭返回儀式等，在過去就多見非常少數的三兩小家族合辦，甚至單單一個家庭自己舉行，因此，理論上屬於私領域範疇的祭祖活動，與感謝

神明賜給資源的公共性質活動，往往不易區辨，或者說二者基本上已然合一。總而言之，無論如何，凡是涉及超自然的典禮行為，可能在整體活動中途時間點，或者到了最後節次，必會有祖先供養項目。甚至，純世俗的活動如2008年同時有許多外國人參加的先住民高峰會，也安排了祭祀祖先的節目，並熱絡地邀請外賓共同參與。由此可見，祖先供養在愛努人精神生活上的關鍵地位，不言可喻。

四、宗教物樣

　　進行祖先供養儀式的基本程序，各地大同小異。首先須有一長方型火塘，長寬不一，筆者的紀錄中，在長度上最長有至5公尺者，最短約有2公尺半，至於寬度則多為1公尺半。由於現今北海道已不存在愛努族自然村或傳統建置而族人居民仍生活於此的社區（筆者按，愛努長輩報導人多稱一方面傳統家屋用材設計完全不合現代消防法規，所以必須通通拆除，另一方面歧視問題嚴重，族人亦不願為了維繫族群聚落，而使得自己容易曝光，以致永遠飽受外在眼光或實質上的壓力），因此，族人多半利用博物館戶外展示的屋舍、各地愛努文化保存會或愛努古式舞蹈傳承保存會（按，即各個較為活躍之愛努協會地方支部的協力組織，目前全北海道計有17個）工作場所、或者各較大城鎮主要供愛努族人公共使用的生活館等地點內之火塘。有部分族人家中也設有小型火塘，或者裝置一活動攜帶式火塘，以備所需。

　　事先，可能是前晚，也或者是當日一大早，甚至儀式開始前一、二小時，幾位男性族人不停地的製作兩種最重要的宗教用具，名稱相同，均叫作inau，但，長短差距頗大。主辦者先準備好約20至40支柳樹木頭長棒，一般長度約2公尺，直徑約3公分，另有短棒約50至100支，長度30公分。長短棒總數端看預估參與祭儀的人數而定，通常會多備一些。製作者先以刀子將樹皮去掉，再用刮削器將棒身削至乾淨平整，盡量不留下原樹木外皮於棒上。然後就在棒頭和棒頭之下約15公分處各削出一朵朵仿如翅膀的木片葉狀花樣。一般長棒的削花絮狀極長，有的捲垂至棒身的一半之處，而短棒則花葉絮部短小（圖20、圖21）。除此之外，尚須準備漆器木碗數

20	21
22	23

圖20：根室地區祭祀重要用物inau木幣右為長棒，左為短棒。（謝世忠攝，
　　　 2012.09.15）
圖21：根室地區祭祀用物inau短棒。（謝世忠攝，2012.09.15）
圖22：千歲地區祭祀用食物類供品。（謝世忠攝，2011.09.04）
圖23：平取町二風谷置於屋外的inau。（謝世忠攝，2008.11.25）

個、扁平式漆器木棒幾支、裝滿乳白色米酒或玉米酒的大桶子、木炭一
堆、和大量即將奉獻給神靈的食物包括鮭魚、水果、蔬菜、米糕、乾糧等
（圖22）。

　　上述這些宗教用物，大致均能見於今日北海道各地愛努公私領域祭儀
上，一般要辨識出愛努的場合，事實上相當容易，畢竟，它們的出現僅於
該族的生活範疇，與日本人的社會慣習有很大不同。所以，常常可以看到
某個歷史文化展示區，置有一排長長inau於特定地點，此處無疑就是愛努
文化的示範區域。走在北海道各小村鎮，偶爾或也可瞧見同樣形狀的一排
長木，直立於某一獨立屋子的一邊窗外，它直接傳達了此處為愛努人家的
訊息（圖23）。古舊照片裡，也常見到類似主題圖像，文化的綿延，盡在
不言中。

五、儀式過程

　　當今愛努族人的*Shakushain*英雄祭典與北海道大學校園先骨崇拜活動，均會先行幾回政治人物與族人領袖或工作團隊代表的講話，內容不外對前人的緬懷和今天大家聚會的互相勉勵。致詞總會花上一些時間，因為上臺的人甚至有超過10位之多。不過，此等現代才有的儀式場合流程，嚴格來說，並非當日祭典的重點。族人參與者重視的是稍後的祖先供養儀式，以及祭儀過程大致相同的傳統迎鮭、謝鮭、鯨恩和祝福舟船等的禮典。

　　鮭鯨舟船祭典活動在室外舉行，而傳統上祖先供養則多半先於屋內行儀，爾後才轉至戶外完成後續。依族人們的說明，屋內首先應祭火神。煙冒代表火神將人們的祈願與對神靈的恭敬帶上天界，所以火神為人神中介者，位置特殊。當然，對居處北方的傳統族群而言，溫暖家居之火塘的永續火源勢必重要，族人一定重視。不過，對愛努而言，*Khamuynomi*祭神儀式與*Icharpa*祭祖二者基本上是合一的，沒有僅單獨進行其中之一的例子，而多數機構（如文化振興‧研究推進機構所出版的CD）和田野地族人又常以後者作為整體性的名稱代表，只見祖先正是為終極祭拜對象。

　　現在登別市之感謝鮭魚祭，會先在生活館室內儀式（圖24），之後集體分乘車輛到海邊河口處，再次祭祀（圖25），其中理由之一即是公共場所室內不適合火塘點煙燃燒。而白老町縱使是內外祭場隔鄰，一在屋內，另一在屋外10公尺處的湖邊，也要移動二處，因為今日族人認定的裡外祭典意義有別。不過，由於傳統家屋僅見於博物館相關地點（如札幌愛努文化振興‧研究推進機構外的展示場〔族人稱*Sapporo Pirka Kotan*【札幌愛努部落之意】〕、白老愛努博物館的愛努建築展區、萱野茂二風谷愛努資料館以及平取町立二風谷愛努文化博物館外的家屋群等〔圖26、圖27〕），一般愛努人所居住或使用之現代房舍建物又極少設有火塘，因此，某些特定祭典全程在外頭舉辦者也不少見。例如，苫小牧、千歲、札幌等地的迎捲鮭活動以及接連舉辦的祭祖儀式就是如此。當然，有些半祕密式的家庭祖先供養祭儀，則除了最後奉獻祖神必須在外，其餘全程室內，它的所謂

圖24：登別地區先於室內舉行的火神祭祀。（謝世忠攝，2011.09.10）
圖25：登別地區再移至海邊河口舉行感謝鮭魚祭與祖先供養。（謝世忠攝，2011.09.10）
圖26：白老愛努博物館戶外家屋展示。（謝世忠攝，2011.09.09）
圖27：平取町二風谷愛努文化博物館外家屋示範。（謝世忠攝，2008.11.23）

內外是住家家屋裡外，係一個祖先為主體之儀式的二部分，不似其餘地區兩處同等儀式內容遂行二次（一為鯨或鮭代表的神靈〔Khamuy〕，另一則為名義上祭火神，實則祈拜祖先）的情況。

儀式開始前，主祭盤坐於火塘長距的一邊中央，左手方向為愛努屋舍最重要之神靈祖先出入的窗戶，任何人不得從前面經過。資深長老和重要男性成員圍坐四周，後排以降才是較年輕男性和女性族人。大家都著傳統服裝（圖28）。若有外來參觀者，例如人類學家或對愛努文化感興趣的人，就通通坐於最外圍，以免打擾儀式的進行。當然，有時內圈資深男士人數不足，主祭也會邀請較具年紀或被認定身分地位高些的男性參觀者，穿著備好之族服，加入盤坐第一排。有的地區要求較多，所有參加者必須穿上愛努服裝，不過，外來訪客也不需擔憂，因主辦者均十分貼心，多會準備足夠衣服，供未有族裝者簡單披上。火塘近靈窗處放置鮭魚祭品，其

<table>
<tr><td>28</td><td>29</td></tr>
<tr><td>30</td><td>31</td></tr>
</table>

圖28：白老族人著傳統服裝參加祭儀活動。（森若裕子攝，2008.04.26）
圖29：靜內町Mauta公園愛努民族英雄Shakushain紀念活動的酒類供品。
　　　（謝世忠攝，2007.09.23）
圖30：根室地區族人表示感謝的手勢。（謝世忠攝，2012.09.15）
圖31：登別地區儀式過程中，將酒沾至短棒inau之上。（謝世忠攝，2012.
　　　09.15）

餘數盤水果糕餅乾糧放在塘內沙舖地面上。這些均是主辦單位，如愛努協
會地方支部等的預算支出。個人或特定團體若欲貢獻供品，多數會買來包
裝精製的大瓶日本酒，寫下大名於包瓶紙上，排列整齊放於火塘不遠之角
落，通常酒類供品數量達十數以上（圖29）。

　　主祭唸完禱詞（按，必須使用愛努語，然因母語長期受到壓抑，許
多耆老族人，也已無法順暢操用，所以，不少人只好以抄本照唸，或者對
自己族語不靈光一事向祖神致歉）之後，以雙手左右擺動搓掌，再將雙手
手心面上，十指往自己方向揮動，表示感謝神祖（圖30）。此時，先以一
扁平漆棒沾酒於立在火塘內沙盤上的短棒inau（日語漢字稱為木幣）（圖
31），復委派二位年輕男性族人以漆器大碗，盛著酒類，加上一支沾酒棒
（日語漢字稱為捧酒箸），自火塘近靈窗的一方，分別轉拿給最近的二位

族人，每人沾點酒往火塘揮灑一下，表示敬酒給神靈，喝一口，再整組遞傳下一位。每人在接酒之時，都需做出上所述之主祭操用的雙手姿勢，謝神謝酒謝族人同胞勞神端來（圖32）。如此以往，通常會包括外來觀禮者在內，人人作同一動作，也都喝到酒，最後回到原點。其所花之時間端看參與人數而定。像Shakushain祭典和千歲與札幌等近都會區域的迎鮭儀式，外來訪客不少，傳喝米酒或玉米酒的動作就很長，而如北海道最東端根室地區或登別的祭儀，外人僅有寥寥二三名，通常都能快速喝畢。

　　主祭繼續唸第二段禱詞，然後，再傳酒一回，最終將餘酒灑到插於火塘中間沙子地面的幾根inau木幣，之後，諸木幣以火燒之（圖33），結束室內程序。此時，大家站起，走向戶外。男人先到外頭排成一排，在面對靈窗處將inau長棒木幣豎直插好，隨後梳理棒鬚，並敬上酒類。主要是以扁平漆器捧酒箸，沾酒放於inau之鬚鬚狀捲木片上頭（圖34）。完成之際，所有女性業已或跪或坐於面向inau長棒前大面毯子或油布上頭的側邊，等待伺候祖先。她們一個接一個自一位在旁服務的資深男性族人手上拿到一根inau短木幣，排隊有序地將之插於地上，再奉上水果米糕大米等等供品，並灑酒於棒子上面。原則上只有女性可做此一動作，無論族人或外賓，凡是女性，必會被邀請參加此段儀式（圖35、圖36）。至於年紀幼小的女童可以插棒祭祀嗎？田野的回應不一，有的說可，有的認為不行。不過，筆者多次參與，從未見小女孩排隊拿棒，絕大多數是成年女子的任務。筆者見到一特殊例外。根室地區位屬偏遠，儀式參與人數很少，因此，所有在場男子均給與短棒插祭。報導人說以前沒有如此，實在是不得已為之，否則祭祖氣勢不足，供養品也相對貧乏，不合祭典的目的。

　　所有女子完成任務後（圖37），整個正式儀式始告終。Takako Yamada指出，近年的愛努文化復振運動，在祭儀方面，男女兩性完全依傳統，前者拜神，後者則負責祭祖（Yamada 1997:237-57），他的觀察大體不差。此時接近中午，大家開始午餐，多半是發給一份餐盒，部分場合會搭配一碗鮭魚湯，或者各類啤酒任人飲用。有時主辦單位會送給參與者一條鮭魚或新鮮海貝一包為禮。人們享用餐點之際，請來的樂舞團體（多半為前述之各地愛努文化保存會或愛努古式舞蹈傳承保存會〔圖38〕，偶會如前節所提，在較大型活動如Shakushain祭祀典禮上，看到特邀來參加之外國演出

32	33
34	35

圖32：登別地區儀式過程中，大家連續傳遞飲入酒品。（謝世忠攝，2012.
　　　09.09）

圖33：登別地區儀式接近尾聲，將inau木幣短棒燒之。（謝世忠攝，2012.
　　　09.09）

圖34：白老地區戶外儀式開始，成年男子須以酒類敬奉代表先祖的常棒
　　　inau。（森若裕子攝，2008.11.01）

圖35：新ひだか町[Shinhidaka]Mauta公園愛努民族英雄Shakushain紀
　　　念活動的祖先供養儀式，成年女性酒敬inau木幣短棒。（謝世忠攝，
　　　2010.09.23）

者）開始表演娛神，全部是傳統清唱歌曲和舞蹈，包括男子劍舞、弓箭
舞，女子的背嬰舞、蚱蜢舞、長髮舞、狐狸舞、鶴姿舞，男女合演的鯨魚
舞，以及必有吹奏口簧琴節目（圖39）。最後常見一場邀請所有人下場的
曲目，歡喜熱鬧結束。

六、物人合一

在過去時光裡，愛努族人的人體文化特徵，最讓觀察繪畫者與專門攝
影者印象深刻之處，就是男性的長鬚和女性的紋面（正確的說，應是加紋

圖36：新ひだか町[Shinhidaka]Mauta公園愛努民族英雄Shakushain紀念活動的祖先供養儀式，年輕女性沾酒敬奉inau木幣短棒。（謝世忠攝，2010.09.23）

圖37：千歲地區所有女子完成供養inau木幣短棒之後的景象。（謝世忠攝，2009.09.06）

圖38：札幌豐平川邊祭儀過後的樂舞娛神。（森若裕子攝，2007.09.17）

圖39：登別地區祭儀過後表演節目中必有的口簧琴吹奏。（謝世忠攝，2012.09.09）

於雙唇沿邊部位）。所謂人體文化特徵，就是依該文化慣習規範或需求，來對身體進行特定處理。其中有的屬毀飾範疇，亦即損壞原來身體生物性樣態，而使之符合文化上的美感標準，紋面即是典例（cf. Krutak 2010; Fisher 2002），另有不刻意修飾，卻使之生物性地自然發展，以達視覺上特化該項身體部分的焦點，留著非常長的鬚髯，是為一例。這些身體特徵對無此處理習慣的外人而言，尤具異國情調，所以，歷史畫像和老舊照片上，多見該等族群特質的強調。一般的說法為，那是該族的習慣，女性環雙唇刻紋，代表美觀成熟，是成年女子的專利，尤其剛完婚不久之新娘，不久之後準備生育，更是最佳刺墨時機，據信，紋面可嚇阻擬欲由口而入侵犯女體的惡靈（Krutak 2008:4）。男性留鬚，越長越資深，地位越高。今天族人大體也是如此解釋。但是，依筆者的看法，整體宗教祭祀過程，不僅與愛努人成年身體的形象密切相關，更充滿著生命繁衍的象徵和隱喻，一方面非常寫實，另一方面也述說著深刻而具系統的兩性生殖文化內涵。

傳統成年女性在兩唇周邊刺上花紋，整個嘴巴不僅有了美觀的飾圖，整體而言，嘴口似乎變大了，它象徵著女人產道的寬闊健康。寬廣的產道是新生兒平安離開母體的保證，愛努族人運用在婦女身上的圖案表意，企求生產順利，族群繁衍無礙。臺灣原住民泰雅、太魯閣、及賽德克三族成年女性也紋面，同樣以嘴巴為基準點，往兩頰弧形上彎，其型亦如嘴口的增大，依筆者之見，其傳達的象徵意涵，或可與愛努族情況相呼應。當然，無論日本或臺灣，過去一百年間，相關族群報導人均是以成年成熟女性的說法來回應詢問，但，成年成熟與生殖生產是一體的範圍，代表它們的文化象徵樣貌，必能充分展現理想上的意義。因此，讓產道順暢，正是一個關鍵要處。

不過，由於愛努族是典型的父系社會，因此，在宗教祭儀方面，主要象徵物品就多以男性為主。長短inau的花捲狀或大量垂下之長條木葉，均代表男人長鬚，而木棒本身就是男性的象徵。長棒是祖先或其他神明（如山川土地、雷電龍王等），短棒為現生成年男子。長棒之所以長，因其為祖先或大神，年齡非常資深，世俗加上超自然的壽命長久，所以，鬚狀木葉遠比短棒花樣捲捲木條來得茂密又綿長。儀式進行之時，靈窗外頭插著

一排總量大約十數根的長棒，表示眾多神明和祖神降臨現場，該地神聖，儀式時間內，除了資深男性上前沾鬚敬酒之外，一般不能隨意從前面走過，就算平常時日，大家也盡量避免穿越。短棒數量很多，即是現在人丁旺盛之意，而它的短小和有限長度的鬚髯狀捲形木片，就如同現生人相對於神祖，當然什麼都小一截了。

在室內，男男女女圍著火塘傳遞喝下白色米酒，代表大家都在吸收經由神靈賜與的精力泉源。而幾柱插在沙盤上的inau短棒木幣，最後燒之，則象徵火神一方面向神祖稟報介紹即將成為新秀祖先的現生子孫，另一方面則祈求賜福。大家移到外面之後，男人們獻酒給長柱祖神，讓祂們永保靈力，照顧後人。女人們逐一拿到一根短棒，然後插入土中，供以酒類與食物，則象徵一女人一男人之組合的生產團隊，女人細心照料男人，使其生氣盎然，精神飽滿，注定存在著強大傳宗力量。愛努宗教祭典，尤其是奉祀祖先的儀式，四處可見舉辦，表示族人的重視與需求。大部份象徵物件都出自主辦者家人親族的手製，其中inau和男人的身體性或生殖特徵樣態相若，顯見該族於多數是天寒地凍天氣以及社群人口（按，誠如前述，往往二三家庭，即構成聚落）不足以有效全面掌控環境的條件下，祈求族群繁殖的企圖心極強。另外，象徵女性身體之儀式物品的闕如，說明愛努族人相信生命源於男性精泉，白色酒類的顏色表徵相當顯性，人們不停以此養身自己，女人除了照料夫婿靠它，滋潤祖先之時，也是主角供品。紋了面代表產道寬暢的成熟女性，拿起男性象徵inau短棒木幣插入土中，繼以酒菜祭之，其顯示的生殖意義非常直接。總之，女性負責產出，因此，紋面的擴大嘴口形狀，直接讓醞釀已成之新嬰兒，順利誕生而出。族群的生生不息，因此有了保障。

七、族群藝演

傳統上，愛努族僅會於祭典過後，立即以樂舞娛神也娛人。祭儀過程如前文所述，其間人與物的操作內容，充滿生命生成的想像與象徵表現。但是，樂舞節目則無類此相關內涵，反而多以生活環境和居家經驗的知識示演為內容基礎。人們觀察鶴群的優雅，因此仿學成舞。神靈於天，就和

飛鶴展翅的高度相符，企望祖先看到，繼續庇佑子孫。蝗蟲成災，女性族人扮演蟲隻，跳於會場，期盼神祇祖靈知道人們正遭遇麻煩，趕緊前來協助。鯨魚舞常由一男性扮演鯨魚，側躺於地上，幾位女性舞者繞著鯨魚走唱，表達感謝上天賜與，也感恩大魚慷慨。愛努族人的神靈（*Khamuy*），包括有棕熊、鯨魚、鮭魚、貓頭鷹等等帶來了上天訊息，或直接提供生命資源者。然而，今日愛努生活世界，各類樂舞表現節目中，只見鯨魚的場景。迎捲鮭祭儀並無鮭魚舞，貓頭鷹是族人最常提及的神靈，但，諸復振祭典和表演場合中，也沒有牠的位置，至於最重要的送熊靈傳統儀式，在當代環保和動物保護法令與倫理規範情境下，幾乎不可能忠實再現。凡此與超自然和宗教信仰相關的儀典展演，是否過去曾經存在而今佚失，或者有無可能重新恢復，仍待進一步探究。畢竟，對該族而言，熊鮭鷹等神靈動物，其重要性實高於鯨魚（按，祭鯨儀式僅見於白糠町），今天既有鯨舞，那麼，按照與此類動物相接近的他類文化價值屬性觀之，其餘各種也應有展演可能性。

　　以上為演示動物。至於出演人類活動者，則有男性的刀劍弓箭雙舞，而且是每地每次必有的節目。舞者有獨舞，也有二人表演，帶著渾厚叫喊聲的五分鐘，常使觀眾精神振奮。女性的節目較多重，除了嬰兒舞之外，最受注目的是長髮舞（圖40）。舞者甩著秀髮，代表樹葉婆娑（按，蘭嶼雅美／達悟族長髮舞則象徵海浪滔滔），山林藏有資源，有等舞劍勇士前去取得。過去留下的圖像顯示，男子蓄鬚上場跳舞者眾（見圖10），此或即代表娛神正是成年人的任務，因為欲獲神靈祖先目光，全族長者領袖均不能稍有懈怠。現在仍有部分族人喜歡長鬚，但人數已不多，表演場上間有見著，但終究不是常態。青少年演出劍箭舞者（見圖15），越來越普遍，而這些場景卻極少出現於圖畫照片史料中。以前靠長鬚來展現族群雄性力量，鬚長人多，部落安全就高。鬍鬚也像茂葉，和女性協助呈現的髮絲飛葉一般，不僅飄逸，更似健朗的大樹，樹人合一，自然和文化同臺，完美整合。然而，現今鬚髯文化稍有沒落，表演時，無有長鬚壯觀，過去如樹繁盛的景象不再（圖41），從而僅剩女性髮浪的美肢，內行觀察者，或感時間文化的傷逝。

八、討論與結論

　　日本北海道愛努族遲至2008年6月6日才被國會通過承認為先住民族，距離明治政府殖民並占有該地，同時實施強勢同化政策已有150年之久，大約相當於五至六個世代。不少現今年約40或50歲的報導人表示，其有限的文化知識多來自於祖母教導，而父母輩則三緘其口，不僅不教孩子母語，更從未提及自己的族群背景。多數族人係自小就覺得自己和同學或左鄰右舍很不一樣，長大了之後，才慢慢設法尋覓身分背景。換句話說，在極其漫長的政府高壓時空情境下，不少愛努文化秉承者（culture bearers）支撐了約莫三個世代，到了第四世代已無法再承受生活的難題，多數選擇放棄。因此，才會出現祖母輩為族群文化終止世代的情況。影響所及，今天，連所稱的70歲以上耆老成員，不知母語者眾。從外部角度觀之或自今日世界共同支持之多元文化尊重共榮價值原則視之，凡此當然都是一個令人心酸的族群文化厄運。

圖40：苫小牧愛努族長髮舞。（謝世忠攝，2009.09.15）

圖41：白老地區博物館展演海報依然突
顯愛努男性的長鬚。（謝世忠攝，
2007.07.16）

　　田野中的族人亦常會主動提到相關情事，聞之包括自我和聽者在內，全然唏噓。但是，愛努族人並未因此消失。依筆者觀察，最重要者，就是部分儀式的持續存在，維繫了認同的必要條件。所謂持續作用的儀式，在高壓時代百年間，即是指祖先供養祭祀的活動。它多半在家祕密行事。迄今，仍有一些家族祭祖不願公開，研究者均需再三保證不干擾、不記錄、不拍攝情況下，才能在旁靜觀。私家祭祀獨撐到了80年代，才陸續有公共祭儀如歡迎捲鮭、感謝鮭魚賜下資源、新放小舟、或者籠統名為慰靈等的祭典儀式復振舉辦。私領域祭典世界增添了公領域的援助夥伴，使得祭儀活動力道慢慢變大。不過，對廣大北海道地區而言，真正恢復辦理神靈祭祀的地點，其實不占多數。一般就是幾個代表性的城鎮村社，如札幌、千歲、白老、旭川、苫小牧、登別、帶廣、根室等，活動配以廣告宣傳，從表面看來，整體形象和發展前景仿若大好，實則苦撐的情形，還是存在。

　　然而，過去所缺的媒體與文宣效應，在今天總是增添了愛努儀式舉辦的熱鬧性。愛努協會也年年製作該年度各地的活動時間冊，網路亦可查詢。所以，幾個稍具盛名或接近都會區的祭典，包括*Shakushain*紀念典禮和北海道大學拜祭先骨儀式，以及札幌和千歲的鮭魚祭在內，常常吸引不少外人的參與。在此一情形下，縱使母語凋零，且許多地點也尚無開辦祭祀的跡象，愛努祭儀文化似應仍有極佳的永續機會。

　　自古迄今，祖先供養是一從未間斷的儀式。換句話說，過去百年以上時間裡，在僅有祕密活動的年代，唯一存活者，就是某些家裡的該項儀式。現今諸項已然呈現半觀光屬性的名氣祭典，最終仍須有一盛大祖先供養儀式，方能顯露文化真正的遞傳之道。愛努族人口少（按，由於長期歧視的影響，許多族人後裔從不承認自己身分，因此，確切的族群人數，在學術調查或政府人口普查上，總是難以知悉，即使如前引1993年有23,830人之數據，事實上根本少有族人認同之。田野報導人的說法有自100萬至2萬不等），更顯出祖先供養的需要，因為祭典內涵充滿生命出現與延續的儀式過程，宗教物象與行為均極其強調男性生殖象徵，全族一起照料它，滋養它，以確保命脈不墜。

　　愛努族男性的鬚髯傳統與宗教主要象徵之大小木棒所削出的垂長花絮相若，女性文飾雙唇周邊代表寬擴產道一事，雖未於儀式中象徵性的對應出現，但，成年婦女細膩照顧*inau*短棒的營養健康，已可說明一切。女性潛默處於男性之長鬚表徵之內，一起使超自然神祖的長棒與現生男人的短棒，雙獲美酒補養（按，長棒只需酒賜，而短棒則尚需各項食物補充，神人之間，顯有所別），族群的繁養自然獲得保障。儀式中男人鬚髯的美藝樣態與強健能力，共同見證了愛努族人兩性的密切關係，而它正是該族處於跨三個世紀不幸遭遇環境中，仍能堅韌不拔的道理所在。

　　不少學者提及當代愛努議題時，總會將國族主義（nationalism）或國族情境（nationhood）與全球化（globalization）掛在嘴邊，前者如Richard Siddle（1997:17-45）與Katarina Sjöberg（1993），後者則以Janathan Friedman（2002:233-46）為代表。Siddle文中寫到1982年札幌迎捲鮭祭典的恢復（Siddle 1997:36-37），也論及特定愛努抵抗運動領袖結城庄司（*Yuki Shoji*）組織成立愛努解放聯盟（Ainu Liberation League）的作為（Siddle

1997:37-40）（按，Alexander Bukh[2010:35-53]和木名瀬高嗣[1998]也同樣過度強調70年代該聯盟的出現，以致未能從族人生活場域著手分析問題），但，簡單的陳述儀式復出，並無法與社會運動的出現產生必然關係，更何況結城（*Yuki*）的單槍匹馬屬性明顯，去世之後，一切有如歸零，基本上喚不了深恐再次遭受極度歧視之愛努大眾的迴響。Siddle雖指出愛努國族（Ainu Nation）仍舊無力，但他的「國族」（nation）用詞，卻反映出了一種事實與詮釋觀點的落差。換句話說，以國族指稱90年代的愛努，只會掩蓋了如本文所述之該族深刻的文化持續故事。愛努的今日，不是依靠社運積極參與者的帶領，也非自然而然享有國族地位的因素，而是他們數代以來縱使語言喪失，文化生活嚴重受制，卻仍堅持祖先供養祭祀的行動。也就是說，愛努族群意識的遞嬗，正是仰賴百年來始終維繫著的文化行動，而不是當代零星出現的族群行動或社會行動。從此一角度檢視Friedman主張之愛努係以展演式觀光文化作為面對全球化世界的策略說法，可以清楚地看出他的觀察太過簡單，顯然或因田野不夠深入之故。

　　J. S. Furnivall（[1939]1967:446-69）曾經表示，在殖民時代的荷屬印度尼西亞，殖民者與在地土著的關係，形如「多元相斥」（plural society），雙方只在市場交易往來，其餘社會關係則完全闕如。W. F. Wertheim（1964:39-82）分析東南亞從事貿易之華商居民與移住地本土人士間互動往來，也有類似看法。另外，Mark A. Tessler（1981:155-197）探討以色列內部的阿拉伯住民和突尼西亞境內猶太人認同課題，則認為該等非主體族裔，事實上是一群群「不准同化的少數族群」（non-assimilating minority）。換句話說，國族─國家（nation-state）不允許這些異族同化進入主體族群之內。無論是多元相斥抑或不准同化，均是一方劃定一條厚厚紅線，阻止對方踏進，依相關研究者的說法，其成效似乎頗大。然而，在愛努族的例子上，日本強而有力的長年同化，戮力完全消除該族的繼續存在，卻似功虧一簣。愛努不准拜神數十年，卻私下繼續祭祖，後者正是其族群認同維繫的根本賦與基礎（basis of primordial identity）（cf. Keyes 1976, 1981; Geertz [1963]1973; Issacs 1974; Van den Berghe 1978；謝世忠1996 & 1997）。強硬力量或可攔阻外族進入（如多元相斥和不准同化之例），

但，反之，再怎麼的高壓強迫同化，弱勢一方總有自我生存之道。愛努族人的努力跨越三個世紀，終於在長長鬍髯的人與祖共同堅持下，繼續由傳統上造就紋臉所代表之寬暢產道精神的女性，細細地維護生命甘泉，族群命脈藉此亦得以自然永續。

引用書目

木各瀬高嗣
1998 〈他者性のヘテロフオニー：現代のアイヌイメージめぐる考察〉。《民族学研究》63(2):182-91。

北海道開拓記念館編
1993 《北海道開拓記念館總合案内》。札幌：北海道開拓記念館。

社團法人北海道ウタリ協会札幌支部
2003 《UTARIアイヌ民族30周年記念誌》。札幌：社團法人北海道ウタリ協会札幌支部。

東村岳史
2013 〈アイヌの頭蓋骨写真報道が意味するもの：過去の「露頭」の発見と発掘〉。《国際開発研究フォーム》43:1-16。

高木崇世芝
2000 《北海道の古地図江戸時代の北海道のすがたを探る》。函館：五稜　郭タワー株式會社。

財團法人アイヌ文化振興・研究推進機構
2008a 《アイヌ民族：歴史と現在―未來を共に生きるために―》。札幌：財團法人アイヌ文化振興・研究推進機構。
2008b 《アイヌ民族：歴史と現在―未來を共に生きるために―》。札幌：財團法人アイヌ文化振興・研究推進機構。

財團法人愛努民族博物館
1996 《Ainu的歷史和文化》。白老：財團法人AINU民族博物館。

謝世忠
1996 〈兩個「祖裔共同體」界定傳統的再思考：北東南亞與西南中國的跨國境新議題〉。《考古人類學刊》51:25-42。
1997 〈Sipsong Panna傣泐政體辨析：一個歷史民族誌的研究〉。《文史哲學報》46:199-241。
2012 〈「挫敗」、「歧視」與「控訴」的永續言說：北海道愛努族人的第四世界參與〉《文化研究》15:432-53。

Bukh, Alexander
2010 Ainu Identity and Japan's Identity: The Struggle for Subjectivity. The Copenhagen Journal of Asian Studies 28(2):35-53.

Cheung, Sidney C. H.
2004 Japanese Anthropology and Depictions of the Ainu. in The Making of Anthropology in East and Southeast Asia. Shinji Yamashita, Joseph Bosco & J. S. Eades eds.,pp:136-151. New York: Berghahn Books.

Fisher, Jill A.
2002 Tattooing the Body, Marking Culture. Body & Society 8(4):91-107.

Friedman, Jonathan
2002 Globalization and Localization. in The Anthropology of Globalization: A Reader. Jonathan Xavier Inda and Renato Rosaldo eds.,pp:233-246. Malden, MA: Blackwell Publishers, 233-46.

Furnivall, J. S.

  1967［1939］*Netherlands India:a Study of Plural Economy*. Cambridge: Cambridge University Press.

Geertz, Clifford

  1973 *The Interpretation of Cultures*. New York: Basic Books

Isaacs, Harold R.

  1974 Basic Group Identity: The Idols of the Tribe. *Ethnicity* 1:15-41.

Keyes, Charles F.

  1976 Toward a New Formulation of the Concept of Ethnic Group. *Ethnicity* 3:202-13.

  1981 The Dialectics of Ethnic Change. in *Ethnic Change*. Charles F. Keyes ed.,pp:8-30. Seattle: University of Washington Press.

Kikuchi, Yuko

  2004 *Japanese Modernisation and Mingei Theory: Cultural Nationalism and Oriental Orientalism*. New York: Routledge.

Kindaiti, Kyosuke, D. Litt.

  1941 *Ainu Life and Legends*. N. P.: Board of Tourist Industry, Japanese Government Railways.

Krutak, Lars

  2008. Tatooing among Japan's Ainu People. http://www.larskrutak.com/articles/Ainu/(accessed May 5, 2013).

  2010 Embodied Symbols of the South Seas: Tattoo in Polynesia. http://www.larskrutak.com/articles/south/seas/(accessed May 13,2013).

Ohnuki-Tierney, Emiko

  1976 Regional Variations in Ainu Culture. *American Ethnologist* 3(2):297-329.

  1998 A Conceptual Model for the Historical Relationship between the Self and the Internal and External Others. In *Making Majorities: Constituting the Nation in Japan, Korea, China, Malaysia, Fiji, Turkey, and the United States*. Dru C. Gladney ed.,pp:31-51. Stanford: Stanford University Press.

Okada, Mitsuharu Vincent

  2012 The Plight of Ainu, Indigenous People of Japan. *Journal of Indigenous Social Development* 1(1):1-14.

Porter, Crystal

  2008 After the Ainu Shinpō: The United Nations and the Indigenous People of Japan. *New Voices* 2:201-219.

Sakata, Minako

  2011 Possibilities of Reality, Variety of Versions: The Historical Consciousness of Ainu Folktales. *Oral Tradition* 26(1):175-90.

Schorow, Stephanie

  2001 Japan's Ainu Seek Help to Preserve Their Native Culture. *Cultural Survival* 25(2):72-73.

Siddle, Richard

  1996 *Race, Resistance and the Ainu of Japan*. London: Routledge.

  1997 Ainu: Japan's Indigenous People. in *Japan's Minorities: The Illusion of Homogenity*. Michael Weiner ed.,pp:17-49. New York: Routledge.

Sjöberg, Katarina

  1993 *The Return of the Ainu: Cultural Mobilization and the Practice of Ethnicity in Japan*. Switzerland: Harwood Academic Publishers.

Tessler, Mark A.

 1981 Ethnic Change and Nonassimilating Minority Status: Jews in Tunisia and Morocco and Arabs in Israel. in *Ethnic Change*. Charles F. Keyes ed.,pp:155-197. Seattle: University of Washington Press.

Van den Berghe, Pierre L.

 1978 Race and Ethnicity: A Sociobiological Perspective. *Ethnic and Racial Studies* 1(4):401-11.

Wertheim, W. F.

 1964 *East-West Parallels⊠Sociological Approaches to Modern Asia*. The Hague: Van Hoeve.

Yamada, Takako

 1997 Gender and Cultural Revitalization Movements among the Ainu. *Senri Ethnological Studies* 56:237-57.

* 本文係國立臺灣大學邁向頂尖大學文學院「亞洲藝術文化的多元核心與交作網絡」整合型總計畫（2011-2015）之子計畫「太平洋北亞區域的先住民文化存續與藝術變貌」2012/2013年的研究成果之一。研究期間承特約研究助理森若裕子小姐全力協助，至為感激。此外，北海道在地愛努民族諸多長輩好友熱忱提供並教導豐富文化知識，以及不少和人朋友對各方問題的多所指導，筆者同等感謝。萱野茂二風谷愛努資料館、白老愛努博物館以及北海道政府和北海道愛努協會等機構的慨允同意刊登部分所藏圖像，情義深重，令人感佩。筆者研究計畫博士後研究員王鵬惠博士和臺大人類學系博士班研究生李慧慧與楊鈴慧，以及美國印第安納大學（Indiana University）民俗學與民族音樂學系（Department of Folklore and Ethnomusicology）博士候選人李維屏和前任研究助理郭欣諭小姐等青年才俊，對筆者愛努研究計畫貢獻亦多，謹致謝忱。

（本文原刊於《民俗曲藝》2013/182:99-148）

文化認同抑或民俗殘存？
——日本北海道愛努民族的迎接新卷鮭儀式

一、前言

　　長期關注原住民族復興（indigenous resurgence）以及人類學解釋系統間關係的Terence Turner曾指出（2007:118-123），全球原民復興幾乎在同時段出現，這應存有所關鍵原因。不過，幾十年來受到Foucault影響所致，大家多以權力論述（discourse of power）、國家的治理性（governmentality of state）、以及後殖民性（post-coloniality）等概念來看待問題，甚至始終沉淪於「對話」、「協商」等等的說詞裡。Turner 認為，前述諸多Foucault式的講法，很能掩蓋問題的核心，也難以發現原民的行動道理。他進一步主張，其實馬克思的古典觀點可能更能有效解釋。換句話說，原民的集體復興係對全球屬性之政治經濟壓力的鬥爭。那是很實在的生存之戰，而絕非摸不著痛癢的論述語彙所能說明。不過，泛原民復興的舉措已經歷久不墜，難不成全球政治經濟單一模組化且皆對原民壓力巨大的情況成了常態，而原民行動之反制也是習以為常了？畢竟，這似乎是過去七八十年內始終存於世界某處並被清楚感受到的狀態。稍早之前，社會學家Joane Nagel直接指出（1995:961），以北美洲印第安人為主之原民的行動，反映了當代世界已由族群性（ethnicity）所掌控。她意思應該是此等復興運動足夠強大，從而讓人不得不看到它，並受其積極影響。原民律法學者Gordon Christie則以監控國家政體之角色自居，他說（2007:13-29），凡是國家有直接指稱原民復興情事者，必定會將議題指向有損國家完整的自決，因此，那份敵意可以想像。另外，德國民族學家Michael Rudolph在臺

灣長期參與觀察的心得是，許多原住民族的本土主義（nativism），都在精英分子主導下，以展演出真實性傳統為要，來迎合國家推動多元主義價值的風潮。然而，事實上，已然基督宗教化了的原民一般民間生活，與節慶時分演出之「傳統」差距甚遠（2015:343-374）。總之，廣泛的當代原運（包括原民文化復興和原住民族群運動等），似乎就是一大力量，而且持續不斷，甚至已然衝擊到國家與全球社會，但是，它的內涵千變萬化，詮釋者也各有角度，值得我們深究。

此等想必複雜的問題，若欲有所釐清，似應從古典時期談起。在40、50年代涵化理論興盛之際，Ralph Linton的本土運動（Nativistic Movements）（1943:230-40）與Anthony F. C. Wallace的復振運動（Revitalization Movements）（1956:264-81）等兩個分析架構，幾乎被認為就是族群運動生成發展的典範。換句話說，任何少數族群（尤其是原住民），只要其揭櫫群體運動，大抵都會被學者引到這兩個模式。其中對當代原住民政治社會運動所作的研究，亦不例外。Kenneth Tollefson（1982:57-77）稱阿拉斯加原住民運動為「政治復振主義」（Political Revitalization），而筆者則曾提到臺灣原住民係為「企圖尋求一種具復振本質的新認同」（謝世忠1987:2）。不過，借用名詞是一回事，整體過程是否能以該架構來解釋或分析，才應是探討的重點。

在Linton的定義下，本土運動係指「一個社會中部份成員之有意識及有組織地企圖使他們所屬文化中的某些被選擇範疇能回復（revive）或永存不朽（perpetuate）」（Linton1943:230）。Linton又表示，這類運動是成員們意識到自己文化受到威脅後，才起而組織的。不過，欲「回復」或「永存不朽」被選出的文化項目，卻絕不是其運動的主要目的。運動參與者多係藉著當代的或記憶中的特定文化項目，來強化自己，並賦與文化象徵性的價值（ibid, pp.230-231）。

形式上，北美與臺灣原住民較早期族群運動，具有該定義所指涉的性質。其中加州西岸原住民佔領舊金山港外Alcatraz島之後，行自己的儀式，操自己的語言，過帳篷生活；以及「台灣原住民族權利促進會」於1987年揭櫫了「台灣原住民族宣言」，主張「原住民的文化為全人類的祖產」，「國家必須尊敬原住民的文化、習俗」，與「原住民有恢復固有姓

氏的權利」等均是典例（參謝世忠1989）。不過，在運動生成（因為文化受威脅）與運動目的（為了強化自己，因而賦與文化象徵性的價值）的理論架構上，由於Linton所觀察到的民族誌例子，為宗教性的「鬼舞」、「救世主運動」（Messianic Movement）、或「千年福運動」（Millennial Movement），即使他有把本土運動分為「神幻性的」（magical）和「理性的」（rational）兩種類型，其考量的範疇，似已受到了相當的限制。

換句話說，神幻性宗教本土運動基本上並沒有實質解決問題或解脫自己的能力，其最終結果多半從發起的開始，就能預測得到。亦即，它至多只能在運動過程中藉著神幻信念，強化自己所屬的文化存在。顯然，在當代原住民運動的範疇上，這種鬼舞式宿命的結局，以及無求實際利益的目的，並非主事者的所望。原住民運動多係先以文化復興為手段，進而公開要求族群之政治與經濟的獨立與完整。至於以「文化受威脅」作為運動生成的因素，也沒能合宜地解釋為何要受威脅到此一特定時刻，才會發起運動。族群運動的興起，若完全以Linton的理論來解釋，恐怕真正的要素來源（即力量所在）就無法得知了。

總之，雖然Linton所類分之「理性的復振本土運動」（Rational Revitalistic Nativistic Movements）型態，依其範疇所界定的：「這類運動幾無例外地均伴隨著一個挫折地情境，而運動的發起，基本上是企圖要彌補受挫折之社會成員，而被回復的要素，就成了過去自由、快樂或偉大時期的象徵」（Linton1943:233），似可用來解釋原住民運動的最初形成背景和表現態度。但是，原住民運動是否如Linton主張，「理性的復振性本土運動」只為求心理上的滿足而已（ibid, pp.233），恐值得進一步的商榷。

與Linton的本土運動相較，Wallace的界定下，復振運動係「一個社會之成員們有計劃，有組織，及有意識地努力建構一個更滿意的文化」（1956:265）。Linton只針對本土運動的表面運作，來設計它的定義，而Wallace則在其定義中明白地指出，復振運動的根本目的，即要「建構一個更滿意的文化」。不過，「更滿意的文化」有其含糊性。換句話說，到底如何界定「更滿意」？或者，要更滿意到何種程度，才能滿足？與Linton幾乎一樣的，Wallace的定義一方面係受限於民族誌的個例，另一方面在當時以文化總是「漸進變遷」的主流理論的催化下，他或認為復振運動應是

展現快速變遷態勢的最高極限了（cf. Wallace 1956:265）。

　　Wallace完整之復振運動生成、發展、及結果的過程架構，頗契合於如鬼舞、仙人掌教、或千年福等神幻性的復振運動。在生成的因由上，Linton（1943:231）與Wallace（1956:268-269）都提出壓力（stress）的說法。壓力與容忍度互動的理論，是社會科學常見的一種解釋法。Wallace的整個分析架構，直言之，就是建立在壓力增加、消緩壓力、及平衡壓力等的循環作用上。

　　當代原住民運動多少表現出了Linton或Wallace界定下之本土或復振運動的性質，然它也絕不是僅以這兩個分析架構，就可以直接套用。因此，像Tollefson未把Wallace的理論放在現代情境中予以驗證，就直接以復振運動一詞來指涉阿拉斯加原住民政治運動（1982:59），顯然是過於草率。依筆者的看法，原住民運動與一般本土或復振運動最大的差別，就在於前者的活動係直接作用於當事族群與統治族群所共同構成的社會網絡裡。例如，不論是北美原住民的佔領行動，還是80年代臺灣原住民之各種路線行動，所傳達的意義，都直指整個社會內部族群權力的重新調整（謝世忠1989）。反之，本土或復振運動大多在自己的族群區域中發起，對象也是自己。依Linton的說法，他們藉著重振某些文化要素，象徵自己的被強化。筆者認為，多數例子係少數感知敏銳的團體領袖（如宗教祭師、酋長、或褪色英雄），在個人壓力（原來的領袖角色失去功能）無法排解下，以舊有的領導魅力，發動群體助其宣洩情緒。總之，該類運動很少超越我族界線之外。從主體社會的角度觀之，那不過是一種無力的集體反壓力行為罷了。前文所引討論的Terence Turner、Joane Nagel、Gordon Christie、Michael Rudolph等人，顯然也都關注於非屬此類的在全球政治經濟壓力下，以族群性銳不可擋地抵抗對話國家、以及族群菁英縱橫操縱等緊密相關的真正行動。

　　日本北海道愛努人（Ainu）今年（2008）6月6日，方由參眾兩院會議通過承認為先住民族。愛努族人獲致今天的民族位置，是否有如北美和臺灣原住民一般的族群運動作用基礎，尚待進一步的研究。不過，自Linton和Wallace二人開始所論之本土或復振運動形式，的確出現於近現代的愛努人文化復甦活動上。其中最為顯著者，即是中止百年後的迎接新卷鮭儀式再行舉辦。本文即將以該儀式的失與得過程為對象，試圖探討此一「被選

出的文化項目」，是否成了今日族人共享的認同表徵，或者它僅是一都會生活中殘存的民俗展演，而非具突現而出之族群性（emergent ethnicity）內涵的社會運動，更遑論躍進至政經場域展現出鋼鐵實力？咸信本文的研究，將使吾人得以進一步瞭解愛努人今昔的族群角色。

二、愛努及其祭典

現今，世居北海道的愛努人已是國家承認的先住民族（按，日本漢字的「先住民族」詞意類同於臺灣的「原住民族」）。日本是先進工業國，卻遲至今日才因迫於聯合國2007年9月公布的「原住民族權利宣言」壓力，而接受國家有先住民存在，不少人對此甚感訝異。不過，從1986年中曾根康弘總理大臣公開發表日本已是一「單一民族國家」的說法中（參社團法人北海道同胞協會編2008:5），大致已能看出緣由。

日本人相信自己同屬於「大和民族」。在國內與大和民族或和人不相類者，就是「在日朝鮮人」和「中國人」等外邦移民。和人以純淨的水稻種植者或重農主義者自居，在歷史上並戮力以此來消弭境內各個非稻米傳統的要素，以求人與地的單純齊一（cf. Ohnuki-Tierney 1993）。和人對居處於北海道愛努人的同化措施，在編年史上斑斑可考。其中比較關鍵者有：（1）1869年設置開拓史，將舊稱「蝦夷地」改為「北海道」；（2）1871年將愛努人編入平民戶籍，禁止紋面，教導農事，並規定學習日語；（3）1876年公告愛努人須有和人姓氏；（4）1878年將愛努人統稱「舊土人」；（5）1899年《北海道舊土人保護法》公布（參社團法人北海道同胞協會編，2008:3）。《舊土人保護法》一直到1997年才廢止，同時另頒布《愛努文化振興及愛努傳統知識普及發展法》，並設立「財團法人愛努文化振興・研究推進機構」（同上，頁6）。依和人國家的認知，若欲稱北海道的原住居民為「人」，就只能以「舊土人」名之，而假使要堅持「愛努」之稱，則須限定於「文化」而非「族群」或「民族」的範圍內。所以，1997年的新法，僅在規範文化推動的範疇，全然不見族群自身的權益議題。誠然，今年的「先住民」正名是一新局，但未來日本國人從已近200年的單一「大和」認知，轉至「大和」與「愛努」兩民族並置的重識

過程，仍待進一步的觀察。

　　每一族裔群體（ethnic group）均有諸多祭典儀式，愛努人自不例外。愛努是漁獵生業發達的群體，其中鮭魚和熊隻尤是兩種最重要的水陸動物。因此，伴著獵獲過程，族人也行有「迎接新卷鮭洄游祭」（*Kamuynomi ／Asirchepnomi*）（按，鮭魚身紋有如卷狀，故稱為卷鮭；卷形圖案亦為愛努服飾主要文樣），和「送熊靈祭」（*Iomante*）兩項人與生態關係之代表性的祭儀。隨著和人國家強制管理與同化政策力量的深入，各地區迎鮭儀式於1878至1883年間，在政府明令禁止捕鮭後陸續中斷，而送熊祭則在1955年遭禁（參札幌愛努文化協會編2006:20；川村愛努文物館編No Date）。自此以往，民眾所能進行者，大抵就剩下家戶社區的「先祖供養」儀式了。

　　日本於1997年廢除《舊土人法》，另立《新愛努文化振興法》。足見1899至1997近百年間，仍有族人個人及團體接續批判舊法，呼籲制定新法，方有最終得以變革的可能性。其中如結城庄司（1938-1983）於1972年所組的「愛努解放同盟」抗爭團體（結城庄司1997），以及成立於1946年的「北海道愛努協會」（1961年改為「北海道同胞協會」，近日醞釀2007年改回舊稱）福利性組織，均不斷對文化傳統被和人國家消滅一事，提出控訴或批評。在此一大環境背景下，諸項重要祭典陸續被恢復舉辦。其中札幌市於1982年恢復「迎接新卷鮭洄游祭」，北部的大城旭川市亦於1988年重現「送熊靈祭」（參札幌愛努文物協會編2006:20；川村愛努文化館編No Date）。

　　現只需稍查看一下資料，便均可找到各地年度的祭典活動。從下列財團法人愛努文化振興・研究推進機構所公布之「2007年愛努文化關連之儀式預訂行事表」（表一）（財團法人愛努文化振興・研究推進機構編，2007:38-39），以及北海道同胞協會所張貼的「2008年北海道愛努文化祭儀觀光活動表」（表二）等兩份近兩年最新各項文化活動舉行時間安排資料，即可看到文化復甦的活躍景象。

　　各項活動中除了工藝作品展演與主題演講之外，其餘多係以山、舟、季節、熊、鮭魚等為對象的祭儀。各地區舉辦的項目不同，反映了在地「傳統」或「新傳統」的特性，也間接說明了愛努族人典型地域主義群體文化建置的傳統模式。後節會另作進一步敘述。千歲市與札幌市分別於

表一　「2007年愛努文化關連之儀式預訂行事表」

アイヌ文化関連の行事・儀式・イベント予定

開催時期	行事・儀式・イベント名	主催者	場所
4月	花室研修	(社)北海道ウタリ協会室蘭支部	
4月末	チプサンケ(舟おろしの儀式)	(財)アイヌ民族博物館	白老町
5月	チノミ シリ カムイノミ	旭川アイヌ協議会	旭川市
5月	イチャルパ 関連地区ウタリ先祖供養	(社)北海道ウタリ協会室蘭支部	室蘭市
5月上旬	春のコタンノミ	(財)アイヌ民族博物館	白老町
6月	ヌプリコロ カムイノミ	東川町	東川町
6月下旬	チセノミ	(社)北海道ウタリ協会札幌支部	札幌市
6月8日	滴のしずく降る日 知里幸恵生誕祭	旭川アイヌ協議会	旭川市
6月23日~8月19日	工芸品展	(財)アイヌ文化振興・研究推進機構	一関市
6月24日	第13回カムイノミ・イチャルパ	伊達市・(社)北海道ウタリ協会伊達支部	伊達市
6月30日~7月1日(予定)	「ウラリの森」パラトコタン祭り・オッパイ山祭り	オッパイ山祭り組織委員会	上士幌町
7月14日~16日	工芸作品コンテスト	(財)アイヌ文化振興・研究推進機構	札幌市
7月20日~22日	工芸作品コンテスト	(財)アイヌ文化振興・研究推進機構	苫小牧市
7月26日~29日	工芸作品コンテスト	(財)アイヌ文化振興・研究推進機構	東京都墨田区
8月4日	文化フェスティバル	(財)アイヌ文化振興・研究推進機構	松山市
8月20日	チプサンケ(舟おろしの儀式)	チプサンケ実行委員会	平取町
8月下旬~9月上旬	春採コタン祭	春採コタン祭実行委員会	釧路市
8月	カムイチェプノミ	大雪と石狩の自然を守る会	
9月	しらおいチェプ祭り	しらおいチェプ祭り実行委員会	白老町
9月	ペッカムイノミ	(財)アイヌ民族博物館	白老町
9月1頃(予定)	イチャルパ	(社)北海道ウタリ協会上士幌支部	上士幌町
9月8日(予定)	マレックウ漁とチサラップの集い	(社)北海道ウタリ協会千歳支部	千歳市
9月8日~9月22日	「アイヌ語地名を歩く~山田秀三の地名研究から~」	北海道立アイヌ民族文化研究センター	苫小牧市
9月21日~10月21日	工芸品展	(財)アイヌ文化振興・研究推進機構	函館市
9月8日	ペッカムイノミ	(社)北海道ウタリ協会登別支部	登別市
9月第1日曜日	アシリチェプノミ	(社)北海道ウタリ協会千歳支部	千歳市
9月中旬	アシリチェプノミ(新しい鮭を迎える儀式)	札幌アイヌ文化協会	札幌市
9月15日	文化フェスティバル	(財)アイヌ文化振興・研究推進機構	岐阜市
9月23日	こたんまつり	こたんまつり実行委員会	旭川市
10月	アイヌ民族資料展(仮称)	名寄市北国博物館	名寄市
10月上旬~12月上旬	イオマンテの火まつり	イオマンテの火まつり実行委員会	釧路市
10~12月	特別展	平取町立二風谷アイヌ文化博物館	平取町
10月5日・9・10日	まりも祭り	阿寒アイヌ協会	釧路市
10月20日	文化フェスティバル	(財)アイヌ文化振興・研究推進機構	東京都中央区
10月27日	文化フェスタ	(財)アイヌ文化振興・研究推進機構	高松市
10月下旬	秋のコタンノミ	(財)アイヌ民族博物館	白老町
11月3日・12月	伝統工芸品特別展・公開・体験事業	(社)北海道ウタリ協会千歳支部	千歳市
11月17日	アイヌ語弁論大会	(財)アイヌ文化振興・研究推進機構	白糠町
11月17日	アイヌ民族文化祭	(社)北海道ウタリ協会	白糠町
1~3月	インカルシペ・アイヌ民族文化祭		札幌市
1月6日(予定)	アシリパノミ	(社)北海道ウタリ協会登別支部	登別市
1月8日~3月9日	工芸品展	(財)アイヌ文化振興・研究推進機構	大阪市
2月	二風谷アイヌ文化博物館シンポジウム	平取町立二風谷アイヌ文化博物館	平取町
2月5日~3月9日	アイヌ民族衣装展 ピリカノカ	知里森舎理事会	登別市
未定	博物館講座		帯広百年記念館
未定	自然観察会「アイヌ語で自然かんさつ」		アイヌ記念館
未定		川村カ子トアイヌ記念館	旭川市
未定	旭川アイヌ文化フェスティバル	旭川アイヌ語塾教室	旭川市

（資料來源：財團法人愛努文化振興・研究推進機構編2007:38-39）

2007年9月辦理本研究所著重的迎鮭儀式。2008年該儀式同樣是兩市的專屬活動。今天，歡迎卷鮭儀式，幾已成了札幌與千歲的代表性再現傳統要項了。

三、再現迎卷鮭

　　1970年代中葉以降，亦即昭和的最後十數年，大體上是愛努各類儀式開始復興的時期（財團法人愛努文化振興・研究推進機構編2006:1）。多位田野報導人均很自然地會把前國會議員萱野茂之父親少年時代因偷偷捕鮭被處罰一事，作為論述起點，再轉至上節所提之結城庄司的抗爭，然後終成迎鮭儀式於1982年在札幌的復現。「魚神」愛努語為 *Kamuychep*。原本每年9、10月間，北海道各地均會在儀式崇神之際，進行捕鮭（*Kyosuke*1941:32）。政府禁漁已久，札幌重現祭儀（名為 *Asirchepnomi*），

表二　「2008年北海道愛努文化祭儀觀光活動表」

観光ガイド

行事名	実施時期	場所	主催	問い合わせ先
インカルシペアイヌ民族文化祭	1月〜3月	札幌市	札幌支部 札幌市他	アイヌ文化交流センター内 011-596-1610
シシリムカ アイヌ文化祭	2月	平取町	平取支部 平取文化保存会 平取町二風谷アイヌ語教室	平取町二風谷 アイヌ語教室 01457-2-3368
オッパイ山大祭	7月上旬	東泉園 (アイヌ植物園)	組織委員会	上士幌町文化伝承保存会 01564-2-3710 (野村会長宅)
ふるさと祭り	8月上旬	白糠町	白糠支部	白糠町生活館 01547-2-2455
チプサンケ (舟おろしの儀式)	8月20日	平取町二風谷	実行委員会	平取町役場内 平取町観光協会 01457-2-2221
ヌプルペトゥン・ペッカムイノミ (登別川の儀式)	9月初旬	登別市 登別川河口付近	登別支部	登別支部 0143-85-1062
春採コタン祭り	8月	釧路市紫雲台	釧路支部	春採生活館 0154-41-7083
アシリチェップノミ (新しい鮭を迎える儀式)	9月上旬	長沼用水取出口	千歳支部、 千歳アイヌ文化伝承保存会	蘭越生活館 0123-23-4964
アシリチェップノミ (新しい鮭を迎える儀式)	9月中旬	札幌市南七条大橋上流	札幌アイヌ文化協会	札幌アイヌ文化協会 011-664-7125
チョマトウ慰霊祭	9月	帯広市 チョマトウ	帯広支部	帯広市生活館 0155-34-6552
シャクシャイン祭	9月23日	新ひだか町真歌	実行委員会	新ひだか町役場アイヌ生活係 0146-43-2111
ノッカマップ イチャルパ (慰霊祭)	9月	根室市 根室半島	根室支部	標津町役場内 ウタリ協会根室地区支部連合会 01538-2-2131 内139
白老チェプ祭	9月	白老町	実行委員会	白老町役場生活 (鮭祭り)環境課 0144-82-2121
まりも祭り	10月	阿寒湖畔	阿寒観光協会・ 阿寒湖アイヌ協会	阿寒観光協会 0154-67-2254
ししゃも祭り	10月下旬	白糠町	白糠支部	白糠町生活館 01547-2-2455
ししゃも祭り	10月下旬	日高町 富川せせらぎ公園	日高支部	日高町役場福祉課 01456-2-5131
シシャモカムイノミ	11月	むかわ町	むかわ支部、 鵡川アイヌ文化伝承保存会	ムペツ館 0145-42-5959
アイヌ民族文化祭	年1回	開催地はその都度決定	ウタリ協会	ウタリ協会 011-221-0462

（資料來源：社團法人北海道同胞協會編2008）

迄今26年間，陸續帶動了各地也開始舉行之。其中登別市始於1987年，儀式名為*Petkamuynomi*，千歲市起於1991年，名稱同札幌，白老町1989年舉辦，名同登別。網走和釧路兩市近幾年開辦，確切時間未知。美幌町決定今年起動，正在準備中。至於上士幌町則斷斷續續舉行，儀式較簡單。基本上，札幌與千歲同區，而登別與白老毗鄰，前者都會區範圍，人力財力足，活動進行順利，後者有白老愛努博物館的資源支持，大致也能有所持續。其它幾處尚未成氣候，也沒能引起注意。

　　2006年9月18日札幌豐平川依例舉行迎新卷鮭儀式，主辦單位札幌愛努文化協會所印製的活動小冊，特別刊登紀念祭典百年之後復出的特集文字說明。其中對1982年當初多所描述。文中提及河畔儀式聲徹雲霄，愛努大地重燃民族希望。當日來自千歲、阿寒、旭川、帶廣等地的同胞約170人，在一小時半的莊嚴祭儀和稍後歌舞展演中，共同參與令人感動的時刻。

　　1982年當次的實行委員長即由結城庄司擔任。他與主要籌劃人豐川重雄、當年祭司小田愛吉、次年祭司日川善次郎、再次年祭司萬野辰次郎等人積極籌備，除了向相關單位申請補助金之外，更須製作祭具，同時備齊各種祭壇供物。結城庄司於1983年過世，惟族人不僅未因此阻斷了後續的祭典開辦，反而每次均以懷念是人為宣揚主軸，使得參與者更加重視活動。結城庄司子嗣結城幸司近幾年亦都受邀擔任祭司，他個人表示備覺尊榮，因此更謹慎行事，深恐唸錯祭詞。

　　筆者手邊的第23、24、25回（2004、2005、2006）活動手冊均錄有相同的儀式程序。前一晚有前夜祭，祈求次日正式儀式的順利。第二天的本儀式有十項步驟：1.宣佈開始；2.備酒；3.端起酒杯與捧酒箸；4.捧酒役端酒給祭司；5.祭司唸禱詞，並滴酒於箸上，再沾至已立妥之聖棒（*inaw*）以祭火神；6.傳遞四週飲酒；7.來回傳飲三次；8.各自對祭壇祈禱；9.向先祖供奉祭品；10.燃燒聖棒送返神祇（參札幌愛努文化協會編2004、2005、2006）。

　　對於2007年9月17日的第27回舉辦，我們的田野記錄簡述如下。上午11:00在豐平川西岸廣場開始準備，中午付500日幣午餐費。祭司約1:00整開始唸禱，全程近30分鐘。兩排男性各八人對坐，火塘置於中間，女性兩、三圈坐外圍（圖1）。大小聖棒置於近河川處（圖2）。一條鮭魚放在

1	2
3	4

圖1：大家端坐火塘旁邊準備儀式開始。（森若裕子攝，2007.09.17）
圖2：儀式場地前面放置著大小木削聖棒。（森若裕子攝，2007.09.17）
圖3：主祭起身講話。（森若裕子攝，2007.09.17）
圖4：儀式結束女性族人起而跳舞取悅神靈。（森若裕子攝，2007.09.17）

火塘邊草地上。整體儀式果如上述前幾年的過程。最後，結城幸司起身講話，「這個祭典是札幌的活動，希望能永遠舉辦它」，同時他也呼籲，「等一下舞蹈的順序不需太在意，不能對不同蒞臨團體有差別待遇」（圖3）。來自各地的代表分別表演歌舞，女性多為團體展演（圖4），而男性則三、二人獨自表現勇武樣態舞蹈。最後男子內圈、女子外圍，由內部的人舉起樹把而告終。

　　迎新卷鮭是愛努傳統重要儀式。百年後再生實屬不易，積極參與者均頗珍惜，札幌愛努文化協會也年年印製文宣冊子，以壯聲勢。不過，迎鮭與捕鮭是兩回事，百年之前係因各地陸續被禁捕鮭，才會有迎鮭儀式的失落。如今迎鮭已是再現，但捕鮭呢？或許它正是族人們在獲得「先住民族」地位後的未來訴求任務之一。

四、參與敘事

由於承繼父親的抗爭英雄遺蔭，結城幸司在儀式過程地位重要。他為使禱詞唸誦正確，以免有辱傳統，總是小心翼翼地照唸文字稿。結城認為唸錯台詞即犯了禮法，不可原諒。政府允許儀式時捕捉所需數量的鮭魚，但因豐平川洄游魚兒很少，族人們多至石狩川河口捕抓。由於儀式用鮭魚只有5、6條，因此捕取並不困難。

不過，到底1982年為何會復現祭儀？女性織衣專家小川早苗，反而比較有說法。她表示，原來結城庄司和當時北海道知事橫路孝弘關係很好，所以在知事壽宴上，大家講來講去，就提到了舉辦鮭魚儀式的點子。既然有知事的支持，補助金申請不是難事，因此順利舉辦了第一次。

小川回憶首次活動，享受了許多愛努料理，因儀式有補助金，所以參加工作者，均可領到報酬。按理，應由已停經的女性扮演祈禱的角色，因此，包括小川在內的部份上年紀婦女，均曾向更長輩的祖母級族人學習禱詞。迎鮭儀式會有不少老一輩女性前來參加，原因就是傳統上保由此類年紀族人負責祈禱。小川表示自己會包紅包給她們，因為有些長輩族人生活實在窮困。

除了主辦單位備妥的供品外，任何人均可在祭壇（icarpa）上，添加祖先所喜的食物。小川的記憶中，首度活動有400人（與前述活動手冊的170人有所落差），其中愛努人50位。她雖不太贊成儀式的觀光化，但由於有公家機關的補助金，所以多少具促進觀光目的，倒也無可厚非。小川發現，近年來參加者越來越少。她認為有兩個理由，其一，過去參加者可拿到一條鮭魚，現在已無此禮品；其二，抱持懷念和喜悅感參加的年長者人數銳減。

近年籌辦札幌活動的竹內涉表示，每年快要籌辦儀式之前，北海道同胞協會各支部會通知本部。不過，好像每年都只有札幌和千歲按時通告。我們詢問了白老博物館工作人員，對方說今年9月6日上午舉行，上供祭壇的鮭魚只有一條，所以不會像千歲有捕魚行為。當日會先到Uyoro川河口辦一些活動，再回到博物館舉行儀式。一般不會請客人食用鮭魚，不過，

可能有部份職工結束後，帶些魚肉回家。

在登別市部份，知名傳奇文學家知里幸惠（1903-1922）兄長孫女的夫婿橫山孝雄對明治政府禁止捕鮭一事，知之甚詳。他說過去當地族人以名為*raomp*的傳統漁具捕鮭，儀式復現時，也還用此器具，所以祭儀名為*Raomapkamuynomi*。不過，幾年後即放棄之，名稱也改為*Petkamuynomi*。橫山表示自己參與過迎鮭活動，當時來人不少。惟自己近幾年已少露臉了。

另一曾於道東南釧路市當過高中教師的淺野惠子，大約在5、6年前，參加過一次於新釧路川河口舉辦的迎鮭儀式。當時的祭司為現今北海道同胞協會的副理事長秋邊得平。因可領到報酬，所以參加人數不少。當時族人曾努力捕魚，但好像沒有捕到。中午主辦單位備有鮭魚湯和黍飯。淺野說，在河邊看到鮮豔的愛努民族服裝，風格獨特，很想描繪下來。

北海道同胞協會江別支部支部長清水裕二是一受人尊敬的長者，他的迎鮭知識亦豐。清水指出原本政府只准在石狩川河口捕5條，然今道知事已同意數量增至20。申請捕鮭必須填寫申請單，但申請不一定獲准。江別市一向參與千歲市的活動。千歲的儀式，由該市協會支部主辦，約有100人參加，他們準備了50條魚，當場抽籤，但不少人抽到了，卻不知如何處置。整體程序是先至河口捕到魚，再放入水車旁邊的魚槽，大家再用捕魚器（*makapu*）捕之，捕到者可攜回。有些人乘木船捕魚。魚槽為河川的一部份，用網子圍起來，約20m×5m見方。以木船捕魚不易，每年才有一、二人可捕到，抓著魚時，眾人鼓掌歡呼。札幌豐平川只有儀式而無捕魚活動。千歲比較有趣，實際下水捕魚。

族人的儀式參與經驗有同有異，但即使有真正捕魚和未有捕魚行為之別，過去可自由捕鮭的日子，的確已不再復返。儀式即使莊嚴，但友人相聚會餐，或許那難得瞧見之鮭魚抽籤或抓魚經驗，可能也是吸引樂趣的緣由之一。另外，報酬給付和送饋鮭魚，成了可能的到場誘因，而一旦減去了該等貨幣物質，有些人便不再願意前來。另外，都會和政府核心區域，如札幌、千歲，方能以足夠人、財源，維繫長效性的祭儀舉辦，其餘地方氣力顯然不足，難以為繼。即使有真正捕魚之地，其捕捉過程也已成為展演或類似趣味競賽，眾人圍觀，吆喝鼓掌。族人或不介意儀式的演藝式或觀光化轉變，畢竟活動過程仍有不能唸錯禱詞的嚴肅堅持、接近完整的傳

統服飾穿扮、以及祭臺祭品的準備等正式項目。新舊內涵與形式交參存在，使得各主要舉辦地歷經十幾乃至二十數回，仍年年持續，儼然宣告傳統不僅重現，而且非常成功。

五、結論

歡迎新卷鮭儀式是當前北海道愛努族除了地區家戶自辦之「先祖供養」（*Shinnurappa*）以及較大型之「送熊靈祭」之外的重要再生祭典。前言中所提Linton之「本土運動」，係起於群體內部的成員企圖恢復某些文化範疇，以回應正在產生威脅的外部壓力。參與者多欲藉該等文化項目來自我強化，並確認期間的高位價值。換句話說，整體行動的目的，在於以「回復」來象徵過去快樂偉大的時光，並據此轉換挫折的情境，滿足心理需求。而Wallace的「復振運動」論點則強調尋求更滿意的文化，而它亦源出於對壓力的回應。

過去150年來，和人國家給予愛努人的壓力，絕非一般言語可以形容。不少族人可以「版本一致地」告知詢訪者，歷史上被日人三次武力慘烈攻伐的故事。三次失敗，導致族群瓦解，繼而完全被征服。「完全的征服」使族人長期處於一種極度的挫折情境中。但是，和人國家成功的密集同化政策，又使多數人融於大社會而不自知或不願知（按，不少報導人均有類此說法）。日人相信全國同屬單一大和民族，因此，有不少愛努後裔，可能也早已進入了此一思維。因此，愛努人幾乎不太可能發起「非常集體性地」大規模社會運動。畢竟至何處找同胞，恐怕就是一大問題。對某些人而言（如迎鮭祭的祭司和主辦單位負責人），或許即有過去快樂偉大時光的想像，所以較願付出心力於儀式的發起、主持、維繫等工作。因為祭儀文化的回復，代表自我身分認同有所根據，挫折的心理也可稍獲平衡。

不過，從主事者僅求「象徵」（即恢復儀式），而不爭「實體」（即重獲自由捕鮭權）的情形觀之，儀式的復振的確僅在求得「更滿意的文化」，而非期盼擁有「更滿意的生活世界」。若擬欲爭取重獲自由捕鮭權，即代表愛努民族果然就是傳說中「落後的」漁獵民族。依筆者的觀

察，無一族人願意接受此等刻板印象。參與迎鮭活動的族人顯然只要「儀式」。儀式之後，自己還須回到「已然滿意的」日本工業化「進步」經濟體制之內。即使僅是儀式，自1982年回復以降，二十多年來札幌與千歲，以及白老與登別兩區稍具持續性，其他地方不是零散偶現，就是完全未受啟發。足見絕大多數愛努後裔，不論有意無意，均仍在隱逸之中。

　　迎卷鮭儀式因此僅能歸為小眾的有限族人活動，而絕非具有愛努共同文化認同象徵的位階。「中止百年後終能復興」一事，並未引起強大的後續族群行動力量，一切似乎僅在幾個特定城市的活動主辦人身上，留下積極付出的身影記錄（如札幌活動手冊內有他們的大名和照片）。主事參與者獲有儀式美名，其它在場人士卻可能只享受餐敘、訪友、娛樂、有趣、新奇的心情。盛裝行事者來行「儀式」，而眾人則來參加「活動」。儀式之餘的觀光休閒性樂趣，最終或也凌駕了出現一時的莊嚴氣氛。在此一情景下，新迎卷鮭儀式，也許僅能算是一種都會邊區「瞬光一現的」民俗展演，而非Linton和Wallace所論之全程嚴肅的本土運動或復振運動。此時，先祖年代的肅穆儀式傳統，在形式與內涵雙重丕變下，轉成了「樂趣為先，祭儀居次」的「新傳統」。「新傳統」或可在族人參與者間，形成對話共識，但與更多的愛努血嗣隱匿者之間，以及與冷漠以對之大社會的距離，依然遙遠。再者，具有類似本土或復振運動形式的迎接新卷鮭洄游祭民俗展演，與前述臺灣或北美原住民運動所採用的社會抗爭型態，應是不同道途的兩種族群說話方式。基本上，後者已然擁有與國家政體細節性地「談判」籌碼，以至於才會有如Joane Nagel所言的族群性顯赫不已之觀察，也才使Michael Rudolph發現到族群領袖已經昇華到掌控文化如何演出的力量，還有Gordon Christie注意到了國家對於族群運動的緊張神態。至於Terence Turner認定的全球政經壓力則對於愛努族而言，似乎仍然遙遠而無從呼應，當前他們只要有了文化點滴恢復，即已然滿足。同為原／先住民，卻以意義歧異的形式現身，其中必具深刻的歷史、社會、政治、文化等要因作用背景，值得未來進一步的比較研究。

引用書目

川村愛努文物館編
No Date 〈アイヌ・モシリ年表〉。旭川：川村愛努文物館。
札幌愛努文化協會編
2004 《第23回アシリチェップノミ》。札幌：札幌アイヌ文化協會。
2005 《第24回アシリチェップノミ》。札幌：札幌アイヌ文化協會。
2006 《第25回アシリチェップノミ》。札幌：札幌アイヌ文化協會。
社團法人北海道ウタリ協會編
2008a 〈2008年北海道愛努文化祭儀觀光活動表〉。札幌：社團法人北海道ウタリ協會。
2008b 《アイヌ民族　概說》。札幌：社團法人北海道ウタリ協會。
財團法人愛努文化振興・研究推進機構編
2006 《アイヌの人の文化》。札幌：財團法人愛努文化振興・研究推進機構。
2007 《バイエアン ロ―ふれみよアイヌの文化》。札幌：財團法人愛努文化振興・研究推進機構。
結城庄司
1997 《チャランケ結城庄司遺稿》。東京：草風館。
謝世忠
1987 《認同的污名：臺灣原住民的族群變遷》。臺北：自立。
1989 〈原住民運動生成與發展理論的建立――以北美與臺灣為例的初步探討〉。《中央研究院民族學研究所集刊》64:139-177。
Christie, Gordon
2007 Culture, Self-Determination and Colonialism: Issues around the Revitalization of Indigenous Legal Traditions. *Indigenous Law Journal* 6(1):13-29.
Kyosuke, Kindaiti D. Litt.
1941 *Ainu Life and Legends*. Board of Tourist Industry, Japanese Government Railways.
Linton, Ralph
1943 Nativistic Movements. *American Anthropologist* 45: 230-240.
Nagel, Joane
1995 American Indian Ethnic Renewal: Politics and the Resurgence of Identity. *American Sociological Review* 60:947-965.
Ohnuki-Tierney, Emiko
1993 *Rice as Self: Japanese Identities through Time*. Princeton: Princeton University Press.
Rudolph, Michael
2015 Authenticating Performances: Rituals of Taiwan's Aborigines under the Impact of Nativism and Multiculturalism. Archiv Orental 83:343-374.
Tollefson, Kenneth
1982 Political Revitalization Among the Tlingit. *The Journal of Ethnic Studies* 10 (3): 57-77.
Turner, Terence
2007 Indigenous Resurgence, Anthropological Theories, and the Cunning of History. *Focaal—European*

　　　　　Journal of Anthropology 49:118-123.
Wallace, Anthony F.C.
　　1956 Revitalization Movements. *American Anthropologist* 58: 264-281.

（本文原稿係2008年8月2日在韓國華川郡參與「華川木筏節國際研討會」
宣讀論文，目前版本業經修正補充。）

「挫敗」、「歧視」與「控訴」的永續言説
——北海道愛努族人的第四世界參與*

一、前言

　　日本政府於2008年6月6日應國會要求，正式承認傳統上以北海道為最主要居住地的愛努人（*Ainu*）為先住民族（按：其他分布地還包括今俄國庫頁島與千島群島，惟今前者已無族人社區存在，而後者據信尚有部分同族居民）（圖1）。但是，在近代史上，日本人或一般通稱的「和人」（*Wajin*），自早於明治政府之前盤踞北海道南部的松前藩開始，即與愛努有密切接觸，距今至少二、三百年。在此一延續大約7至12個世代不具國家法定先住民或少數民族地位的漫長歲月裡，愛努曾被稱為「舊土人」，並於1899年訂立專門法律（即《北海道舊土人保護法》），一直到1997年改用《愛努文化振興與愛努傳統知識普及與啟發法》（俗稱《愛努新法》）為止。而一般認為足以代表北海道該族的社團機構於1946年成立之時，係以「愛努協會」（*Ainu Kyokai* / Association）為名，惟到了1961年卻棄己稱而換成「同胞／兄弟協會」（*Utari Kyokai*），直至2010年才又回復愛努協會原名。此等族群名稱的變換使用歷程，實已十足反映了愛努民族史中的艱困寫照。《朝日新聞》記者於2008年6月7日報導前一天國會議決消息時，即提到1961年改名係受到入會成員普遍心理壓力所致（神元敦司與稻垣直人2008）。筆者田野中，也無數次聽到愛努族人提及長期以來對「愛努」一稱的高度敏感。更有許多在地友人警告，在北海道，絕不可以貿然提出「請問，你是愛努族嗎？」之類的問話，那是非常禁忌的對話語彙。

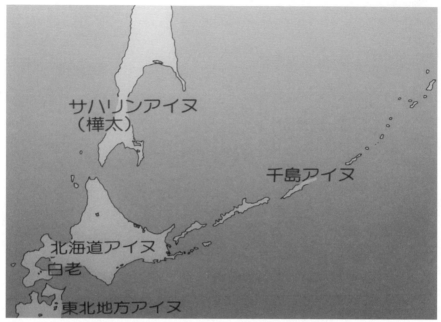

圖1：愛努民族東北亞傳統分布範圍地圖。（北海道愛努協會提供，2007.07.12）

　　愛努族人處於近100年的「舊土人」名下，以及使用一陣子自我族稱，卻又趕快主動揚棄的情境中，顯然絕大多數族人始終面臨極大外在壓力與飽受內在不安的煎熬。筆者2007年中開始對愛努產生學術興趣，直至今天已足5年，任何時刻只要稍稍進入與愛努族人的交談，對方往往很快就會告知自己及全族人過去如何受到歧視，甚至表達出「愛努」一詞所具的深度污名意涵，以致多少族人避之唯恐不及。一位族人表示，「愛努」一詞發音和日語的「狗」很接近，因此，在中小學校裡，人數非常有限的愛努學生，常會被譏笑作弄。另一名中年女性族人提到，某日她女兒哭著返家，訴說保健衛生檢查時，露出背部，卻遭同學抓拉長長背毛，並取笑和熊隻一樣。教育界退休的長輩報導者無奈地說，只要大眾溫泉澡堂有一名愛努人光顧，所有日本人全跑光，因他們覺得骯髒。凡此種種均是當年協會不得不放棄「愛努」稱名的緣由。當然，形式上不再受到污名族稱（stigmatized ethnonym）的困擾，或可能即是一種心理解放，但，實際生活中，困擾之處仍無時不在。

　　《舊土人保護法》在協會自「愛努」改名「同胞／兄弟」之後，仍存在30多年（即1961至1997年），意指過去「生活落後」的土人，尚存在於北海道。因此，由於姓氏、長相、體質特徵、以及出生地等因素，而很可能被人直接懷疑其愛努身分的驚懼敏感，對一大部分難脫其擾的道民（例如，生活於白老、平取、登別、旭川、十勝等幾個過去愛努大庄內的現生居民）而言，始終是夢魘難處。這些年來，不斷聽聞多位研究參與者（報導人）講述心境壓力故事，令人印象深刻。

　　不過，族群處境景況縱使極不理想，愛努族人在過去日子裡，仍見不少致力於向外發聲，期望將己族遭遇訴之於世。在本文中，筆者擬描述愛努族人從「前先住民時期」（1899年《舊土人保護法》經1997年《愛努新法》實行以迄2008年）轉至「先住民時期」（2008-）之正式與非正式對外關係，其中尤能發現他們對與國際原住民（按：日本漢字「先住民」與臺灣華文「原住民」同義，本文在一般敘述時使用「原住民」一稱，而遇著專論日本現象時，則採以「先住民」的原樣用詞）團體與個人連繫的渴望。國際原住民即是學界所稱的第四世界（The Fourth World）（見謝世忠1990; Walker 1995:326-365）。愛努族人邁向第四世界的舉動，無疑是該族在困境中，得以繼續維繫認同的重要動力之一（按：日本學界尤其是人類學界，極少進行愛努族人參與第四世界的研究，一方面誠如香港中文大學教授張展鴻[Sidney C. H. Cheung2004]所言，學者對已然失去太多傳統的愛努文化失去興趣，另外，研究者總是感受到族人對其不悅的眼光，因此，長久以來遲遲怯步不前。張展鴻認為，日本學人希望大家忘掉糟糕的過去，但，愛努人卻難棄心酸歷史。過去半個世紀，不少族人嚴厲責難學術研究倫理的欠缺，其中尤以北海道大學現存之數百具愛努族祖先人骨作為標本一事為最。當初日本體質人類學者為了進行研究，曾無限制使用之，引來不少抗議，最終校方才予以封存，族人也定期至現場膜拜）（圖2），以致雙方隔閡日深。2007年筆者來到北海道，委請北海道大學教授友人介紹一位愛努退休教師接受訪談，該名教師一口答應，讓日籍教授大感意外。畢竟，這在日本學者的經驗中，實在少見。其間涉及之複雜學術生態與文化政治課題，筆者日後將以另文專論之。總之，筆者為文，對已入21世紀相當時間的世界原住民現狀，或可提供些許分析解釋的意見。

圖2：祭拜儲藏於北海道大學先人遺骨的年度紀念儀式。（森若裕子攝，2007.08.03）

二、「第四世界」人類學與國際原住民價值

　　「第四世界」是國際原住民的總體稱名，先是70年代由北美印第安原住民族群運動領袖喬治‧曼紐（George Manual）所倡議，隨後則為不少學界人士使用（謝世忠1990）。無論研究目的為何，舉凡專論當代國族—國家（nation-state）境內原住民政治地位景況（如Dyck[1985]所論之加拿大原住民爭取第一民族[the First People]位階的過程），或僅是一般族群生活情形介紹（如Walker[1995]泛稱大陸東南亞北部山區非主體泰語系各族群的文化變遷與適應國家政策情形），「第四世界」一詞，均可能為學者順勢採用引申。第四世界與第一、二、三世界的不同，就在於後者三體系成員皆具獨立國家形質，而前者則一來無國家實質內容，二來又均是另三個世界各國境內被充分管控治理的非主體族群。人類學參與第四世界研究已有相當時間。首先，不少學者注意到各種原住民組織之實

質力量（real power）與空洞外殼（illusory image）兩個極端情景出現的情形（Hodgson 2002a）。其次，原住民被侵權的種種事跡以及「苦難」紀錄，是另一受到關注的課題（Asch 1987[1982]; Feit 1987[1982]）。而基於上述認知所發起的社會運動，尤其是激進性或甚至「戰鬥性」特質明顯的原住民行動，亦是一被不斷延續討論的對象（Lee & Hurlich 1987[1982]; Dombrowski 2002; Sylvain 2002）。此外，包括原住民自身提出的第四世界論述，以及各項學術旨趣的相關分析在內，總脫離不了「原住民傳統」（indigenous tradition）、「原始性」（primitiveness）、「原住民族屬性」（indigeneity）及「保存原住民文化」（preservation of indigenous culture）的宣示或說明（Gordon 1992; Deborah& Erringron 1991; Price 1989; Schorow 2001）。不過，「原住民傳統」或「原住民文化」等詞句，或許朗朗上口，但詢問其具體內涵，卻也常難倒包括原住民在內的許多人。此一現象亦引起了注意。

原住民籍各類作家在特定國家地區如臺灣和北美洲明顯地活躍（臺灣如孫大川、浦忠成、瓦歷斯‧諾幹、夏曼‧藍波安、林志興、霍斯陸曼‧伐伐、田雅各、黃貴潮、奧威尼‧卡露斯、溫奇、伐楚古、阿道‧巴辣夫等等；北美洲如Wendy Fontenelle、Skawennati Tricia Fragnito、Rosita Worl等等），但在某些地方卻也極端地少見族人的相關書寫發表。日本北海道愛努族即是一例（日本文評家和光大學村井紀教授就曾在紀念《愛努新法》頒布十年的報刊短文中表示，愛努籍小說家基本上只有上西晴治一人〔村井紀2007〕），此等現象緣由，亦值得細論。不過，原住民在某些地區（如北美洲[Dyck 1993; Scott 1993]、臺灣〔謝世忠 1987，1989〕、太平洋一帶[Poyer 1990]）或許外顯活躍，然而，主體社會的如何回應，可能才是影響族人下一步命運的關鍵重點，倘若只單向看到前者有限抗爭、少量論述、或堅持部分祭儀的顯外絢麗表現（如Richard Siddle[1996:17-49]和Katarina Sjoberg[1993]在分析愛努族社會運動現況時，即以「國族主義」（nationalism）力量形容之的過分樂觀期待，或Jonathan Friedman毫無根據地就直接相信愛努人已然靠自己力量重建數座村落[2002]，而渾然不知當下北海道根本不存有任何一個自然村〔圖3〕），當會誤判原住民現下仍舊持續的困難處境。

圖３：北海道阿寒愛努觀光部落並非該族自然社區。（謝世忠攝，2009.09.17）

　　人類學知識（anthropological knowledge）畢竟不同於多數原住民所宣
稱之不證自明的「原住民價值」。後者促使了自我宣揚者和非原住民籍支
持者，先是共同營造出一種幾近神聖化傳統原住民生活智慧價值信念，但
卻也不約而同地趨近於以哀悼性言語，指出它在現世歷史上的落難經過。
也就是，很神聖，但已然頹敗。筆者認為，由於各個國族—國家內部之
原住族群的一般訴求內容極為接近，因此，彼此以之作為跨國接觸往來
基礎，往往很快就可建立一超越地界海域的特殊情分關係，進而形成一
股類似世界性原住民運動火力集中的氣勢（謝世忠1989，1990；Hodgson
2002b）。人類學注意到此一運動氣勢的外形與內質，試圖從中分析該項
原住民非傳統性集體力量（按：歷史上從未出現全球原住民共同行動的紀
錄，近現代突現此類大區域跨境社會運動，無疑是對應當代國族—國家統
治過程的反彈產物）作用發展的當代意義。本文的主要目標，即擬以愛努
族的跨境跨國努力為觀察對象，講述其參與第四世界的過程。

三、「前先住民期」的外探步伐

　　愛努人於2008年6月正式被承認為日本的先住民族（按：雖然1997年啟用的《愛努新法》仍然繼續至今，但，單是先住民族地位被承認一事，已具相當意義，因此，筆者稱自此開始為「先住民期」。詳見後文討論）。19世紀中葉明治政府乃至再往前推二百年以上的松前藩（*Matsumae* domain）統治時期，均強力貫徹原稱蝦夷地（*Ezochi*）後來改名北海道（Hokkaido）之愛努原住民轉變成定居農耕生計的同化政策措施（Ohmuki-Tierney 1998: 31-51; Friedman 2002: 240-242）。包括《愛努新法》通過之後所成立的半官方組織「財團法人愛努文化振興‧研究機構」以及位於白老町的財團法人愛努民族博物館在內，幾乎所有以愛努人為主體的機關出版品，都口徑一致地批評北海道「開拓」與禁止愛努傳統生活方式的不是，同時更指出歷史上三次（1457、1669、1789）與日本和人戰爭失敗的紀錄，接著便是無止盡的歧視（財團法人愛努文化振興‧研究機構編2008；財團法人愛努民族博物館編2002[1994]）。筆者過去數年田野過程中，亦遇著許多族人在彼此交談的第一時間裡，便主動提到與上述文獻同等的內容。同化、戰敗與歧視似乎成了當今愛努人的共同口頭禪。共有的不幸經驗，很顯然成了族人認知自我，以及理解甚至圓說當下弱勢景況的基礎。

　　二次戰後以來，包括政府和一般平民在內的許多人，多認為北海道地區被習稱為「舊土人」的愛努，業已不復存在，或者頂多只是變成一非常邊陲，可有可無的弱小人群（Friedman ibid）。筆者於北海道認識的在地日本人，對愛努一無所知者，的確大有人在。但是，在此一漫漫尚未成為國家正式先住民族的「前先住民期」裡，愛努人縱使處於歷史文化挫敗與社會經濟歧視的環境中（cf. Ohmuki-Tierney 1998），總是有族人不間斷地設法與國際世界聯繫，以期尋求控訴己身不幸的情況。

　　聯合國1982年成立「原住族群工作組」（the Working Group on Indigenous Populations, WGIP）。1992年聯合國宣布翌年為世界原住民國際年（the International Year of the World's Indigenous People），2007年9月7日更頒布《聯

合國原住民權利宣言》（*United Nations Declaration on the Rights of indigenous Peoples*）。聯合國的原住民組織及其幾項重要行事，均給予愛努族人相當的啟發。積極性高的族人，多會把握住機會，做出一定的回應。而該等回應，就是常保與國際原住民世界維持關係的最要機制。以北海道同胞／兄弟協會為例，自1987年起至2000年止，依該會公布的文件（社団法人北海道ウタリ協会編2001），協會領導階層即有13次繳交關及愛努人歷史文化挫敗與不理想生活現況的陳述意見給聯合國相關單位。其中送達「原住族群工作組」（WGIP）7次，「原住民族權利工作組」（WGRIP）5回，另有一次對象為「國際勞工會議」（The International Labor Conference, ILC）。顯見1987年之後，愛努族人益見更積極的作為。「北海道同胞／兄弟協會」在國內採「同胞／兄弟」一詞取代「愛努」，以避揮之不去的深受歧視感受。然在英文會名上，仍保留Ainu Association，目地就為引來國際社會的目光。「同胞／兄弟協會」主旨服務族人權益，但卻飽受不少族人批評其與政府走得太近，以致很可能會失去民族主體立場。筆者田野情境上所觸及之愛努研究參與者／報導人自然有協會的成員或同情者，但，站在反對立場的人，或很少參與協會相關活動者，絕不在少。不過，國內情形如此，然在國際場域上，它的變身Ainu Association仍可如上所列，每年均以日英文雙軌，向聯合國提出愛努人權相關報告，足見雖有許多族人僅以社會福利或教育津貼補助功能，看待協會與族人間的關係（按，不少報導人表示，許多人在福利終止之年限日起，即很快的疏離協會），但，在國際上，協會則超越政府導向，全然以獨立原住民族名義發聲，其主訴內容與第四世界普同聲音一致（圖4）。

　　1987是重要的一年。當年8月同胞協會理事長野村義一（*Giichi Nomura*）代表愛努人首次參與在瑞士日內瓦舉辦的聯合國WGIP會議，發表演說。自此以往，協會年年繳交陳義書給該工作組（1996年改送WGRIP）。每年文件內容與野村理事長演講主題前後銜接，未曾間斷。換句話說，固制化了的「歷史文化的徹底挫敗、族群人身的遭受歧視以及大力控訴並求復權」說法，亦即前文提到的同化、戰敗與歧視等三項口頭禪，長期以來，業已形成代表愛努族的表意論述或自我形象定義。日本始終忽略國內有原住民存在的事實。WGIP注意到此事，除了1987年之外，

圖4：北海道同胞協會抗議政府不承認愛努先住民的活動。（森若裕子攝，2007年）

圖5：萱野茂國會議員家族擁有的二風谷愛努文化資料館。（謝世忠攝，2008.11.23）

復於1992年12月主動邀請野村理事長至聯合國為翌年的世界原住民國際年作開幕演講。理事長慷慨激昂控訴日本政府的政策不公以及大社會對愛努的歧視。這是愛努族人連兩次於聯合國重要會議上，對國際世界公開陳述自我族群的不幸遭遇。截至目前，1987與1992的兩次演講，仍是愛努族人唯二的現身聯合國機會，深具象徵意義（竹內涉編著2004）。它至少供族人們想像世界最大國際組織已然注意到了在遙遠東方之一從未被所屬國家承認的「準先住民族」。此外，正式應邀講演誠然重要，幾次族人代表對正在發生之具體事件向聯合國求援的個例，也不容忽視。例如，1988年愛努族籍國會議員萱野茂（*Shigeru Kayano*）（圖5），就直接將日本政府準備在愛努傳統區域二風谷建設水壩之事，狀告WGIP，引起廣泛注意。筆者在北海道訪問萱野議員公子時，也聽到其對父親該項舉動的肯定。

　　依筆者的看法，「挫敗」、「歧視」與「控訴」幾乎就是第四世界共同的經驗（謝世忠1987，1989），因此，愛努族人多能掌握各項機會，於正式與非正式場合，設法引來第四世界成員的目光。換句話說，在「前先住民期」的多年間，族人除了敲門聯合國，亦未忘卻其他的第四世界接觸機會（山岸利男與山本修三編1993[1991]）。例如，為了配合反對興建水壩，族人們於1989年8月在二風谷舉行包括有臺灣原住民代表參與的國際原住民會議（the International Indigenous People's Conference），萱野茂議員蒞會講演，再次表達反對修建二風谷水壩。會後，所有國際原住民代表受邀至釧路參加傳統愛努大船下水典禮，象徵愛努文化與第四世界儀式性地接軌。1993年是世界原住民國際年，愛努積極行動者自然不會放棄機會。當年8月，族人們再次把來自加拿大、美國、菲律賓、瑞典等國的國際原住民代表，請至已具盛名之抗爭基地二風谷（圖6），繼續討論原住民的未來。當時愛努族人渴望早早揚棄久為人所詬病的「舊土人保護法」，並立即制定新法。因此，各國貴賓也加入了建置新法的訴求遊行。至於在軟性族群文化交流方面，愛努族人也不落人後，其中又以和臺灣原住民的接觸最為熱衷（謝世忠2009）。例如，白老愛努民族博物館留有與臺灣行政院原住民族委員會首任主任委員互訪的紀念文物與照片（圖7）。1998年愛努表演團體曾至蘭嶼，與當地雅美族相互觀摩彼此的頭髮舞（不著撰人1998），前者代表風吹葉浪，後者則象徵海洋長波，十足感性。又，

圖6：二風谷現狀一隅。（謝世忠攝，2008.11.23）

圖7：白老愛努民族博物館展櫃內的臺日原住民交流書報資料。（謝世忠攝，2007.07.15）

2005年愛努知名樂人*Oki*受邀至臺北縣參加亞細亞部落民謠節，深受歡迎
（黃旭昇2005）。其他相關交流活動尚有不少，均屬第四世界成員的交
心行動。

四、「先住民期」的四年：2008-2012

　　2007年就和1993年一樣，對原住民具有劃時代意義，後者為聯合國世
界原住民國際年，前者則聯合國頒布了原住民權利宣言。90年代該次的愛
努族人回應，已如上文所述。經過14年，聯合國於21世紀前10年之末的另
次大動作，再度燃起不少族人的希望。剛好2008年7月8至9日，八大工業
國（G8）擬於北海道著名風景區洞爺湖（Lake Toya）之洞爺湖溫莎（Toya
Windsor）酒店召開會議，而該區亦屬傳統愛努分布地，因此，提醒了部
分積極性較高族人的敏銳神經。他們在幾位長期支持愛努社會運動的日
本和人大學教授與西方國籍學者協助下，於2007年12月6日舉行了翌年即
將舉辦「2008愛努領地先住民高峰會」（2008 Indigenous Peoples Summit in
Ainu *Mosir*〔筆者按，*mosir*即愛努語領地／territory之意〕）的籌備委員會
議。籌委會決議屆時邀集多位國際原住民代表與會演講，同時舉行包括環
境、權利恢復、教育與女性等課題的分組研討會。最後則準備提出一宣言
轉給G8會議各國首腦，要求其實踐2007年的聯合國原住民權利宣言（「先
住民族サミット」アイヌモシリ2008事務局編2008a）。

　　會議籌辦大致順利，就在G8會議的前一星期，也就是7月1日，高
峰會假平取町公民會館正式開幕（圖8、9）。參與者眾，活動過程堪稱
熱烈，主要代表分別來自臺灣（阿美族）、菲律賓（Igorot族）、關島
（Chamoru族）、夏威夷、紐西蘭（毛利族）、澳洲（Yorta Yorta族）、瑞
典（Saami族）、瓜地馬拉（Maya Kachikel族）、尼加拉瓜（Miskito族）、
墨西哥（Nauha族）、美國（Cherokee、Comanche、Pueblo與Sioux等族）、
加拿大（Mohawk和Statimc二族）以及地主日本（愛努族），計34人（圖
10）。這些貴賓在會議幾天裡，不只一次輪流上臺講演，有的則安排於次
日移至二風谷舉行的分組討論發言。不論是開幕大廳的多次主題演講，還
是包括環境、權利、與教育等課題在內的分組報告，其內容仍不脫前面所

圖8：北海道平取町公民會館2008愛努領地先住民高峰會會場入口。（謝世忠攝，
　　　2008.07.01）

圖9：2008愛努領地先住民高峰會議場景之一。（森若裕子攝，2008.07.03）

圖10：參加2008愛努領地先住民高峰會議的各國原住民代表接受記者提問。（謝世忠
攝，2008.07.04）

舉之挫敗、歧視、與控訴的實質範圍。換句話說，整體高峰會議活動正是
第四世界成員身體言說行動的典型，從歷史的角度觀之，自1970年代開始
有宣稱世界或國際的原住民會議開辦以來（謝世忠1990），數十年來均維
持類同的形質模式。

　　會議全程各國各族原住民多以傳統服飾的全部或部分要素代表自己，
有的並配以儀式動作或歌舞語言強化之。服飾、儀式、歌舞、語言等要素
的合體，述說著一種不可言喻的原住民或第四世界特性，它也藉此傳達各
個獨立原住族群間相互支持的力量。愛努在第四世界場域內，得以展現該
等文化要項，一方面確定自己並不孤單，另一方面則更形激發參與者對
挫敗與歧視的控訴性回應。高峰會議網頁上宣示「今天，全世界共有3億
7000萬原住民，它們全部與大地緊緊相連」（不著撰人2008）。網頁文字
繼續陳述，「在高峰會上，愛努族人將控訴環境問題及其對傳統生活方式

的種種威脅，同時也會喚起對原住民權利的感知」。言說之中，在在顯現愛努身為世界原住民一員的自我認知。

接續著2007年聯合國原住民權利宣言，2008年的原住民高峰會議閉幕時，則擬妥「2008愛努領地先住民高峰會二風谷宣言」（Nibutani Declaration of the 2008 Indigenous Peoples Summit in Ainu *Mosir*）。宣言中除了延續第四世界傳統的挫敗、歧視、控訴之論述外，最重要的是呼籲G8應確實遵守2007年聯合國的宣言，還給原住民諸多失去的權利。就在原住民高峰會開議前大約一個月，日本國會通過愛努為該國先住民族的議案。決議文承認「我國在近代化過程中，多數的愛努人受到法律的不平等待遇、差別待遇，造成貧窮的歷史事實」。高峰會藉勢於閉幕之日，也同時向日本政府提繳一請願書，要求在合法先住民族身分之下，愛努族應立即享有各項權利，並主張日本政府必須全盤接受自己在決議文提到將依據聯合國2007年宣言內容行事的承諾（「先住民族サミット」アイヌモシリ2008事務局編2008b）。

此次涵蓋平取町、二風谷以及最後移往札幌進行莊重之先祖供養儀式的原住民高峰會議（圖11），與洞爺湖的世界八大工業國會議（G8）幾乎同時舉行。因此，G8的會議課題勢必成了高峰會討論的重點。G8代表工業國，工業發展免不了自然環境的改變或破壞。而原住民一般所自我界定的傳統生活世界，恰好就是工業國家政府企業，長久覬覦剝削的自然環境，所以環境議題即成了主攻要角。不過，雖然如此，部分高峰會實際進行的會議討論主題如教育與文化等等，實均已超越環境課題，從而回歸至幾十年來第四世界遭逢挫敗與歧視的標準控訴項目。總而言之，2008年高峰會因晚於日本國會的決議時間，所以，它可算是愛努族獲取先住民族法制地位之後，首次該族與第四世界擴大接觸的行動。

敏銳的觀察家當可發現，此次高峰會似乎刻意避開北海道同胞／兄弟協會的參與，籌委會並無協會代表，而該會理事長和副理事長，也僅是高峰大會舉辦時禮貌性的邀約對象。不過，高峰會成員與同胞／兄弟協會間的關係，並非本文討論的重點。我們想強調的是，如前節所述之協會一貫的第四世界接觸努力，與本次高峰會由愛努族非協會要角一方主導第四世界在北海道的實質行動，均顯示族人極其渴望與國際原住民廣結善緣。它

圖11：2008愛努領地先住民高峰會接近尾聲之時刻，陸續有族人進行祖先供養儀式。
（謝世忠攝，2008.07.04）

應可視為當前所有愛努族人的最大共識。

　　2008年夏天接續出現先住民日本國內地位獲得承認（圖12），以及先住民國際高峰會的成功舉辦，這些年來，該等二個管道分別有所發展。為使日本首度承認國內存在先住民族一事，在未來能獲得法律社會等等方面的具體落實，政府組織一由八人構成的懇談小組，進行商議。政府的對話對象仍是同胞／兄弟協會，該會理事長正是八人中的唯一愛努族人代表。2010年之時，協會改回1961年以前的愛努協會舊稱，日文英文會名則終於如一，具象表現出族人努力突破在日本國內自我迴避族稱歧視的歷史心防（不過，不幸的是，仍有副理事長因反對復名而與協會中央進行激烈抗議，最終被逐出會籍，甚至官司纏身）。協會似乎順理成章地代表新被認可的愛努先住民族，專責與政府對話，惟幾年下來，不少族人在正式非正式場合，抱怨懇談小組進展緩慢，始終未見實際成果。另一方面，原高峰會籌辦團隊則遂行其在「2008愛努領地先住民高峰會二風谷宣言」中所提倡者，果真成立了一原住民交流網絡，取名「愛努世界先住民網絡」

圖12：展示於2008愛努領地先住民高峰會議會場的祝賀標語。（謝世忠攝，2008.
07.03）

（World Indigenous Peoples Network Ainu），並於2010年2月首號與二號同期
出版WIN-AINU半年刊，2011年3月續出三號與四號合期（圖13）。作為機
關報的期刊，幾乎全日文內容，主要應是以日本政府為對話對象，篇章中
除了敘述族人爭取權益的過程之外，亦介紹國際原住民概況及其與愛努的
互動往來。八人懇談小組為官方的對談單位，而WIN-AINU則屬民間的倡
議團體，兩者均極為關心先住民身分獲取之後的實質效應。

　　依愛努族人接觸往來對象的規模與形式觀之，或可分成大第四世界
（Great Fourth World）與小第四世界（Mini Fourth World）。前者係以世界、
全球或國際為名，多國原住民代表齊聚一堂，舉辦大會。2008年7月北海道
平取町、二風谷及札幌舉辦的「世界先住民高峰會議」是為典例。至於小
第四世界，事實上就和前述「前先住民期」的軟性文化接觸一般，或稱民
間小群體或甚至個人間的交流。先住民地位確立之後，愛努族與臺灣原住
民的往來依舊頻繁。2009年11月在國立臺東大學協助下，有十位愛努族人
至臺東下賓朗卑南族部落參觀，12月之時，愛努人相對邀請卑南族人至北

圖13：Win-Ainu第三、四期合刊封面。
（謝世忠攝，2012.03.19）

海道參訪，立下雙方接觸基礎。到了2010年，白糠町愛努族人與下賓朗卑
南族聯合舉辦「臺灣卑南族下賓朗‧日本愛努族聯合影像展」，先是2月
下旬接續於北海道廳舊本廳舍和白糠町展出，自3月6日起則轉至臺東國立
臺灣史前文化博物館，展覽二周（鄭錦晴2010；不著撰人2010a、2010b &
2010c；季亞夫與島秀2010；臺東縣政府2010）。另外，近來有竄紅的愛努
族兩人組姊妹表演團體，也獲邀至芬蘭參與國際原住民的藝術節慶活動。
總之，類此小型或迷妳第四世界的互動交流，是為愛努族人普遍喜愛與期
盼的對外關係形式，而它亦是廣泛第四世界成員國際交友的典型方式。

五、討論與結論：虛實之間的第四世界參與

　　愛努人從維持近百年（1899-1997）的「舊土人」（Aboriginal People）
身分，歷經新法的11年（1997-2008）實施之後，終而擁有「先住民」

（Indigenous People）地位（2008年6月6日通過立法）。在對外關係方面，規模最大，歷史最久的族人代表團體北海道同胞兄弟協會於「前先住民期」階段，即以英文的Ainu Association名稱，從未間斷地設法攀搭聯合國，使得日本境內存有愛努一事，不會被人忘卻。再者，一般民間的國際交往，也有相當紀錄，其中臺灣原住民是為主要的聯絡對象。2008年除了先住民地位確立之外，愛努族人也在北海道原鄉領地（Ainu *Mosir* / *Territory*）舉辦了先住民高峰會，之後更組成世界先住民網絡組織，儼然取得了國際原住民的領袖位階。此時，民間往來繼續，臺灣還是主角，另又陸續加入包括芬蘭、美國（例如，2010年於靜內町舉行愛努族歷史英雄*Shakushain*〔按：即1669年戰爭的愛努族首領，原本取得優勢，後被日方使計毒殺，戰情才急轉直下〕紀念儀式時〔圖14〕，即邀請阿拉斯加原住民團體參與表演〔圖15〕）在內之其他國家地區的對象。縱使目前日本國

圖14：北海道靜內町公園愛努民族英雄Shakushain年度紀念祭典。（謝世忠攝，2010.09.23）

內的愛努先住民地位落實事宜，並未有太具體的進展，但，在國際觸角方面，似乎大為躍升，開展出愛努族的一片希望新世界。

　　第四世界或許是原住民的希望，但，第四世界人類學的分析意見，卻不令人樂觀。筆者多年前曾撰〈「第四世界」的建構：原住民世界的契機與危機〉一文（1990），說到第四世界串聯了各地原住民族，齊聚一堂時，激動論說，力道十足。但，散會之後，各自回到所屬國家，有的繼續孤單無力，有的則下場更慘，受到政府百般刁難。聚在一起時，大家控訴，第四世界有如實體，深具力量，而分手之後，第四世界卻變虛空，原住民們又回到挫敗與歧視的原點。唯有等到時日極不穩定的下一次團聚，才可能又獲大型控訴的機會。如此，一次又一次，一年過一年，對於原住民脫困去貧或者重擁權利的期望，似乎幫助甚微。如今，愛努族人是否重蹈覆轍？

圖15：北海道靜內町公園前來參加愛努民族英雄Shakushain紀念祭典的阿拉斯加原住民表演團體。（謝世忠攝，2010.09.23）

　　依筆者之見，挫敗（inferiority）、歧視（discrimination）、控訴（accusation）正是國際原住民全球社群（global community）也就是第四世界的共同語言。第四世界為何能夠在第一時間內，就可使來自各國的原住民互以「兄弟」之名熱情擁抱？他們分屬不同民族，不同祖先，不同語言，不同國家，不同宗教，為什麼可於秒瞬間惺惺相惜？正是大家共同承載此一語言內涵價值所致！挫敗反映出文化或歷史的失落，歧視說明了社會或經濟的不公，控訴則寄望於政治或權利的揚升。過去半個世紀的第四世界紀錄顯示，凡是國際原住民的場合，必見此三大共同語言的持續出現。原住民們因共享它們而聚，而各個第四世界的場子，則又擔負著強化此些共同語言的任務。愛努族人的對外關係，無論是個人還是團體，不論在「前先住民期」，抑或進入「先住民期」，在在充滿著挫敗、歧視、控訴的言行舉止，永不休止。他們從無間斷地敲叩也深具類此特質或對它賦以關懷的聯合國與非聯合國原住民團體之門，試圖提醒對方自己的所在。

　　第四世界的價值（shared values of the Fourth World）從挫敗、歧視、控訴的身體表意或展演（body expression or performances）建構而出，繼而形成一似乎不會停腳的永續言說。它們強調未有挫敗前的美好（如固有生態環境圓滿）、未有歧視前的平等（如傳統社會愛好和平）、以及未有控訴前的希望（如過去日子從無剝削）。總體來說，那是一種「完美過往」（good old days）的論述，原住民們想像祖先時代的種種，歷史文化因此優美智慧，社會經濟也平和正常。愛努族人從不吝於表達自我認知的第四世界價值，所以，在國際全球原住民社群中，他們結識了不少友人，其中居於近鄰的臺灣尤多。在筆者的田野印象裡，部份愛努族人因友誼跨國而心情愉悅，充滿希望。

　　不過，在國族—國家仍然當道的今日，訴諸於第四世界的作法，似仍少有成功之例。換句話說，如筆者前面所提者，參與第四世界場合，可能出現某種豪氣，但，返回國家，面臨仍是老難題，同時根本無人會認真請教你甫獲得的第四世界經驗。甚至在日本國內，冷漠氣氛仍濃，愛努有無具備先住民身分，對大多日本人而言，似乎無關緊要。凡此，豪氣可能立即轉為洩氣，回首第四世界仿如夢幻。一般認為，日本政府在承認愛努先住民的幾年來，幾乎不動聲色，全無作為。這是當代國族—國家應付內

部第四世界成員的典型作法。八大工業國沒有理會先住民高峰會二風谷宣言，同樣不令人詫異，因這些國家過去數十年已看多類似的軟弱衝撞，毫無感覺。聯合國的1993世界原住民國際年與2007原住民權利宣言均是形式，但，愛努族人一直當真，才會長時間不放棄與聯合國接觸。此外，挫敗、歧視、控訴的第四世界共同語言，不斷再現於愛努生活言說實踐中，它全然拉近了跨域越海的國際原民情誼關係。愛努族人的第四世界接觸仍在進行，而且主戰場有漸往北海道發展的趨勢（例如，舉辦世界先住民大會與建置全球原住民網絡組織等），但，第四世界的內容虛空景況，愛努族人仍未深刻感知，未來該族危機突現的可能性因此大增。

　　依筆者之見，愛努族人缺乏自我評估相關行動成效與否的機制，以至可能做半天沒效果尚不自知。那麼，日本政府承認先住民族一事，是否也徒具形式？筆者以為，縱使多年過了，仍是白卷，可能還需再觀察些許時日，才有答案（不過，從另角度觀之，國會於6月6日通過承認愛努先住民族地位，而7月1日開幕的高峰會，卻未見任一政府官員參加，此一現象頗耐人尋味。更且峰會後遞交政府的陳議書，亦從未獲得回應。凡此，都易引人往特定方向尋覓答案）。日本人長期以來習慣性地認知「後愛努期」（即愛努人業已同化消失）的歷史發展，所以，現在國家境內突然新出現一群先住民族，一般人可能深感困惑。反之，愛努族強調「前和人期」（即和人尚未遷移至北海道之時）的歷史文化，因此，就不斷批判松前藩與明治政府，尤其是後者的殖民占領。兩邊顯然難有交集。不過，似乎有愛努族人等不及了，2012年元月21日一群族人於北海道首府札幌附近城鎮江別市宣布成立愛努民族黨。他們就是高峰會與WIN-AINU的同一班底，明顯受到第四世界參與經驗的鼓勵。然而，筆者認為，政黨當然有可能提高族群能量，惟在族人尚未有普同共識之際（如愛努協會與先住民高峰／WIN-AINU／民族黨等兩大力量團體間的鮮少交集，即是一顯見於外的未具共識之例），加上第四世界虛實難辨的空閣蜃樓關係，亦很可能跑出令人極感失望的回馬槍反效果。總之，自第四世界人類學角度觀之，愛努族可能正面臨大起大落的威脅，不可不慎。

引用書目

山岸利男與山本修三編

　　1993（1991）《アイヌ民族に關する避權啟發写真パネル展》。札幌：「アイヌ民族に
　　　　關する人権啟發写真パネル展」実行委員会。

不著撰人

　　1998〈AINU YAMI族舞出柔美頭髮舞〉。《蘭嶼雙週刊》1998年2月12日。

　　2010a〈交流 写真40点で紹介〉。《北海道新聞》2010年2月18日。

　　2010b〈卑南族下賓朗與日本愛努族聯合影像展史前館開場〉。http://bluezz.tw/c.php?
　　　　id=8242。（2010年10月5日上線）

　　2010c〈99年3月7日：卑南族與日本愛努聯合影像展開場〉。http://blog.udn.com/
　　　　justin481106/3837440。（2010年10月5日上線）

竹內涉編著

　　2004《野村義一と北海道ウタリ協会》。東京：草風館。

「先住民族サミット」アイヌモシリ2008事務局編

　　2008a《「先住民族サミット」アイヌモシリ2008/2008 Indigenous Peoples Summit in Ainu
　　　　Mosir》。札幌：「先住民族サミット」アイヌモシリ2008事務局。

　　2008b《「先住民族サミット」アイヌモシリ2008/2008 Indigenous Peoples Summit in Ainu
　　　　Mosir報告集》。札幌：「先住民族サミット」アイヌモシリ2008事務局。

社団法人北海道ウタリ協会編

　　2001《国際会議資料集；1987年〜2000年》。札幌；社団法人北海道ウタリ協會。

季亞夫與島秀

　　2010〈北海道代表訪臺　盼雙方交流〉。臺灣原住民資訊資源網；重要新聞。http://
　　　　www/tipp.org.tw/formosan/news/news_print.jspx?id=20100117000023。（2010年10月5日
　　　　上線）

村井紀

　　2007〈上西晴治的文學彌補記憶中的空白點〉。《北海道新聞》2007年12月12日。

神元敦司與稻垣直人

　　2008〈尊嚴回復　高度期待〉。《朝日新聞》2008年6月7日。

財團法人愛努文化振興研究推進機構編

　　2008《愛努民族：歷史至現在》。札幌：財團法人愛努文化振興研究推進機構。

財團法人愛努民族博物館編

　　2008《愛努的歷史與文化》。白老：財團法人愛努民族博物館。

黃旭昇

　　2005〈部落民謠節　臺北縣廣場歡渡耶誕夜〉。http://www.epochtimes.com/b5/5/12/24/
　　　　n1165561.htm。（2010年10月5日上線）

臺東縣政府

　　2010〈卑南族下賓朗‧日本愛努族聯合影像展　7日史前館登場〉。http://www.taitung.
　　　　gov.tw/PDA/News?DealData.aspx?SN=18825&ComeFrom=CN。（2010年10月5日上線）

鄭錦晴
　　2010 〈卑南族愛努族　聯合影像展〉。http://www.cdns.com.tw/　20100308/news/
　　　　dfzh/7500100020100303004.htm。（2010年10月5日上線）
謝世忠
　　1987《認同的污名：臺灣原住民的族群變遷》。臺北：自立。
　　1989 〈原住民運動生成與發展理論的建立：以北美與臺灣為例的初探討〉。《中央研究
　　　　院民族學研究所集刊》64:139-177。
　　1990 〈「第四世界」的建構：原住民世界的契機與危機〉。刊於《人類學研究：慶祝芮
　　　　逸夫教授九秩華誕論文集》。謝世忠與孫寶鋼合編，頁177-215。臺北：南天。
謝世忠著，森若裕子譯
　　2009 〈互いを思い、互いを知る──台湾原住民とアイヌ民族の「第四世界」での出会
　　　　い〉。《交流》825：39-41。
Asch, Michael I.
　　1987(1982) Dene Self-Determination and the Study of Hunter-Gatherers in the Modern World.
　　　　in *Politics and History in Band Societies*. Eleanor Leacock & Richard Lee eds., pp: 347-371.
　　　　Cambridge: Cambridge University Press.
Cheung, Sidney C.H.
　　2004 Japanese Anthropology and Depictions of the Ainu. in *The Making of Anthropology in East
　　　　and Southeast Asia*. Shinji Yamashita, Joseph Bosco, & J.S. Eades eds., pp. 136-151. New York:
　　　　Berghahn Books.
Conklin, Beth A.
　　2002 Shamans versus Pirates in the Amazonian Treasure Chest. *American Anthropologist* 104(4): 1050-
　　　　1061.
Dombrowski, Kirk
　　2002 The Praxis of Indigenism and Alaska Native Timber Politics. *American Anthropologist* 104(4):
　　　　1062-1073.
Dyck, Noel
　　1985 Aboriginal People and Nation-States: An Introduction to the Analytical Issues. in *Indigenous
　　　　Peoples and the Nation-State: Fourth World Politics in Canada, Australia, and Norway*. Noel Dyck
　　　　ed., pp. 1-26. Newfoundland: Memorial University of Newfoundland.
　　1993 'Telling it like it is': Some Dilemmas of Fourth World Ethnography and Advocacy. in *Anthropology,
　　　　Public Policy and Native Peoples in Canada*. Noel Dyck and James B. Waldra eds., pp. 192-212.
　　　　Moutreal & Kingston: McGill-Queen's University Press.
Feit, Harvey A.
　　1987(1982) The Future of Hunters with Nation-States: Anthropology and the James Bay Cree. in
　　　　Politics and History in Band Societies. Eleanor Leacock & Richard Lee eds, pp. 373-411. Cambridge:
　　　　Cambridge University Press.
Friedman, Jonathan
　　2002 Globalization and Localization. in *The Anthropology of Globalization: A Reader*, Jonathan Xavier
　　　　Inda and Renato Rosaldo eds, pp. 233-246. Malden, MA: Blackwell Publishers.
Gewertz, Deborah B & Frederick K. Errington
　　1991 *Twisted Histories, Altered Contexts: Representing the Chambri in a World System*. Cambridge: Cambridge
　　　　University Press.

Gordon, Robert J.

　1992 *The Bushman Myth: the Making of a Nambian Underclass*. Boulder, Colorado: Westview Press.

Hodgson, Dorothy L.

　2002a Introduction: Comparative Perspectives on the Indigenous Rights Movement in Africa and the Americas. *American Anthropologist* 104(4): 1037-1049.

　2002b Precarious Alliances: The Cultural Politics and Structural Predicaments of the Indigenous Rights Movement in Tanzania. *American Anthropologist* 104(4): 1086-1097.

Lee, Richard and Susan Hurlich

　1987(1982) From Foragers to Fighters: South Africa's Militarization of the Namibian San. in *Politics and History in Band Societies*. Eleanor Leacock & Richard Lee eds, pp. 327-345. Cambridge: Cambridge University Press.

Ohnuki-Tierney, Emiko

　1998 A Conceptual Model for the Historical Relationship between the Self and the Internal and External Others. in *Making Majorities: Constituting the Nation in Japan, Korea, China, Malaysia, Fiji, Turkey, and the United States*. Dru C. Gladney ed., pp. 31-51. Stanford: Stanford University Press.

Poyer, Lin

　1990 Being Sapwuahfik: Cultural and Ethnic Identity in a Micronesian Society. in *Cultural Identity and Ethnicity in the Pacific*. Jocelyn Linnekin and Lin Poyer eds, pp: 237-257. Honolulu: University of Hawaii Press.

Price, Sally

　1989 *Primitive Art in Civilized Places*. Chicago: University of Chicago.

Schorow, Stephanie

　2001 Japan's Ainu Seek Help to Preserve Their Native Culture. *Cultural Survival* 25(2): 72-73.

Scott, Colin H.

　1993 Custom, Tradition, and the Politics of Culture: Aboriginal Self-Government in Canada. in *Anthropology, Public Policy and Native Peoples in Canada*. Noel Dyck and James B. Waldram eds, pp. 311-333. Moutreal & Kingston: McGill-Queen's University Press.

Siddle, Richard

　1996 *Race, Resistance and the Ainu of Japan*. London: Routledge.

Sylvain, Reneé

　2002 Land, Water, and Truth: San Identity and Global Indigenism. *American Anthropologist* 104(4): 1074-1085.

Walker, Anthony R.

　1995 From the Mountains and the Interiors: A Quarter of a Century of Research among Fourth World Peoples in Southeast Asia(With Special Reference to Northern Thailand and Peninsular Malaysia). *Journal of Southeast Asian Studies* 26(2): 326-365.

* 本研究過程中，承北海道愛努族與和人朋友多所指導，深表感謝。另外，特約研究助理森若裕子小姐（Ms. Moriwaka Hiroko／國立臺灣大學人類學碩士〔1997〕）長期田野在地協助，勞苦功高，至為感激。

筆者專任研究助理郭欣諭小姐負責北海道田野回來的資料整理，內子李莎莉女士和國立臺灣大學人類學系博士候選人楊鈴慧同學幫忙部分文書處理，博士班研究生李慧慧（*Aho Batu*）同學多次協力製作愛努主題相關演講power point，同等謝忱。另外，文章原稿曾於2012年3月22日假日本立命館大學敬學館舉行之由國立臺灣大學文學院與立命館大學合辦的「跨國界的文化傳釋：東亞各國間的文化交流跨學科研究」國際會議上宣讀，並提交中日文稿各一，日文版即由森若裕子小姐翻譯。

（本文原刊於《文化研究》2012/15:432-453）

第二部分

東南亞洲泰傣寮族系

雙邊繼承與性別等位
──大陸東南亞「泰語系─南傳佛教」的
文化基質*

一、前言

　　現今大陸東南亞地區共計包含了越南、泰、寮（老撾）、緬甸、柬埔寨及馬來西亞（指該國西半部領土）等六國。以較大的文化面相觀之，她們分別被「儒家─天主教」（越南）、伊斯蘭（馬來西亞）及南傳佛教（泰、寮、緬、柬）幾大文明範疇所充分影響。其中越、寮、柬三國還有近現代共產主義意識型態實踐的經驗。

　　除了多重世界性大文明體的併現之外，大陸東南亞地區極為複雜的語言群體（language group〔語群〕）、族裔群體（ethnic group〔族群〕）、文化群體（cultural group），部落（tribe），以及各項認同實體（identity entity）或類分單位（classificatory unit）等，一個世紀多以來，即一直為旅行家與殖民者（Lefèvre 1995[1898]; Prince Henri d'Orle'ans 1999[1898]; Pichon 1999[1893]）、政權（謝世忠2002）及研究者，尤其是人類學家（McCaskill 1997; Salemink 1997; Mckinnon and Vienne eds. 1989）所注意。也正由於此，自Edmund Leach所著之影響深遠的區域民族誌*Political Systems of Highland Burma*（1954）出版以降，上述各式群體的範圍界定（Moerman 1965）、互動關係（Kunstadter ed. 1967）、歷史沿革（Winichakul 1994）或生存之道（Tapp 1989），就始終是人類學的焦點。在此一背景之下，釐清大陸東南亞自前現代國家時期以迄當下的多元群體景況，是為學界第一要務，而之後自然就會陸續出現當代國家與這些多元實體間關係的研究（謝

世忠2002）。

　　總之，當代國家中的主體社會，多數即是上述幾大文明加上共產主義的價值運行場域（亦即，越南的「儒家—天主教—共產主義」、泰國與緬甸的「南傳佛教」、寮國與柬埔寨的「南傳佛教—共產主義」及馬來西亞的「伊斯蘭教」）。所有多元存在之群體（如泰寮緬北部及越南中部山區以百計數的少數族群），均長期與大文明範疇產生互動，其間的各項學術議題，早已成為東南亞人類學入門與深論的雙重功課。

　　不過，如同古典文化區理論的幽靈復甦一般，今天「東南亞文化區」一稱即使不再常見，但試圖在多元複雜人類群體存在的大陸東南亞地區尋求大統合罩框之舉，並不乏見。其中，最易為人所留意者，即為「南傳佛教」要素。距今八、九百年前，南傳佛教已廣泛流行於今泰、寮、緬、柬四國區域。那麼，是否有一「南傳佛教」共構的文化體或文化區？事實上，長期投入本區域研究的人類學者，業已常見有自然地書寫「南傳佛教傳統即是如此如此」之舉。此外，從語系族裔範疇切入，尋求類似大範圍文化體或文化區的所在，則是另一可能性。其間，最明顯的，就是泰語系文化傳統的識別與建置。南傳佛教涵蓋四國，而泰語系則包括泰國與寮國的主體範疇、緬北撣族（Shan）和越北的部分人群，以及西南／南中國如傣、壯、布依、水、黎等的諸多民族。不過，泰語系各群並非全信仰南傳佛教，因此，若能在南傳佛教與泰語系兩大廣體要素併合範圍上（意即針對信仰南傳佛教的泰語系群體）找到代表性的文化質素，那麼大陸東南亞大區塊文化類型的提出就更具說服力。本文即擬討論被東南亞人類學者認定之南傳佛教加上泰語系所組合的文化體內兩大代表特性——「雙邊繼承」（bilateral inheritance）與「性別等位」（gender equality），藉此說明類似東南亞文化區「新」論述的建置過程。

二、泰語系與南傳佛教

　　語言學家很早就辨識出「泰」（Tai）是一個語言系統的核心。多數中國學者使用「侗泰語系」（Kam-Tai）一詞，並以之屬漢藏語族（Sino-Tibetan Linguistic Family）的一支（芮逸夫1972[1943]; Matisoff 1983）。而西

方學者自從1942年Paul Benedict建置「南島─泰語族」（Austro-Tai）理論後（P. Benedict 1942:576-601），一般均較傾向於支持此一說法，而不再以追求漢語與泰語關係為要。無論如何，採用泰語系各語言的群體，主要分佈於今西南與南中國和東南亞交界區域（包括中國官方認定的傣族、壯族、布依族、水族、黎族）、泰國與寮國全域、緬甸撣邦與越南北部。泰語系在東南亞的發展，據信是晚於南亞語族（Austro-Asiatic Linguistic Family）或孟─高棉語族（Mon-Khmer Linguistic Family）。亦即當前者力量由北方直下後，孟─高棉語族即被衝散為二，以致造成今日孟族（Mon）居於西面緬甸境內，高棉人（Khmer）在東面柬埔寨，而泰語系居中形成泰、寮國家的景況（Keyes 1995[1977]）。

　　族群競爭與來自印度一方之文明的傳播，彼此形成了深刻的對話關係。佛教在三世紀開始自錫蘭海（南）路傳來影響東南亞，到十二世紀才真正成為普化宗教（popular religion）。各大族群依序自孟、泰（包括北泰清邁地區的Yuan人、今泰國中部的暹羅人[Siamese]、寮人、及撣人）、緬、以至高棉，在十五世紀之前幾乎已全數信奉了佛教（Keyes 1995[1977]:78-82）。這些群體係以水稻耕作為主要生業，而東南亞大陸尤其是北半面，大多山脈覆蓋，平地面積有限，供養人口不足，因此，各群間以人力掠奪為主的生態競爭顯得特別激烈。

　　南傳佛教相較於北傳的大乘佛教，被公認係較奉行基本教義。「奉行基本教義」的意思是，宗教上唯有釋迦牟尼佛（泰語稱Phra Chao，意為佛僧之王）一人，各寺院只拜奉祂，而人世間也只能有活生生的佛王／國王一人，才能代表唯一的佛陀。人們均會設法使自己接近宗教的佛僧之王和人間佛王，以期增添福慧功德。問題是，佛陀為佛僧之王，人人皆知，但「人間佛王」究竟是誰呢？此時，人口生態要素結合了佛王正統位置之爭，構築了東南亞大陸歷史的主軸。泰人稱「國王」為Phra Ciao Phaendin，意為廣大土地之佛王，或稱Phra Ciao Yu Hua，意為最頂頭的佛僧之王。南傳佛教的邦國國主均自稱佛王，然而人世間又只容許單一佛王，因此各邦族裔間殺掠征伐以爭正統之事（如暹羅人入侵寮國、高棉，緬甸人入侵泰國）史不絕書（Winichakul 1994; Winzeler 1976; Ngaosrivathana and Breazeale eds. 2002; Stuart-Fox 1998; Evans 1998, 2002）。

　　東南亞南傳佛教歷史故事的主角，從大角度來看，或許就只有孟、泰、高棉及緬等諸族類；但，若以特定族類為對象進行剖析，則許多複雜要素非由人類學田野民族誌入手，否則恐不得為功。本文所欲探討的泰語系，就是一明顯例子。

　　認識泰語系群體（Tai groups）除了可從各國所屬之族群分類系統尋找之外，亦可超越現今國家，自歷史、地理、語言、信仰及廣泛文化要素等切入描述。不過，由於各國足以提供田野調查的條件不一，族群知識建構的詳實程度因此也有所不同。例如，泰國長期與國際社會關係良好，美、英、澳、法、日等國的人類學者即以之為對象，進行了不少深具價值的研究（謝世忠2002），其中自然包括泰語系群體的識別與分類（Schliesinger 2001a, 2001b）。而寮、緬及越三國均有長期社會主義或共產封閉或戰爭等因素，致使類似的識別分類工作直到晚近才稍見釐清（Schliesinger 2003a, 2003b; Salemink 1997; Evans 1999:161-190）。今天，大致上所有泰語系大小群體均已被識別出來。下表為對泰寮兩國泰語系群體的概括整理。

表1　泰寮兩國泰語系群體族稱及主要信仰一覽表

	南傳佛教群體	泛靈信仰群體
泰國	Kaleung, Khorat, Thai, Lao, Lao Ga, Lao Isan, Lao Krang, Lao Lom, Lao Ngaew, Lao Song, Lao Ti, Lao Wieng, Lue, Phuan, Phu Tai, Seak, Southern Thai, Tai Bueng, Tai Gapong, Tai Khoen, Tai Mao, Tai Wang, Tai Yai, Tai Yong, Tai Yor, Tak Bai Thai, Thai, Yoy, Yuan	Tai Dam
寮國	Lao, Lao Isan, Lao Ngaew, Phuan, Lue, Yuan, Kalom, Tai Yai, Tai Khoen, Phu Tai, Tai Gapong, Tai Wang, Seak, Giay Tai Yor, Yoy, Tai Neua	Tai Dam, Tai Daeng, Tai Khao, Tai Mene, Tai Meuy, Tai Pao, Tai Oh, Tai E, Tai Khang, Tai Guan, Tai Pun, Tai Air, Tai Senkap, Tai Yoang, Tai Chiangki, Tai Then, Tai Pouark, Tai Sam, Tai Souei, Tai Porong, Tai Add, Tai Poua

資料來源：Schliesinger 2001b, 2003a; 筆者2002年泰北、2005與2006兩年元月至二月寮北田野所得。

　　從上表可知，泰語系並非所有群體均已南傳佛教化。不過，信仰泛靈的泰語系佛教群體，多數不是遷自於越南（如Tai Dam），就是人口極少的寮國中部諸小型部落，再加上在長期以泰國為主要研究對象的背景下

（按，泰國二十九個泰語系群體中，只有一個來自越南的Tai Dam獨信泛靈，其餘全數南傳佛教化），「泰語系幾乎對等於南傳佛教」的「普通常識」很快地被認定為前提，也就不足為奇了。而普通常識中最具代表性者，就是得以任擇優勢父母一方的雙邊繼承與男女性別平等兩項要素。

三、雙邊繼承

今天，在泰國中南部往往可聽聞夫妻結婚時，哪一方的父母家比較有錢，兩人就會住往該處，因此，「從妻居」一事頗為常見。在東北部，研究者或一般旅人亦可發現妻子掌管家中經濟者比比皆是，而更常從當地人口中述說母親準備將財產留給最小女兒，因後者必須與父母長住照顧他們。機靈的人類學者，當然很快地就會從熟稔的專業詞彙中，找來「雙邊繼承」（bilateral inheritance）來說明此一泛泰語群體的文化特性。

1947至1948年，美國康乃爾大學在Lauriston Sharp的規劃率領下，開始對泰國北、中、東北等地水稻農村、曼谷華人社區以及山地少數族群進行廣泛田野調查。該計畫持續近三十年，造就了該校在泰國與東南亞研究方面的權威地位。在各類學理發現與建構過程中，「雙邊或血親社會」（bilateral or cognatic society）的大陸東南亞遍存性一說，即為著名的要項之一（King and Wilder 2003:73-75）。

康乃爾團隊大將之一Lucien M. Hanks指出，泰人親屬實如一對當事人（如夫與妻）之間的志願性互惠結構。該社會明顯缺乏長久而固化難移的群體，而一般常見的雇傭關係（patron-clientship）則多具彈性。換句話說，不具強制性的雇傭雙邊關係，正能說明泰人血親社會即使未見法人式親屬團體（corporate kinship groups）的作用，亦可穩定存在的道理（L. Hanks 1962, 1972）。Hanks更進一步認證了早年John F. Embree（1950）所提泰國為鬆散社會結構（loosely structured）之說，從而形容泰人家戶組織的確非常鬆散（L. Hanks 1972:151, 152）。雖然陸續有包括泰籍學者在內的研究者對鬆散結構說提出批評，但對雙邊繼承的親屬原則，則無人置疑（換句話說，大家爭的是，雙邊繼承的制度下，社會結構是否就是鬆散，而不是在爭雙邊繼承到底存不存在）。

　　南傳佛教社會的親屬結構已被廣泛認定為雙邊的、血親的或非單系的。該社會的繼嗣原則，並不強調男方或女方單邊。不過，同為康乃爾大學出身的泰文化研究名家Charles F. Keyes卻批評指出（1995[1977]:131-136; Bentley 1986:290），此說易造成多重樣態社會被歸結成一個同質模式的危險，畢竟至少在南傳佛教社會中，統治者家族（如泰國皇室、Sipsong Panna〔今雲南西雙版納〕的Tai-Lue王國王室）幾乎均施以父系繼承原則。然而Keyes也強調，相較於深受中國儒家影響的越南，南傳佛教社會的確不甚重視單系的原則。依筆者之見，Keyes為防止大陸東南亞社會被同質性認定而提出的統治階層父系繼承之反證，其說服力事實上是薄弱的。一方面Sharp與L. Hanks等康乃爾團隊早期領導者，係以民間農村生活的觀察為本，來提出民族誌事實證據，另一方面他們僅是在界定泰人社會，而並未擴及泛南傳佛教世界。Keyes身為康乃爾團隊中期成員，自己也在泰國東北進行社區定點田野。他總體研究的突破性在於注意到作為一基層生活單位的農村與國族—國家（nation-state）間之對話（謝世忠2002），但卻很可能因此而擴大甚至誇大化了歷史國家與當代國家之統治者父系繼承一事的重要性。

　　越南一千多年來受儒家文化影響深刻，更兩次被中國五代十國的南漢政權和明帝國直接統治，其發展出與漢人相同的父系繼嗣法則當可理解。不過，在中國西南原非漢族傳統分佈之地區，即常見統治階層父系繼承，而一般民間則行非單系原則景況。例如，雲南西北部被今中國官方認定為納西族的瀘沽湖麼些人社會，在歷史上一直行母系繼承制度，但統治者木氏土司則採父系繼嗣原則。Anthony Jackson（1979, 1989）認為此一現象顯然也係受中國影響所致。換句話說，地方或區域統治者受中國封為土官，其繼承更迭時，必須呈報朝廷，因此勢必要以中方能夠瞭解的父系繼承法則（即如父死子繼）予以說明。在此一景況下，統治者行父系制也就順理成章了。

　　歷史上泰語系各邦受中國封為土官者亦多（謝世忠1997），統治者們幾乎均採父系繼承制。以居處今雲南緬甸寮國之交的Tai-Lue（今中國以之為傣族的一支）為例，Gerald C. Hickey（1964:206-213）即直言其統治家族已高度漢化了。雖然，「向中國仿習」之說仍待進一步系統性研究，不

過，若果真如上所述，泰語系各邦統治階層係為了「外交」而採行父系制的話，那些不需負「外交」任務的平民繼續維繫傳統的雙邊制，也就不難令人理解了。總之，上述Keyes為不使泰人文化被「遍存雙邊制地」同質性看待而強調另有統治者父系制之論，實未波及業已被建構完固的泰語系雙邊社會論。

　　Robert L. Winzeler（1976:623-640）認為東南亞應是先存有雙邊制，後來才形成國家。雙邊制之所以運作成熟係因生態適應所致。大陸東南亞壩子（盆地）平地水稻種植區兩性必須共同合作方能生產順利，性別勞力因此分工平衡，女性地位自然增高。在社區範圍內，女性親族多住一起或至少也在附近，從妻居或母方親屬繼承制相繼出現，雙邊制因而益形成熟。不過，Winzeler並未解釋為何國家形成後，其統治者多半採行父系繼承的原因。即使如上述，Keyes提醒我們王室父系制的存在事實，他也沒能清楚告知該制度自歷史以迄當下的肇因理由。筆者以為，兩人事實上均是在認可雙邊制普遍存在之後，作了不甚完備的引申說明。

　　Tai-Lue是採行雙邊制度的泛泰語系群體之一，該族除了父之家族、母之家族及妻之家族為最親近的家庭成員之外，一般並不會在乎與其他親屬的連結（Hickey 1964:209）。Richard A. O'cornor（1995:978）曾經將稻米生計社會分成兩種，其一為「稻米種植的農藝生產者」（rice-growing garden-farmers），其二為「水稻專業者」（wet rice specialists），前者各家戶間整合性不高，後者則彼此呈現緊密整合。他明確指出，泰人群體村落的全貌性完整，十足是「水稻專業者」社會的模型。農藝生產各家自主負責，家戶與家戶之間自然不需太多連繫，而當進入密集勞力的水稻耕作時，勢必要超越親族，全社區合作。誠如Winzeler所言，泰人世界中的雙邊制早於國家建制，惟依筆者之見，雙邊制與家戶型男女共負農藝勞力的生產模式有關，而國家形成又與水稻生計和水利管理息息相關。因此，由於全村共同負責水田勞力新生產模式的形成過程，並未帶動擴大家族或世系群的出現，所以也沒危及雙邊制的存在。換句話說，國家所指揮的村落水稻經濟啟動時，各近親家戶仍以雙邊制維繫關係，也有效地配合大社區之所需。Hickey所敘述的Tai-Lue極近親雙邊親族小型網絡傳統，大抵應源自古代。而它也和多數泰人群體一樣，構成了村落水稻經濟的基礎勞力。

四、兩性與佛教

在多數泰語系群體社區中，最易為外來訪客所注意到者，就是大小佛寺林立，以及四處走動的比丘（泰語稱*phra*，寮語音為*pha*）。一般也常將泰人社會簡約成每個男孩均須出家一段時間。人類學家作為外來訪者之一員，自然也會關切佛寺與比丘的議題，而事實上，過去三、四十年來的國際人類學的確也在泰人宗教信仰與社會生活的研究上，下了不小的功夫（Keyes 1995[1977]）。

從緬北撣邦，雲南*Sipsong Panna*（西雙版納），北泰清邁、清萊，東北泰*I-san*地區，泰國中部曼谷區域以迄寮國平地社區，此一大片南傳佛教泰人世界，充滿著宗教與兩性關係的故事。在該等地，我們始終看到男性從俗變僧，再自僧回返俗世，但卻不見有如北傳／大乘佛教之比丘尼的女性出家眾。探索南傳佛教為何未有女性出家人，以及釐清在既存只見男性出家景況下之兩性關係等兩個議題，在學術上同等重要。一般而言，宗教史家對前者較感興趣，而人類學者則在後者範疇上著墨較多。

筆者（2006年2月）曾在寮國首都永珍（Vientiane，當地華人稱其為萬象）觀察著名國家主要象徵*That Luang*（大寶塔）邊之大寶塔北寺（*Wat That Luang Nuea*）出家受戒儀式。儀式過程的幾個重要階段包括：（一）眾人（男女老少全部）繞佛寺三圈，（二）父系長輩帶孩子入佛寺請求住持同意接受新的出家子弟，（三）住持念咒同意接受新弟子，（四）傍晚時分住持與佛爺至出家弟子父母家祝福，（五）入夜出家弟子父母家酒菜款待親友慶祝，及（六）次日住持與佛爺受邀至弟子父母家午膳等。其中出家子弟女性家屬接受規範的行為有：（一）歡呼舞跳陪同弟子繞寺，（二）絕不能進入佛寺，只在寺外靜坐合十觀察，（三）當夜準備食物宴請賓客，及（四）翌日備妥豐盛菜餚招待住持與佛爺。換句話說，女性的活動場域為受戒前、寺外及家中，只服務自己的子弟、賓客和住持佛爺。她們被隔絕在神聖宗教場地之外，充當的角色為以飲食服務外人，同時也榮耀了自我家庭領域。Konrad Kingshill於1950和1980年代兩次記錄北泰*Ku Daeng*村之出家儀式時，亦提及唯有當事人之父親或叔父等極親之男性長

輩才能遞交禮物給住持佛爺，請其接受子弟成為比丘。女性在此場合是絕於外的（Kingshill 1991:137-152）。

　　南傳佛教的兩大主要宗教場所為佛塔與佛寺，前者多半葬有傳說中之佛陀遺物或高僧遺骨，後者則為現生住持、佛爺、比丘、沙彌活動之地。每逢慶典，男女信眾均可持花燭繞塔三圈，祈求佛祖或高僧靈氣福佑。平常時日，不分性別亦可入寺禮佛或求見住持佛爺給予祝福。不過，在出家受戒日，佛寺內絕對要求純淨，女身不得入寺，以保持新佛門弟子得到完整的出家基礎。

　　母親為兒子能夠入寺出家而悅，因為孩子可將佛祖的眷顧轉置於她，使其可累積功德，增添自己福祉（Andaya 2002; Lyttleton 2000:121-156）。因此，常見的模式是村內家戶分成幾組，每戶各負責每週固定的一天，一大早送去食物。有孩子在寺中當和尚的母親，必會賣力地供應食物，不過，縱使當下兒子並未有出家者，通常為人母者也會參與輪流供食的任務，大家協力共同支持出家眾的生活所需。

　　南傳佛教泛泰語系群體，從北東南亞到暹羅灣，佛寺脈絡中女性的所居位置，大致如上述。原本在此一觀察基礎下，男尊女卑的宗教價值理論即可被研究者建置而成。然而，有一種見於南傳佛教社會的女性身份*mae chii*、*mae khaaw*或*yay chii*（受戒的母親：著白衣的母親，或受戒的祖母），又引起了學者的注意。

　　多數學者和南傳佛教社會成員均認為不應把*mae chii*直接對等於大乘佛教的比丘尼（*bhikkuni* / nun）（Andaya 2002; Van Esterik 1996:44, 45; Mills則以"inferior nun"〔次比丘尼〕稱之〔1995:256〕）。在大乘佛教世界，比丘尼與比丘同為出家眾，而南傳佛教的*mae chii*基本上並未出家。從字意上即可看出她們不是母親就是祖母，表示除了已為人母之外，年齡亦應屬資深。為何一名上年紀的女人，可能成為*mae chii*？多數的情況為，兒子身體健康出現較嚴重問題，母親即志願成為*mae chii*，穿上白衣前往佛寺協助住持佛爺整理環境或負擔事務性的工作。兒子出家可為母親帶來功德福份，如今母親成了*mae chii*，即使一般認為白衣效果遠不如金黃袈裟，但當事人堅信此舉多少也可反向為兒子帶入佛祐。

　　不過，並非所有泰語系南傳佛教社群均可能出現同等數量的*mae chii*。

依據筆者過去數年的田野觀察，大致上，泰國東北各府比較常見長期型的 *mae chii*，而在寮國北部Tai-Lue地區則多僅於七月*khaw phansaa / hao vassa*（雨安居之始）及十月*ouk phansaa / ouk vassa*（雨安居之終）兩次主要歲時祭儀日，才見得到為期約一日至一星期不等的*mae chii*。2002年元月，筆者曾在泰國東北*Nakhon Phanom*府一主要佛寺，會見一位天天上佛寺為比丘們整理寺務，並樂於為訪客解說宗教的*mae chii*，她表示自己從事此項工作已近十年。此外，2004年2月在亦屬東北區範圍的*Khon Kaen*府佛寺，筆者遇見了一位旅居德國二十載，目前返回試圖以長期*mae chii*身份彌補自己和家人因出國多年耽誤禮佛而功德減量的女士。

另一比較特殊的景象是，筆者發現，當今居處北美洲特別是西雅圖、丹佛兩市之八〇年代從寮國經泰國移來的Tai-Lue難民社群中，*mae chii*數量明顯較多。西雅圖和丹佛在近五、六年才各自建一Lue佛寺，之前族人多祭拜於寮國或甚至泰國佛寺。有了自己的佛寺後，週日族人參與聽經熱度極高，更常見十幾位*mae chii*集體禮佛。筆者的看法是，移外Lue人長期未濡Lue佛寺佛爺的環境，一旦自我宗教場域建置完妥，立即展現出高度認同行為。不過，由於居處於美國的現實因素，使得男孩或男子甚少如在老家一般，得以在不等時間內出家為僧。聽經、禮佛、出家是獲得並累積佛賜功德三大方式，如今，前兩者可由密集參與新建Lue人佛寺活動以補齊過去的不足，唯獨出家一事始終是難題。此時，多數時間在家歇養的母親出動了。她們超越了寮北Lue女性只在年中兩大儀典週短暫擔當*mae chii*的傳統，即使平常也願穿白衣禮佛，試圖添彌家中無比丘記錄的不足。

無論如何，長期型、情境型或儀典型的*mae chii*均只能算是南傳佛教領域的次配角。Andaya（2002:1-30）從古典文獻考證原始南傳佛教，以及Keyes（1984）自田野中的詮釋，均指出泰語系文化的女性角色為「母親一養育者」（mother/nurturer），她們生出兒子，兒子為準僧人，將來成僧後，繼續受母親供養，母親位置不可謂不重要，在歷史文書上即有「法（dhamma）像母奶，而佛（Buddha）如母親，因此僧就是飲用母奶小孩」的說法。若加上前述之*mae chii*的角色扮演，母親一輩子均在為了不為僧之兒，為僧之兒、回俗之兒以及病痛之兒服務，她們幾乎是男子生命維繫的基石。泰文化中用以維繫生命的主食為稻米，而其代表神祇即

為女性（Keyes 1987）。女性如水稻般是為眾人生養的依靠，亦即生母兼養育者。

不過，泰人相信，今世生為女人係前世「業」不夠清聖圓滿之故，唯有原生功德庫被認為較豐沛的男性，才能為僧進入佛殿。單是此點文化信念，即足以告示男女性別不均等的事實。亦即，男女一生下來高下立判，前者入寺為佛之學生，而後者則專事服務。只是在宗教靈論上（spiritual）和儀式上（ritual），或許泰語系南傳佛教女性的確居於劣勢，但經濟方面，整體情勢似乎正好逆轉。

五、兩性與經濟

泰語系南傳佛教群體主要分佈於大陸東南亞稱為*muang*的山間平原盆地上，它們是典型的水稻種植區（謝世忠2005）。因此，以防潮功能杆欄式家屋建築為主所構成的農村社區，即成為泰語人標準的聚落。在今日泰、寮、緬北各地，仍然四處可見該型態的村落。水稻種植需要較多勞力。不少研究（Bentley 1986; Winzeler 1976; Keyes 1995[1977]）指出，東南亞歷史上征戰不斷，名義上常為奪正統「佛王」位置，事實上掠奪人口以充生計勞力不足，才是重點。人口匱乏是水稻世界的一大難題，除了擄人來耕之外，平時全家勞力總動員更是要務。筆者2005年與2006年初兩次在寮國北部Luang Namtha地區的Tai-Lue人和Kalom人村落田野考察時，多次於族人家中，見到夜幕時分，女主人和女兒從田裡摘菜回來，之後又繼續整理包裝，以備次日背至鎮上銷售。這些人家均有稻田和菜圃，女性成員必須同時負擔兩邊的種植收成工作。

前述康乃爾團隊成員之一的A. Thomas Kirsch（1996:22, 23）認為前現代時期的泰國經濟，女性在地方範疇上的確握有極大權力，不過，在今日泰國的總體經濟上，女性角色卻變得相當地微小。相較於Kirsch，Keyes的說法顯然較為精緻。由於Keyes的主要田野地為仍存有廣大農村的泰國東北和北部地區，因此，他在觀察資本主義導向的新泰國經濟面貌形構時，仍非常留意多數保留傳統樣態的農村。

Keyes（1984）指出，泰人的精神和世俗生活面向之間，基本是一種

共生關係（symbiotic relationship），而傳統的兩性文化（culture of gender）在農村中仍有效地維繫著。1960至1970年代間，大量女性開始離開村落進入都市謀職，多數成為女傭、侍女、勞工、美容師、店員或服務員。此時，一般多將泰國女性與性工業予以聯想。早在三百多年前，來自父權歐洲旅行家的遊記中，就已有泰人妻女掌控交易，並享有絕對自由之說（Kirsch 1996:21）。如今，在客觀條件成熟下，當代人家妻女外出遠門工作，仍見其享有偌大行動與性自由之景況。

　　澳洲國立大學人類學教授Andrew Walker（1999）曾提及泰北、寮北、緬東北以及西南中國共構了一個四方塊經濟區（the economic quadrangle），當地各族人可超越國家規制，自由地在湄公河流域往來貿易。他更描述了寮國泰語系女性獨自押貨、驗貨、講價、以及面對男性交易對象粗魯言行的坦然態度。換句話說，女性不僅可自由乘船離家數日進行商品交易，更時時展現出特有的「女性力量」。筆者亦曾在寮國極北的Muang Sing鎮上，與一位開設重型農工機械店的Tai-Lue婦女會談，她表示這些大型輪胎、百斤重鋼圈、馬達等等貨物，均為自己買後遠途押回的。

　　女人去村邊菜圃田地勞動，離鄉到曼谷清邁工作或搭船至遠處貿易時，她們的男人何在？一位從中國江西省至寮國Luang Lamtha鎮上經營麵包坊的女士曾向筆者表示，「寮國男人懶得要死，所有的事都是女人在做，你去市場看看，全是女人在賣菜、殺雞宰豬，還有搬運重物」。筆者觀察的農村婦女不論老少，在日常生活中，的確全數出動勞作，打水搭水，餵食家畜家禽，紡織，曬穀或至菜田種蔬。男性當然有與女性一起工作者，但人類學者平時白天在村間找到閒暇乘涼的成年男子聊天，並非難事。而走至村內佛寺望見大批比丘出入，當可明瞭大多男子要不入寺成僧，就是在寺外家中處理佛寺包括財務、維修、人事等的俗務。簡言之，男性花大量時間在宗教場域裡，他們必須有「母親—妻子」角色的女性供養，所以從勞力付出到資源收穫，女性扮演角色極重。即使如在曼谷職場工作的泰國東北女性（按，已有不少女性事業成功並獲聲名。一般稱該類女企業家 ciao mae [jaomae]，直譯為「大媽」，即女強人之意〔Ockey 1999〕），也是要匯款回家，充當「母親—妻子—供養者」，以盡照顧與佛寺宗教事務黏身之兒子丈夫的責任。南傳佛教要求人們要慷慨、仁慈，

因此，男人們常常大方邀客來家中吃喝，展現被讚賞的德行。而在此一情景下，作為一前「業」不佳，又必須出入遠距佛寺聖地進行各項服務的女人，就肩負了大力工作以補資源匱乏需要的任務（Kirsch 1996:22, 23）。綜上所論，經濟場域付出超多，同時行動自由度極高，似乎就是泰語系南傳佛教群體女性成員角色扮演的最關鍵特色。

六、討論與結論

　　一般皆認為，以佛教信仰和兩性位階關係作為出發點來建構泰人的社會屬性，係始自Ruth Benedict。她曾經在國民性研究（national character）興盛的二十世紀四〇年代指出，男性主宰是為泰人的基本價值，而此一特質在佛教信仰與孩童社會化等兩個面向上，表現得最為顯著（R. Benedict 1952）。R. Benedict的說法在康乃爾大學泰國研究團隊中，引起了部分成員的注意。Lucian Hanks教授的夫人Jane Hanks率先以類似「女性觀點」的立場，對R. Benedict的論點表示質疑。Jane Hanks（1963）承認泰人男子的受戒為僧特權，的確女子無緣享有，但女人生產後有一躺於家中爐灶邊讓人細心照料的儀式，實等同於男性的入寺價值。她表示，泰人佛教是大家的宗教（religion of everyone），它係人們以超自然回應人類生命循環、動物世界以及農業生產的方式。因此，不論何種性別，在南傳佛教的脈絡上，均有一定的重要性。

　　不過，J. Hanks與R. Benedict的對話，在當時環境下雖屬先進，但並未引起立即的廣泛討論，直至「雙系繼承」此一文化特質被陸續發現、論述或賦與歷史過程和文化模式的詮釋之際，才慢慢將「雙邊繼承」與「性別等位」兩要素在南傳佛教架構下予以同時檢視。

　　隨著研究觸角往泰國北部與東北部、緬甸北部、中國西南、以及寮國全境的泰語系群體延伸，「雙邊繼承」制度不斷被研究者在各處發現證實。雙邊繼承是為泰語系文化的關鍵基質（critical basic characteristics），也就成了人類學的普遍知識（anthropological common sense）。不僅族群關係史和國家資源競爭議題的討論會牽涉到雙邊繼承的作因解釋，社會形質的說明（如前節述及之泰人社會的鬆散結構）也常被認為與之有關。

從父系傳統的西方文化立場觀之，雙邊繼承的確非常特殊。R. Benedict 未及對它有所瞭解之前，即從佛教外顯人際景況作出泰人為男性主宰的結論。不過，當雙邊繼承文化特質被普遍認知之後，即使無如J. Hanks以女性立場找到南傳佛教泰人婦女的產後類似受戒象徵儀式，男性位置的絕對優勢性也很容易受到質疑。或者說，若研究者係從泰語系成員之婚姻（如從妻居或兩可居制的普遍）、經濟（如女性村落經濟與貿易買賣貢獻均大）等社會人類學議題切入探討，也很可能直接使研究者自身或參閱該項研究成果的其它學者，轉入思索宗教的兩性角色問題。

中國傣族研究者劉岩在其《南傳佛教與傣族文化》一書中曾說到（1993: 253）：

> 從傣族的社會習俗來看，「傳宗接代」、「重男輕女」的觀念並不突出……。……傣族在男女性別價值觀上有所不同，生男生女都一樣……。……多數人家更喜歡女孩，因為女孩長大可以「招女婿」，不存在勞動力問題。……婚後夫妻的經濟地位是平等的，傣族到現在一直保留「入贅」的習俗，男的到女家「上門」一般兩三年才回父母家。……婚後根據雙方家庭勞動狀況，經協議確定，哪家缺乏勞動力就住哪家。

劉岩雖發現此一狀況，但卻未將之與宗教文化一起討論。而國際人類學者在R. Benedict以文化遙研（study culture in a distance）以及康乃爾大學團隊以實地田野等方法策略，敲開南傳佛教泰語系群體人類學研究大門之後，研究者不論是先觸及雙邊繼承、兩性位階或佛教信仰任一範疇，到後來總必會延展至另兩項，並將之一起納入「南傳佛教泰人文化」的框架之內。

在教育高度普及，全國與大區域交通網設立，人際旅行往來便利以及資訊發達流動的當下，泰國全境人口互動頻繁。來自各處的在地知識交流過程中，例如中部曼谷人與東北來的友人交談，提及婚俗時，常會津津樂道於彼此習俗中妻方的高位階、女性的自由選擇從居方向以及母親的財產分女兒等事。筆者晚於康乃爾大學團隊三、四十年進入泰文化研究領域，卻也很快地被類似上述的相關情境所吸引。吸引的理由一方面自是和前期

西方學者一樣，反映了一名出身傳統父系漢文化學人的異文化敏感度，另一方面則係對雙邊繼承文化根的堅韌傳承性深感驚嘆。

　　和筆者有類似心情者應是大有人在。現今泰人活動地區尤其是泰國的情色工業發達，研究者即經常以女性宗教角色、兩性等位或經濟分工等要素進行相關議題分析。Keyes（1984）認為，泰國資本主義的高度發展，使得大量農村女性出現於都會的性工作職場，然而這些當事人仍以「母親—養育者」的態度，關懷家鄉村寨可能已入寺或即將受戒的兒子（「母親—養育者」的表現方式，尚包括前節所論之特定奉獻佛寺事務或為健康情形不佳兒子自我受戒的白衣母親*mae chii*）。她們以性交易獲報酬，再將之轉給孩子，孩子為僧之後，則會迴轉功德給母親。這些自由來去農村與都會的女子，正可以與Andrew Walker所述之隻身往來北東南亞四方塊經濟區的泰語系群體女性互相對照。在Walker（1999）的觀察中，這些女貿易家在離家的時日中，充分享有性的自主與自由性，亦即她們可能以身體作為協力媒介，完成主要的貨物批發收購或領取的交易事務。而這些付出與勞力，亦常是為了成就村中丈夫兒子的宗教相關聖俗工作。

　　澳洲雪梨Macquarie大學的著名人類學學者兼泰寮社會HIV／AIDS問題專家Chris Lyttleton曾在其所著*Endangered Relations: Negotiating Sex and AIDS in Thailand*（2000）一書中，廣泛地討論泰國女性從娼與男性嫖妓的議題。他瞭解泰人佛教文化傳統要求兒子必須以宗教功德償還父母恩德，女兒也應以實際勞務或經濟物質回饋母親將來的財產給予。女性不論為妻、為母或為人女兒，務要照顧丈夫、兒子或父母。不過，Lyttleton卻不同意以Keyes所稱之「母親—養育者」女性意象和角色，來解釋大量女性性工作人口的現象。他認為從娼召妓均是一種當事人的社會實踐，它遠非結構力量所能控制。

　　泰人是「實務主義者」（pragmatists），商業性的肉體交易，一邊付款，另一邊收款，簡單明瞭，不會留下負擔。原本泰人的婚姻關係就不甚嚴謹，不少人並未正式註冊，再加上男女移地外出工作十分頻繁，夫妻離異並不令人訝異。Lyttleton強調（2000:247）並非泰人女性特別「放蕩」（loose），才會出現高比例的性工作者。不過，泰人鬆散的（loose）社會結構，包括充滿彈性之雙邊繼承所衍生出的女性經濟位階，以及男女老

幼以各種可能的策略不斷尋求「報償」（repay），或許正是關鍵所在。Pamda S. DaGrossa（1989:1-7）探討清邁女性從娼現象後，即直接表示子女必須償報父母，而從娼收入比農村田間工作高的多，因此，對那些相對上較窮困的東北與北部村落年輕女子而言，性工作的確相當具吸引力。

　　女性的傳統村寨勞動、湄公河貿易商品、都會鄉間遷移走動以及性工作職業自主選擇等等，均告示了某種位階不低於男性的事實。紐澤西Drew大學人類學系的H. Leedom Lefferts 指出，長期以來對南傳佛教女性地位的討論，似乎均視之為同一文化單位（Lefferts 1999:223）。泰寮泰語系佛教群體基本上就被認為享有同一的「宗教與社會互動文化」。在此一研究慣性背景下，每一群體的文化均是：雙邊繼承，大家也都信仰南傳佛教，女性經濟自主性高，母親傳財產給女兒，婚後隨妻居或依附財富多的一邊，甚至女子從娼亦為了以錢財所得回饋父母以積累功德。我們在泰語系群體的人類學研究上彷彿看到了古典「東南亞文化區」理論的再現。過去慣以列項而出的文化特質來界定文化區，而有關東南亞文化區所共有的特質，可見於A. L. Kroeber（1943）和凌純聲（1955）等人半世紀前的敘述。咸信現在人類學者都不會承認自己在建構「大陸東南亞南傳佛教泰語系文化區」，不料，大筆一揮，民族誌描繪了所發現和所理解之人的活動，卻見有如「文化區」般的模型密集躍現研究報告中。

　　「雙邊繼承」與「性別等位」不僅是「新」「文化區」所見的兩大文化基質，它在學者筆下，能被用來說明歷史，更在想像中，有效建置現狀社會背後的驅動邏輯。依筆者之見，短期之內，以兩大文化基質作為探索南傳佛教泰語系群體的方法策略，大體不會改變。人們雖然早已公開揚棄傳播論（diffusionism）或忽略歷史特定論（historical particularism），但卻默許了舊時代靜態屬性的「東南亞文化區」之說，以動態體相轉型進入「新東南亞文化模型」狀態（其間的形式差異，或許反而是後者將範圍縮小至「南傳佛教泰人區域」，而非如前者的廣大東南亞地區）。Stanley R. Barrett 1988[1984]曾經說人類學理論不死，總有如循環般回過頭再現的一天，果真立論精闢，點到了真相。

引用書目

芮逸夫
 1972[1943] 〈西南民族的語言問題〉。刊於《中國民族及其文化論稿》。芮逸夫著，頁
 1351-1367。臺北：藝文印書館。

凌純聲
 1955 〈東南亞古文化研究發凡〉。《主義與國策》44:1-3。

劉岩
 1993 《南傳佛教與傣族文化》。昆明：雲南民族出版社。

謝世忠
 1997 〈Sipsong Panna傣泐政體辨析：一個歷史民族誌的研究〉。《文史哲學報》46:199-
 241。

 2002 〈「國族─國家」、共同體、及其解構：評泰國與中國少數族群的人類學研究〉。
 《亞太研究通訊》16:3-39。

 2005 〈從族裔型國家到國族──國家及世界游移的適應──跨國境泰語系Lue人族群置位
 的歷史過程〉。「國家與原住民：亞太地區族群歷史研究國際學術研討會」宣讀論
 文。中央研究院臺灣史研究所，2005年11月24，25日。

Andaya, Barbara Watson
 2002 Localising the Universa1: Women, Motherhood and the Appeal of Early Theravada Buddhism.
 Journal of Southeast Asian Studies 33(1):l-30.

Barrett, Stanley R.
 1988[1984] *The Rebirth of Anthropological Theory*. Toronto: University of Toronto.

Benedict, Paul K.
 1942 Thai, Kadai and Indonesia: A New Alignment in Southeastern Asia. *American Anthropologist*
 44(4/1):576-601.

Benedict, Ruth
 1952 *Thai Culture and Behavior: An Unpublished War-time Study Dated September 1943*. Ithaca, N. Y.:
 Southeast Asia Program, Dept. of Far Eastern Studies, Cornell University.

Bentley, Carter G.
 1986 Indigenous States of Southeast Asia. *Annual Reviews of Anthropology* 15:275-305.

DaGrossa, Pamela
 1989 Kam Phaeng Din: A Study of All-Thai Brothels of Chiang Mai City. *Crossroads: An Interdisciplinary
 Journal of Southeast Asia Studies* 4(2):l-7.

Embree, John F.
 1950 Thailand—A Loosely Structured Social System. *American Anthropologist* 52(2):181-193.

Evans, Grant
 1998 *The Politics of Ritual and Remembrance: Laos Since 1975*. Chiang Mai, Thailand: Silkworm Books.

 1999 Apprentice Ethnographers: Vietnam and the Study of Lao Minorities. in *Laos: Culture and Society*.
 Grant Evans ed., Pp: 161-190. Chiang Mai, Thailand: Silkworm Books.

 2002 *A Short History of Laos: the Land in Between*. Crows Nest NSW, Australia: Allen & Unwin.

Hanks, Jane Richardson

　1963 *Maternity and its Rituals in Bang Chan*. Cornell University. Southeast Asia Program. Data paper no. 51. Ithaca: Cornell University, Department of Asian Studies.

Hanks, Lucien M.

　1962 Merit and Power in the Thai Social Order. *American Anthropologist* 64(6):1247-1261.

　1972 *Rice and Man: Agricultural Ecology in Southeast Asia*. Chicago: Aldine-Atherton.

Hickey, Gerald C.

　1964 Central Mekong River Groups. in *Ethnic Groups of Mainland Southeast Asia*. Frank M. LeBar, Gerald C. Hickey, and John K. Musgrave eds., Pp: 206-213. New Haven: HRAF Press.

Jackson, Anthony

　1979 *Na-khiReligion:AnAnalyticalAppraisaloftheNa-khiRitual Texts*. The Hague: Mouton.

　1989 Naxi Studies: Past, Present and Future. in *Ethnicity and Ethnic Groups in China*. Chien Chiao and Nicholas Tapp eds., Pp:133-147. Hong Kong: New Asia College, Chinese University of Hong Kong.

Keyes, Charles F.

　1984 Mother or Mistress but Never a Monk: Buddhist Notions of Female Gender in Rural Thailand. *American Ethnologist* 11(2):223-241.

　1987 Mainland Culture. in *The Encyclopedia of Religion*. Mircea Eliade ed., Pp.512-520. New York: Macmillan Publishing Company.

　1995[1977] *The Golden Peninsula: Culture and Adaptation in Mainland Southeast Asia*. Honolulu: University of Hawaii Press.

King, Victor T., and William D. Wilder

　2003 *The Modern Anthropology of South-East Asia: An Introduction*. London: Routledge Curzon.

Kingshill, Konrad

　1991 *Ku Daeng-Thirty Years Later: A Village Study in Northern Thailand 1954-1984*. Dekalb, IL: Northern Illinois University, Center for Southeast Asian Studies.

Kirsch, Thomas A.

　1996 Buddhism, Sex-Roles and the Thai Economy. in *Women of Southeast Asia*. Penny Van Esterik ed. Pp:16-41. Dekalb, IL: Northern Illinois University, Center for Southeast Asian Studies.

Kroeber, A. L.

　1943 *Peoples of the Philippines*. N. Y.: Anthropological Handbook Fund.

Kunstadter, Peter ed.

　1967 *Southeast Asian Tribes, Minorities, and Nations*. Princeton, N. J.: Princeton University Press.

Lefèvre, E. Walter E. J. Tips trans

　1995[1898] *Travels in Laos: The Fate of the Sip Song Pana and Muong Sing(1894-1896)*. Bangkok: White Lotus.

Lefferts, H. Leedom

　1999 Women's Power and Theravada Buddhism: A Paradox from Xieng Khouang. in *Laos: Culture and Society*. Grant Evans ed., Pp:214-225. Chiangmai: Silkworm Books.

Lyttleton, Chris

　2000 *Endangered Relations: Negotiating Sex and AIDS in Thailand*. Bangkok, Thailand: White Lotus Press.

Matisoff, James A.

　1983 Linguistic Diversity and Language Contact. in *Highlanders of Thailand*. John Mckinnon and Wanat Bhruksasri eds., Pp:56-86. New York: Oxford University.

McCaskill, Don

　1997 From Tribal Peoples to Ethnic Minorities: The Transformation of Indigenous Peoples: A Theoretical Discussion. in *Development or Domestication? Indigenous Peoples of Southeast Asia*. Don N. MaCaskill and Ken Kampe eds., Pp:26-60. Chiangmai, Thailand: Silkworm Books.

Mckinnon, John, and Bernard Vienne eds.

　1989 *Hill Tribes Today: Problems in Change*. Bangkok, Thailand: White Lotus-Orstrom.

Mills, Mary Beth

　1995 Attack of the Widow Ghosts: Gender, Death and Modernity in Northern Thailand. in *Bewitching Women, Pious Men: Gender and Body Politics in Southeast Asia*. Aihwa Ong and Michael G. Peletz eds., Pp:244-273. .Berkeley: University of California Press.

Moerman, Michael

　1965 Ethnic Identity in a Complex Civilization: Who Are the Lue? *American Anthropologist* 67(5):1215-1230.

Ngaosrivathana, Mayoury and Kennon Breazeale eds.

　2002 *Breaking New Ground in Lao History: Essays on the Seventh to Twentieth Centuries*. Chiang Mai, Thailand: Silkworm Books.

Ockey, James

　1999 God Mothers, Good Mothers, Good Lovers, Godmothers: Gender Images in Thailand. *The Journal of Asian Studies* 58(4):1033-1058.

O'connor, Richard A.

　1995 Agricultural Change and Ethnic Succession in Southeast Asian States: A Case for Regional Anthropology. *The Journal of Asian Studies* 54(4):968-996.

Pichon, Louis

　1999[1893] *A Journey to Yunnan in 1892: Trade and Exploration in Tonkin and Southern China*. Bangkok, Thailand: White Lotus.

Prince Henri d'Orleans

　1999[1898] *From Tonkin to India by the Sources of the Irawadi, January'95 January'96*. Bangkok, Thailand: White Lotus.

Salemink, Oscar

　1997 The King of Fire and Vietnamese Ethnic Policy in the Central Highlands. in *Development or Domestication? Indigenous Peoples of Southeast Asia*. Don N. MaCaskill and Ken Kampe eds., Pp:488-535. Chiangmai, Tailand: Silkworm Books.

Schliesinger, Joachim

　2001a *Tai Groups of Thailand: Volume 1 Introduction and Overview*. Bangkok, Thailand: White Lotus Press.

　2001b *Tai Groups of Thailand: Volume 2 Profile of Existing Groups*. Bangkok, Thailand: White Lotus Press.

　2003a *Ethnic Groups of Laos: Volume 1. Introductions and Overview*. Bangkok, Thailand: White Lotus.

　2003b *Ethnic Groups of Laos: Volume 2. Profile of Anstro-Asiatic-speaking Peoples*. Bangkok, Thailand: White Lotus.

Stuart-Fox, Martin
　1998 *The Lao Kingdom of Lan Xang: Rise and Decline*. Bangkok, Thailand: White Lotus Press.
Tapp, Nicholas
　1989 The Impact of Missionary Christianity upon Marginalized Ethnic Minorities: The Case of the Hmong. *Journal of Southeast Asian Studies* 20(11):70-95.
Van Esterik, Penny
　1996 Lay Women in Theravada Buddhism. in *Women of Southeast Asia*. Penny Van Esterik ed., Pp: 42-61. Dekalb, IL: Northern Illinois University, Center for Southeast Asian Studies.
Walker, Andrew
　1999 *The Legend of the Golden Boat: Regulation, Trade and Traders in the Borderlands of Laos*, Thailand, China, and Burma. Honolulu: University of Hawaii Press.
Winichakul, Thongchai
　1994 *Siam Mapped: A History of the Geo-Body of a Nation*. Honolulu: University of Hawaii Press.
Winzeler, Robert L.
　1976 Ecology, Culture, Social Organization, and States Formation in Southeast Asia. *Current Anthropology* 17(4):623-640.

* 本研究部分材料得自於行政院國家科學委員會專題研究計畫（NSC 93-2412-H-002-019、NSC 94-2412-H-002-004）之執行成果，特此說明。另，論文撰寫過程承筆者研究助理劉瑞超、郭倩婷及楊鈴慧多所協助，謹誌謝忱。又，寮、泰、雲南、臺灣及美國各田野地報導人指導甚多，兩位匿名審查人亦提供頗具助益的意見，一併致謝。

（本文原刊於林美容、郭佩宜、黃智慧主編《寬容的人類學精神──劉斌雄先生紀念論文集》2008/507-531。臺北：中央研究院民族學研究所。）

從族裔型國家到國族──
國家及世界游移的適應
──跨國境泰語系*Lue*人族群置位的歷史過程[*]

一、前言

　　國家（state）的形成是政治人類學重要的研究課題（Fried 1967; Cohen& Service eds. 1987），而探索特定族裔／文化群體活動區域內的相關議題（見謝世忠1996:25-42），更是研究者試圖以歷史誌（historiography）和民族誌事實（ethnographic facts），來證明理論的常見作法。任何述及東南亞前現代國家（pre-modern state）或傳統國家（traditional state）的學術知識，對區域研究專業人類學者而言，即常成為掌握生態關係、民族史、文化變遷、及政治經濟網絡等分析議題的基礎。

　　論者如G. Carter Bentley（1986）、Robert L. Winzeler（1976）、及A.Terry Rambo、Karl L. Hutterer、與Kathleen Gillogly（1988）等，多習慣將中國大帝國體制傳統與大陸東南亞小國多邦政治史相對應，以作為探討後者地區未能形成大型國家因素的分析基礎。在包含社會結構、政治結構、交換結構、勞力控制、象徵結構、及生態等在內之各項可能的原因中，生態的高低區位對比特性（upland-lowland ecological niche），最常為人所注意（見如Keyes 1987; Winzeler 1976; Rambo et al 1988; Lehman 1963）。瀾滄江從中國雲南西邊南入高山綿密的東南亞，即成湄公河。大河及其支流在環山中形成大小不一的封閉型盆地，歷史上適應水稻生業的泰語系各族群（依Schliesinger的調查[2001＆2003]在泰、寮境內至少有56個泰語系群體；另越南民族學者Nguyen Duy Thieu則指出越南地區計有12個泰語群

體，人口約133萬之多[2002:64]），即在盆地上形成許多邦國（state），
而居處山上行山田燒墾的非泰語系族群如Lahu、Akha、Hmong（Miao）、
Iu-Mien（Yao）、Lisu等，則多以「部落」（tribe）型態建置政體。盆地邦
國形制，泰語稱為muang（mouang / meeng），中文文獻及當代譯稱有茫、
猛、孟、勐等，它與高地的生態共生關係，在人類學東南亞區域研究上，
早已成為經典議題（見如Leach 1972[1954]; Lehman 1963; Kirsch 1973; Keyes
1977）。

　　Muang的群山屏障閉鎖特性，造成其規模雖小，卻長期得以維繫存
在。Stanley Tambiah（1977）曾以「星團政體」（galactic polity）一詞，指
稱散佈各處，形如星簇世界的東南亞muang王國與山上部落景象。水田和
山田燒墾兩種生態適應與小而多的星團政體，共同織成大陸東南亞近千年
的政治文化史。

　　研究者無時不在提醒泰語系群體專有之muang的特色政治作用架
構（見Wijeyewardene 1990, 1993; Keyes 1987; Wyatt 1984; Stuart-Fox 1998;
O.Raendche1998; J.Raendche2002）。他們提到它的大小不一（通常統轄多
個村落，有的大muang還包含了數個小muang）；為區域經濟、安全、財富
的中心；相對於「未開化」山地的「文明空間」，泰語系人專有之俗世
與超自然祭儀共構場域；較大生態區範圍的統治者（即muang領主或「國
王」以佛教大功德擁有者外加盆地平原之勢，統治山區部落）；以及瓦
解於近現代國家如泰國、寮國、及緬甸等的形成過程中等等。的確，以
泰國為例，自十九世紀下半葉起，五十年內，泰北諸邦的星團式傳統，
完全被曼谷的暹羅人破除。Muang的行政模式，為當代科技與國族—國
家（nation-state）政治所取代。今天，北東南亞和極西南中國地區，四處
可見muang，但它僅僅是一個個普通地名，而人們口中記憶中仍存有之古
舊的muang，業多已為發達的交通、電訊、科層管理機構、及現代國家知
識，將之化為類似紀念性的「民俗文化」（folklore culture）了。

　　Muang為泰語系邦國，但東南亞政治人類學者們並未對此一盆地水稻
政體賦與學術語詞的命名（按，有稱city、state、center、town者，但均無
法完全表達其意）。筆者以為，「族裔型國家」（ethnic state）或許是一
適合的指稱（泰語稱村寨為baan，而凡連稱baan-muang者，即係指homeland

或country之意）。在本文中，我們將於北東南亞具有*muang*政治傳統各泰人群體中，選例較具代表性的*Tai-Lue*人（或稱*Lue*，*Lü*，*Lu*，*Leu*，泐人，泰泐，傣泐，擺夷，水擺夷，水傣、傣族），探討其在歷史上如何運作一個有效的族裔型國家，如何在當代國族—國家架構下維繫族群認同，以及如何在遠距跨國遷移中，適應政治環境，並想像自我文化傳統。

二、*Sipsong Panna*：「較大型」*Tai-Lue*族裔型國家

　　幾乎所有*Lue*人均知道他們的祖先源起於今中、緬、寮三國交界的*Sipsong Panna*（*sipsong*為十二，*pan*為千，*na*則指稻田，全稱即是十二個「千田」單位之意，今中國行政區名為「西雙版納傣族自治州」）。以現代國族—國家的角度視之，近現代史上的*Sipsong Panna*並無國際認定，因此不能算是一個「獨立國」（sovereign state）。不過，依學術上的標準，她是「國家」（state），而其性質正是東南亞瀾滄／湄公河流域盆地典型的*muang*邦國。研究者從未遲疑以「王國」（kingdom）界定之（見Tanabe 1988; Hsieh 1989; Lemoine 1987; Moerman 1965; Ratanagorn 1996; Nakamura 1971）。

　　*Sipsong Panna*與泰北、寮北的多山地貌相同，而其間瀾滄江流域共納有三十幾個盆地，每一盆地也都各形成一*muang*政體。首都位於*Chiang Rung*（今景洪）的*Sipsong Panna*王國（*Muang Sipsong Panna*），得以整合諸多*muang*而形成一「聯邦」（confederation）或一超大型*muang*（一般亦有稱之為*Muang Lue*者），其建置動力與維繫機制，當是一有意義的探索課題。

　　*Sipsong Panna*王國有一從1181至1956年被中共取消政權為止，一共44位近800年一脈傳承的君主世系（王國君主世系人數有37至44位不等之說，其間統計或認定之問題，容另文說明。相關議題可參雲南省少數民族古籍整理出版規劃辦公室編1989；李拂一1984；謝世忠1993）。國王被稱為*Chao Phaendin*，意為廣大土地之主。在一個類聯邦式的形式上中央集權，但又給予各地方領地（*muang*）世襲領主（*chao muang*）充分自治權的體制下，王國發展出特殊的中央與地方統治者之間，以及統治階層（*chao*）與平民（非*chao*）之間的關係模式。其中最明顯的特質就是，雖然*chao*與非*chao*的階序關係清楚，但對*chao*提供貢賦與勞務的義務範疇上，每一屬於

同一階級的村落，大家等量分擔，表現出一種均等主義的精神。此外，各*muang*各村在中央政府中，均有委任代表，以象徵中央對地方權益的尊重。不過，由於*chao phaendin*的心腹內侍階級，被分置在各領地建立成村，形成一種對地方的監控單位，各世襲領主縱使享有多方自主權，也難以有向中央挑釁的機會。國家的鞏固也就在這種微妙的平衡關係上確立了（cf. Hsieh 1989）。

　　一個*Sipsong Panna*的*Lue*人一生中，很少就永遠屬於某一特定村落，每個人均能自由遷進遷出。雖然如此，原則上每一村是為個人居住並履行責任義務的場所。傳統上，在進行祭祀村寨神的範疇內，全村必須閉關絕外三天（P.Cohen 1998:52），村寨認同據此被予以強化，但祭祀更大範圍的*muang*神時，則凡是*Lue*人均可參與（Sethakul 1996:14）。換句話說，不論身在何處，每個*Lue*人均是*chao muang*的*xa*或「奴傭」，所以應前來參加以*chao muang*祖先為班底的*muang*神祭拜儀式。*Chao*在*Sipsong Panna*的範疇意涵下，即指*chao phaendin*（意為廣大土地之主）或國王，人人得以在他所轄的各*muang*間自由遷移。所以，*chao muang*或地方領主，對大多數人而言，在族群自我識別或認同的過程中，其重要性遠不及*chao phaendin*。

　　唯一連結*Tai-Lue*地區的強有力象徵就是*chao phaendin*。在族群的心理界線層面上，只要你是*Lue*，不管旅行何處，永遠視*chao phaendin*為最高位的*chao*。換句話說，在*Lue*人的例子上，族人愈與其他非*Lue*的泰語系*muang*邦國群體互動，*chao phaendin*做為他們族群向心象徵的功能，就愈被強化。每一在*Sipsong Panna*境內的*Lue*族裔個人，不論身居何處，都是在*chao phaendin*的土地上。

　　*Sipsong Panna*雖又被稱為*Muang Lue*（即*Lue*人之國），然從大面向的角度來看，她統領有山區非*Lue*山田燒墾族群，因此，稱之為多族群國家（multi-ethnic state）似乎更為合理。「族裔型國家」有同質族裔組成單一範圍之意。*Sipsong Panna*為泛*muang*共組之*Lue*人國家，她是較大型的*Lue*人族裔型國家。那麼，山區非*Lue*族群的存在又如何解釋呢？由於生態的區隔，雖然我們可看到情境上如山區*Kachin*人政治人際模式轉換成低地泰語系*Shan*人樣態，或高棉語系*Mon*人「變成」泰（Leach 1972[1954];Rambo et al 1988:8）的例子，但多數的情形是，高地低地雙方自成一格。*Chao*名

義上統有山林，但山地族群事實上係處於資源自享，和政經獨立的狀態下。山民社會可說是有「政治實體」（即部落社區）而無「實質政府」。*Sipsong Panna*王國政府在意的是各*muang*和*Lue*人村寨的權利責任義務。國家依三十幾個*muang*與上千村子的共同支持而得以運作，她的確是*Lue*人典型的族裔型國家。

三、*Muang Sing*：「迷妳型」Tai-*Lue*族裔型國家

　　*Lue*人的本國在*Sipsong Panna*，但在該區往南進入今緬甸、寮國、泰國、越南北部諸多地方，均可見該族人的村社。由於地處中、緬、及暹羅三大國之間，再加上各*muang*邦國往往彼此征戰，前述*Sipsong Panna*的*Lue*人常見往外村落或外*muang*跑，其中一項主要理由即是躲避戰禍。*Sipsong Panna*國王和所屬*muang*領主無法有效保護安全，人民就出走，在合適之盆地建立新*muang*，或併入應允庇護之*muang*邦國。於是，*Sipsong Panna*以南約兩百公里幅員之間包括今緬甸*Kengtung*、*Muang Yong*，泰國*Chiang Rai*、*Chiang Mai*、*Nan*、*Lampang*、*Lamphun*，及寮國*Muang Sing*、*Luang Namtha*、*Udomxay*等地，*Lue*人移民建立了數以百計的村落，有的歸順當地國家（如*Chiang Mai*〔昔稱*Lanna*〕、*Kengtung*），有的建立小型族裔型盆地生態*muang*邦國，*Muang Sing*就是後者的一個典例。

　　*Muang Sing*為今寮國極北城鎮，距西雙版納自治州南境*Muang Phong*僅約十公里。全境分七個區，共有102村子，其中*Lue*人村23個，分佈於平原地方，山區村寨則大多數為藏緬語系的*Ko*人（泰國稱*I-Kor*或*Akha*，中國官方識別為哈尼族，不過，雲南在地習以優尼人稱之）（Nguyen 1993;Hsieh 1989）。*Muang Sing*較早之歷史並不詳，紀錄上14世紀有一位*Sipsong Panna*的貴族*Chao Fa Dek Noi*首先至此建國。19世紀中葉曾經遷都，1885年之時，來自緬境*uang Du*的*Chao Fa Silinor*復率來自周遭諸*muang*的上千*Lue*人，重回舊都，建立聲威。舊都在湄公河西岸*Muang Sing*鎮中心，新都在東岸*Chiang Khaeng*地，王國主要轄治就在河的兩岸附近。不過，據傳*Chao Fa Silinor*極盛時，曾統轄41個區，為今*Muang Sing*的六倍大（see Nguyen 1993:4）。

　　今*Muang Sing Lue*人均宣稱祖先來自*Sipsong Panna*，不過，事實上，

*Muang Sing*並未曾屬於*Sipsong Panna*之一部。她獨立地與如*Chiang Mai*、*Kengtung*、*Nan*等較大*muang*王國互動，也受中國「宣撫使司」封官（P. Cohen 1998:50；李拂一1984:232）。1896年*Muang Sing*成了法屬印度支那殖民地保護國，1914年新王*Chao Ong Kham*（前述遷回舊都國王*Chao Fa Silinor*之子）以武力反抗法國，不敵，率百餘人逃入*Sipsong Panna*，隨即被安置在首府*Chiang Rung*（今景洪）保護（李拂一1984:232）。*Muang Sing*王宮*Hor Kham*在戰亂中被摧毀（Thipmuntali 1999:149），今在鎮中心已改成博物館的王宮是後來重建者。

　　*Muang*式邦國的典型建置，大致是十數個村形成首府區，再以其中二、三村合建成王城所在。即使如今天的寮國首都永珍，也是由二十幾村組成，再以當中六、七個村區為中心地。各村的村名，迄今仍被行政和一般生活中使用著。由於*Muang Sing*並非傳統*Lue*人國家，她幾乎可稱為是落難人家的整合地，因此，主要統治族群*Lue*人之外，也有非*Lue*的*Tai*語系群體如Tai-*Nuea*、Tai *Noy*等。其都區主街外不遠處，即可見與*Lue*村隔鄰的非*Lue*村寨。不過，一方面*Lue*人建立或主持*muang*邦國的經驗豐富（Hsieh 1989；謝世忠1993），另一方面，北方泰人區長久以來，均公認*Lue*樂舞工藝服飾語言故事等各項文化最優質，女性也特別美麗，各族群以之為羨慕仿效對象者多。有些群體如Tai *Yang*即早已涵化至*Lue*文明（Chazee 2002:29），而*Muang Sing*南面城鎮*Luang Namtha*的*Kalom*人，更是常對外宣稱自己就是*Lue*。

　　19世紀與法人交鋒的*Muang Sing*地區*Chao Fa Silinor*和*Chao Ong Kham*國王父子，事實上是從緬甸*Kengtung*邊的*Muang Du*遷來者。他們在*Muang Sing*掌有王權後，雖仍與*Kengtung*保持密切聯繫，但王室事實上也和一般人民一樣，係來此「落難」定居。王室來自*Kengtung*（Sethokul 2000:76-77），人民移自*Sipsong Panna*，大家合組一*Lue*人族裔型邦國，非*Lue* Tai系村寨繼續向其涵化，山區*Ko*人定期貢獻山產勞務，*Lue*人文化成為唯一生活指標，十足表現了與*Sipsong Panna*「母國」同類型的政治文化。在該迷妳型族裔型國家中，山區*Ko*（*Akha*）、*Hmong*（*Meo*）、及*Lahu*等族群，與*Sipsong Panna*地區平原高地共生的景況一般，除交換物品及納賦於王之外，山地部落傳統上依是處於「有簡單政體無官僚政府」的狀態下。

四、泰國*Lue*人：族裔型王國的記憶與失憶

　　從*Sipsong Panna*往南遷的最大腹地為今泰北各平原區。由於該地早已有如*Chiang Mai*、*Chiang Rai*、*Nan*、*Lamphun*、及*Lampang*等非*Lue*裔所組之泰語系*muang*類型王國，因此，*Lue*人多數以依附的方式建村，成為該等王國新子民。

　　Michael Moerman（1965）於1960年代至泰北進行*Lue*人族群關係議題研究時，曾提出*Lue*人最主要的認同象徵，是為對*Sipsong Panna*歷史王國的記憶。換句話說，*Lue*之所以為*Lue*，就是其為*Sipsong Panna*國王*chao phaendin*的子民。大家在國王追憶中，想像並確定一共同祖裔的認同感知，1986年當*Sipsong Panna*最後一任國王，時任雲南民族研究所語言學研究員的*Chao Hmoan Gham Le*（刀世勛）至泰國*Nan*府訪問時，居於當地或更遠地方之*Lue*人均爭先恐後地前來向這位他們所認同的*chao phaendin*磕頭並拴福祝之線（謝世忠 1989；Hsieh 1989）。

　　不過，當1989年Moerman重返泰北二十年多前田野地進行調查時卻發現，*Lue*人對自己是為「Thai」（泰國人）的認同，已發展至相當顯性的程度（Moerman & Miller 1989）。而前美國亞洲研究學會（Association for Asian Studies）會長Charles F. Keyes在一篇比較今中、泰、寮三國境內*Lue*人認同情形的論文中（1993），也指出泰北*Lue*人一方面以觀光文化重塑自我意識，另一方面更已充分加入了泰人國族行列。因此，泰國*Lue*與西雙版納*Lue*實已成兩個各具認同象徵的族群。換句話說，歷經約近一個世紀，*Lue*人在泰北非*Lue muang*邦統治下，一直保有記憶王國*Muang Lue*或*Sipsong Panna*的意識，而當泰國曼谷王朝以當代國族—國家之勢，取消*muang*王邦，統一全「泰人之國」之後（關於曼谷王朝整併北方各邦的過程，可參賀勝達與何平編譯1984:61-64），*Lue*人的王國記憶即很快地褪去。顯然，高效能的當代國家統治技術，不僅得以直接瓦解傳統*muang*邦國制度，更能洗滌人心政治思維。

五、面對國族─國家：中國的西雙版納、寮國的*Muang Sing*及泰國Tai-*Lue*人

殖民帝國主義在雲南沿邊伺動的刺激，所造成之中國對疆土確認和鞏固的要求，加上發生於19、20世紀之交的*Sipsong Panna*有史以來最大內戰，導致了該*Lue*人王國不可避免地走向滅亡。

王國內最有力量的*Muang Jie*（勐遮）王子刀正經於1888年因侵佔王土，而與第三十五任國王*Chao Gham Le*（刀承恩）發生爭戰。戰爭延到1911年初仍無法結束，*Chao Gham Le*請求雲南省政府出兵協助，一群由柯樹勳率領之耐瘴熱環境的兩廣軍人，於七月裡抵達*Muang Jie*，不久刀正經即兵敗被殺。清廷隨後的覆亡使得省府方面命令柯軍留駐車里，自此，中國軍事力量就再也沒有退出*Sipsong Panna*了。不久，王國更因民國政局的動盪，日軍、暹邏（泰）軍在大戰初期的攻擊，及國共稍後的慘烈鬥爭，而陷入長期混亂中。

第36任國王*Chao Hmoam Hlong Khong*（刀棟梁）1943年去世，姪*Chao Hmoam Gham Le*（刀世勛）繼位，惟因年幼而由其父*Chao Hmoam Siang Meeng*（刀棟廷）攝政。*Chao Hmoam Siang Meeng*一向支持國民黨，而與支持共產黨的議事廳（王國政府最高行政機關）主席召存信產生很大的摩擦。中共控有*Sipsong Panna*之後，*Chao Hmoam Siang Meeng*隨國軍逃入泰北，召存信則於1955年擔任以音譯原王國稱名*"Sipsong Panna"*為名的「西雙版納」傣族自治州州長。

中共於1956年開始在該地進行土地改革，王國的各級貴族權力被完全取消。*Chao Hmoam Siang Meeng*受招撫返回大陸後，被任命為中共政治協商會議常委。其子*Chao Hmoam Gham Le*（最後一任國王）目前擔任中央政協委員和雲南省政協副主席，同時也在雲南民族研究所任研究員。另外，原王宮內務府大臣王舅*Chao Long Pha Sat*（刀福漢）則派任西雙版納州政協副主席。

文革時期，王室成員和原各*muang*的領主都受到很大迫害。被漢人稱為「宣慰街」（Xian Yi Gai）的王城街市，更被摧毀一空，原本繁華的村

鎮，成了滿山遍野的橡樹林。今天，由於西雙版納的觀光盛名，中國政府正在擬訂重建「宣慰街」，以期收更大的旅遊宣傳效益。

在中國，一般人可從民族學者的報告、旅遊介紹、觀光指南、官方文書、報章雜誌、道聽途說，及短暫的觀光活動中，獲取關及西雙版納傣族的資訊。人們多半在必要時，會以*Lue*人的族名、食物、衣著、住屋、婚姻、信仰、文字及傳統習俗等方面來描述傣族，而這些印象的總合，就刻板地構成了傣族文化的特質。人們知道在西雙版納傣族自治州，傣族是最主要的少數民族。由於可以在圖片上顯示出來，顯形文化（expressive culture）項目諸如糯米飯、穿著筒裙支女子、竹樓、婚娶場面、佛寺和尚、傣文、紋身、潑水節，及江中沐浴景觀等，很容易直接被人們接受，傣族形象於焉而成。

Keyes九〇年代初分別造訪西雙版納和*Muang Sing*。他以「市場化的族群性」（marketable ethnicity）形容前者地區傣族文化展現方式，而以「在地化的族群認同」（localized ethnic identity）說明後者的*Lue*人現狀（Keyes 1993）。Keyes對中國西雙版納傣族的觀察，大抵與筆者在景洪所見者同。不過，自治州幅員廣大，大小城鎮數十，村寨更有數百個。「市場化的族群性」在景洪、勐海、橄欖壩（勐罕）等城區或許明顯，但大多村落則仍原貌存在，並未見明顯趨從商業考量的文化販售。再者，西雙版納是為國家旅遊推銷的首要景點之一，天天有觀光團、考察團、中大型會議、及公務活動等在此報到，它們均係受政策鼓舞而來。因此，與其使用「市場化的族群性」，還不如稱之「政治─商品化的族群性」（politicized-commericialized ethnicity）來的貼切。舊王國王室有大半跑出國境，留於中國者也已逝世或垂老。今天欲求族人以他們作為追憶*Sipsong Panna*王國的表徵力道，已大大式微。在地居民於益見昌盛之文化商業活動氣氛下，從買賣、表演、美食、服裝等文化特質內涵中，建構族群認同。國族─國家強力介入西雙版納的整體異族觀光（ethnic tourism）包裝，人們躲不了此一壓力趨勢，唯有融入架構，繼而逐次忘卻*Muang Lue*的王國歷史，更不再識出*chao*的面容。「族裔型國家」遇上國族-國家，終究很快成了模糊印象的歷史民俗故事（例如，刀世勛就常在被人引見或文字介紹中，笑語稱其為「末代王子」〔見刀新安1988:1-16〕，而他自己也多次於公開場合中，

僅以傣族風情習俗趣味來述說傳統，而絕無隻字片語提及家族統領傣族國家的歷史）。

在*Muang Sing*方面，Keyes的「在地化族群認同」係指當地*Lue*人有許多對自我祖先的傳統典故神話軼事，而它們林林總總就構成族人認同的依據。換句話說，自法國殖民者離開印度支那，寮王國（kingdom of Laos）1947年成立，經1975年共黨革命成功建立「寮人民民主共和國」（Lao People's Democratic Republic[Lao PDR]）迄今，寮國國族─國家相較於中國國族─國家，其力量薄弱的多，對「少數民族」的掌控也未盡全面。因此，直到非常晚近，尚有報導指出，*Muang Sing*仍維持相當的政治經濟自治狀態（P. Cohen 1998:58）。筆者多次前往該地，的確難有國家無所不在的感覺。居民們論及首都永珍，多遙不可及，反而在*Sipsong Panna*和緬甸*Kentung*話題上，較見興奮飽學。

*Lue*信仰文化的特色就是南傳佛教與更古典之以牛隻犧牲祭拜村寨和*muang*守護神的雙重傳統並存。佛寺一般是一個村寨至少一座，而在*muang*的層級上，並未有明顯代表它的特定佛寺。但在守護神方面，除了各村寨有其神祇外，全*muang*亦有共有的祭神，因此，祭祀*muang*神就成了全*muang*各村*Lue*族人的重要自我屬*muang*的認同系統。

*Muang Sing*一共祭祀32位祖神，他們多數係具國王、王后、及其他皇族英雄的身份（P. Cohen 1998:51; Thipmuntali 1999:154）。*Muang Sing*各村的寨神，亦多為其過去具功績的祖先。不過，人們必須常常至佛寺禮佛，方能將「功德」（*bun*）轉至祖靈身上，以續其保護村寨的能力。至於*muang*神，原多為國王，在世時即具活佛身份，本身已有超能力，轉為*muang*神之後，自然可延續保護*muang*族人的力量，而不需如村寨神一般，要透過人們禮佛過程方能成效。

*Muang Sing*各佛寺的佛爺和尚在70年代中葉共黨取得政權後，有不少避往泰國，佛寺功能因此曾沈寂一時。不過，祭拜*muang*神和村寨神的儀式卻因新政府力量未及充分抵達此地，同時整肅目標主要係在佛教，從而逃過一劫。*Lue*人繼續儀式，並於80年代末期政治逐漸鬆綁之後，益形公開盛大。

Keyes在訪問*Muang Sing*時，發現當地*Lue*人知悉我族神話、故事、或傳統甚豐，才會建議使用「在地化的族群認同」來指稱此一現象。筆者在

Muang Sing田野時,也看到今日的Lue人不只歷史敘事口語論說豐富,各式祭儀典禮慶祝會,更是頻繁實踐。幾乎每星期均見某一村寨佛寺在進行積功德儀式活動,屆時只見人頭鑽動,聖俗交雜,除了禮佛獻金,亦有許多籤卜命算及娛樂博奕休閒商家的擺設。對當地族人而言,作為Lue,自然就應如此。而Muang Sing有不少在地非Lue人,也延續以Lue文化為仿效對象的傳統,當有Lue人活動,必來參與熱鬧。總之,Muang Sing Lue人與西雙版納Lue人同在社會主義政權之下,但前者國家(即寮國)進入操控文化的程度遠不如後者(即中國)。我們當然不能馬上就說,要看Lue傳統,只能去Muang Sing,因為西雙版納已全面觀光化。不過,兩邊Lue人面對社會主義國族─國家的主客觀情況不同,的確造成今日的歧異景況,日後的發展,仍待觀察。

　　至於泰國的Lue人,如前所述,早在60年代中葉,Moerman即對他們的族群認同性質進行了分析(1965:1214-1230)。他雖未對Lue與泰國國家的關係作太多的敘述,但文中強調居處於泰北的Lue人,仍是以其對歷史王國Sipsong Panna的記憶或緬懷,來做為自我族群認同的憑藉。換句話說,依Moerman的看法(p.1224),Lue人雖也在Thai的範疇之內,但其最根本的認同基礎是在歷史,在「外部」(即泰國之外的古典Sipsong Panna王國),而非在當下和在「內部」(即泰國國族─國家之內)。因此,泰國國家的實質整合顯然是令人懷疑的。

　　尤有甚者,南亞裔澳洲國立大學人類學家Gehan Wijeyewardene(1990:48-73)更直接認為,事實上Lue(Lü)在泰國並未如Moerman所構架出之「自然地」即屬Thai範疇之內的情景。因為,Lue對泰國人來說,一直是在身分認定上最為兩難的群體。Lue是否為Thai,往往取決於政治策略的方向(p.68)。Wijeyewardene指出,較晚近遷移至泰北Mae Sai一地的Lue人,只能從政府方面拿到俗稱「粉紅卡」(pink card)的居留難民證,他們不能自由離開該地,也未享有泰國公民權(p.52)。筆者在Chiang Rai(清萊府)田野訪查時,即有數位族人主動展示粉紅卡,並抱怨若人身行動超過該府範圍,即會被逮捕拘禁。然而,誠如上節所述,當國共戰爭於40、50年代之交延燒至Sipsong Panna之時,王國末代國王Chao Hmoam Gham Le之九叔,原Meeng Gham領主Chao Hmoam Ma-Rni Gham和多位王族成員如王弟刀

世明和原*Meeng Long*領主，均逃至泰國。當時，泰政府贈送一大片土地給他們，並給予相當禮遇（謝世忠1993:71-92; Hsieh 1989）。前後不同時期的*Lue*人，顯然果如Wijeyewardene所言的，所獲得的待遇差別甚大。不過，或許即如Moerman所建議的，對歷史王國的難以忘卻，使得*Lue*人不可能做到令泰國政府滿意的國族認同程度。所以，像稍晚才移進*Mae Sai*的*Lue*人會遭此境遇，其實也不難理解。

　　不過，並不是所有Thai-*Lue*平民均和在*Mai Sai*族人一樣的不幸。有些研究顯示，在幾個特定地區，*Lue*人群體與泰國國族─國家有著相當完好的搭配。泰寮邊境從今寮國北部移住泰國的*Bann Lue Te*（*Lue Te*村）居民，就是一例（Yoshikawa 1999）。*Lue Te*村民一直以獨有的織品服裝來做為自我認同最重要的文化標記。泰國政府為維持邊境的安寧，以便發展觀光事業，對該地的*Lue*人很早即發給身份證。在國家的介入下，研究傳統服裝的組織成立了，介紹性或分析性的專書也紛紛出版，*Lue Te*的織品生產愈來愈有名，不少泰國人更從各方湧進購買。Yoshikawa認為，村民雖以服裝強韌地維繫著認同，但它與泰國國族認同是併置不駁的（pp:16-19）。畢竟，這些商品已成了所謂的「挪來合用的物品」（appropriate goods），它們為國家文化的大架構所吸收涵蓋。更何況早先*Lue*居民們即是因喜歡泰國之故，才會自寮國遷來，所以，能當成泰國國民或身為國族成員之一，實是一件喜悅的事。

　　Yuji Baba所研究者是關及北泰*Nan*省幾個由*Meeng La*（今西雙版納自治州勐臘縣）遷來的*Lue*人社區（1999）。這些*Lue*人一直維繫著對*Meeng La*地方神祇的祭祀儀式，但不同社區因與泰國國家區域發展的規劃地點距離有差，導致近距者有的祭儀愈來愈「國家化」（nationalized），而遠距者則有的仍維持傳統社區運作模式。「國家化」了的社區在祭典中常會加入外來的制式民族舞蹈比賽或球類活動，它們一起進入了國家文化的架構。至於未被國家化的社區，居民仍按老一輩族人之指揮行事，他們距國族文化仍有一段距離，與泰國主流社會的鴻溝也相對地大的多。換句話說，相較於中寮兩國，泰國*Lue*社區似乎居介中位置，一方面「政治─商品化的族群性」不如中國傣族明顯，另一方面「在地化的族群認同」則未強如寮國*Muang Sing Lue*人。

六、臺灣擺夷：戰爭與*Lue*人遷移之一

　　1949年12月雲南省主席盧漢宣佈「自我解放」，將全省無條件交與中共。國軍第8和26兩軍不願響應，繼續和共軍纏鬥。兩軍邊打邊退，1950年2月底撤入緬境。該批軍隊於7月間行軍至泰緬邊境的大其力（*Tachilek*）。1953年3月25日緬甸政府向聯合國控告外國（中國）軍隊侵略，4月23日大會通過該案，要求臺灣的蔣介石政府撤軍。經幾番折騰，終於有第一批人員於11月9日撤至台灣。如此，一直至1954年5月中下旬，計撤出6,572人。這些來臺人員多數於1955年春天之時被安置在桃園縣龍崗新建成的忠貞新村。政府於此時宣佈所有中國軍隊已撤完，之後在緬北若有任何武裝團體的活動，均與中國政府無關。惟留在緬甸之反共人士，繼續在「東南亞人民反共志願軍」的名下，從事游擊戰。1960年底中共與緬甸聯軍大規模圍攻志願軍基地江拉，志願軍不敵之後，轉進至寮國境內。1961年春天在美國、泰國協助下，復將寮境的游擊隊撤往泰國清邁轉運來台，人數計4,406人。除了部份年輕軍官被國防部賦予正式軍籍，加入傘兵特種部隊定居於桃園龍潭干城五村之外，其餘均以義民身分予以安置南投與屏東之見晴（後改名清境）農場和吉洋農場（參宋光宇1982）。1961年3、4月間正值滯緬「東南亞人民反共志願軍」準備從寮國經泰北清邁運往臺灣之際，一向禁止士兵娶妻成家的指揮階層適時開放成令。許多游擊隊員就在短短幾天間四處尋覓在地新娘。其中最被青睞者，即是漢人習稱為擺夷的*Lue*人女子。這些混雜著泰語系擺夷和各山地部落人群在內的滇緬軍眷到了臺灣，為島嶼土地增添了新大陸東南亞血液和文化要素。經過了四十年，「擺夷優於他族」的口語述說、行動表現、及肢體展演等，仍常見於各社區的日常生活中。不少擺夷居民表示，她們始終驕傲地公開直稱自己為擺夷（謝世忠2004b）。

　　如前所述，*Lue*或擺夷人傳統上多信仰南傳佛教。到了臺灣，交通不便，加上訊息不足，擺夷媽媽們幾乎沒有人曾至島內參拜泰式佛堂的經驗。她們這幾年有機會至泰國，才紛紛進入各大小寺內潛心禮佛，彌回了數十年的空窗。有些家庭會掛上佛祖或泰緬大佛爺的圖像，有的則從旅

行中帶回宗教器儀、民族錄影帶、錄音帶、工藝品、或自己族群的服飾
等。除了自娛之外，客人來了，亦常急於展現，文化認同之迫切心情，表
露無遺。不過，雖然如此，擺夷人在臺灣並不是一律法規範下的「少數民
族」。她們有*Lue*與擺夷的認同，也不排斥和漢人丈夫們同被歸屬於「外
省人」範疇（謝世忠2004a & 2004b; Hsieh 2001）。誠然，居臺*Lue*（擺夷）
人幾乎全數女性的景況，在兩性與族群性（gender & ethnicity）關係議題
上，必有其值得探索之學術意涵。筆者曾於2005年4月在美國北伊利諾大
學（Northern Illinois University）第九屆泰學研究國際會議（9th International
Conference on Thai Studies）上發表"Really Need a Temple？—the *Lue* as Flexible
Buddhist"（〈果真需要佛寺？──泐人是為彈性處置的佛教信眾〉）一
文，其中略有述及相關課題，請讀者撥冗參閱。

七、北美洲Lao-*Lue*：戰爭與*Lue*人遷移之二

　　印度支那半島（中南半島）的長期戰亂，導致該地70年代中葉以
降，出現了大量國際難民。從越南東岸出海者，是為著名的「船民」
（boat people），而從寮國、高棉西面山河沿線逃離者，則全數湧向泰
國。在聯合國和美國協助下，泰國境內沿湄公河省區建立了數個難民營。
關及難民營內部及其與外在世界國際的研究，二十年來，已累積不少成
果（見如Chantavanich & Reynolds eds., 1988; Haines ed., 1989; Fong ed., 2004;
Souvannavong 1999; Waters 1990; Chan & Louis-Jacques 1998; Smith 1994），惟
該課題不在本文範圍內，容以他文再論。

　　難民營生活的下一步，就是移往他國。在西方國家方面，接收東南亞
戰爭難民最眾者有美國、澳大利亞、及法國等國。截至2000為止，美國人
口統計局（U.S. Census Bureau）發佈的數字，在北美的亞洲人口中，「寮
人」（Laotian）有198,203人，另還有*Hmong*人（其中一大部分即為中國通
稱的苗族）186,310人（Barnes & Bennett 2002:9）。事實上，寮人與*Hmong*
均來自寮國，只是前者指居處於低地（即傳統上*muang*盆地平原區）的泰
語系寮人（寮語稱為Lao Loum），後者則為住在山區的「高地寮國人」
（寮語稱為Lao Soung）。到了美國，多數*Hmong*人遂漸淡化或甚至不再持

有「寮國人」的認同，美國政府也以獨立的Hmong群體視之。由於只有寮人與Hmong兩個類屬，所有來自寮國的非Hmong移民，就全劃入「寮人」範疇。不過，簡單的二分類別，並無法述說真實的人群故事。有了田野的歷程，方能發現「寮人」內部事實上混有相當數量的非典型寮族群體成員，其中又以Lue為最多（筆者就擔任傅爾布萊特[Fulbright]訪問學人與行政院國家科學委員會短期海外訪問學人之便，曾於2003年9月至2004年8月在美國西北海岸Lue人社區進行田野調查）。

在美國的Lue人主要分佈在華盛頓州西雅圖地區、科羅拉多州丹佛市、加州聖地牙哥與伐薩利（Vasalia）兩市、以及德州達拉斯等五個地方，其中又以西雅圖和丹佛最多。每一美國Lue人均略知該五城市住有同族人。有些成員家族甚至在幾個城間搬遷數次。在達拉斯有一條小街，房子多由Lue人買下，因此，大家即名之為「Sipsong Panna路」。任何時候，凡是提及此事，族人們都頗覺驕傲。

多數美國Lue人移自寮國的Muang Sing、Huey Say或Luang Lamtha。其中Muang Sing人主要居於丹佛，而西雅圖則以Huey Say和Luang Lamtha為多。事實上，Luang Lamtha的「Lue人」應是文化上被Lue涵化了的另一群人。他們自稱Kalom，又認為與Lue沒差別。幾乎所有Kalom都參與西雅圖地區的「華盛頓州Lao-Lue協會」（the Lao-Lue Association of Washington State），而這些從Luang Lamtha來的人，又另組一「華盛頓州Luangnamtha寮人協會」（Lao Luangnamtha Association of Washington），後者協會規模小得多。Kalom人有Kalom與Lue雙重認同，他們組社團，選擇採以源自地區為名，而未以Kalom稱之，此舉表示在「族裔」架構下，單留Lue一個即可。另外，Lue形式上族裔單純一元，但由於來自各處，即使是同樣從西面靠湄公河的Huey Say或北面山區的Muang Sing移進，成員們所屬村落相距遙遠，人際陌生，往往不若Kalom就是五、六個村落集中在Luang Namtha舊鎮區，地域認知較為清楚。

在丹佛和西雅圖兩大Lue集中處，除了組成有Lue協會之外，亦建有Lue專有的佛寺。族人設法從東南亞泰緬寮邀來Lue裔佛爺主持寺務。此外，加州的伐薩利市雖無Lue協會，卻也建有一小型Lue佛寺。三地佛爺會相互拜訪，甚至交換主持對方寺務。協會與佛寺代表了海外移民Lue人在社會

範疇和文化領域上的再建構。除了*Kalom*之外，不少落單的非典型寮人和非*Hmong*人，諸如Tai-Nuea、Tai-*Yay*、*Khmu*、Tai-*Dam*等等，也會加入*Lue*人協會或佛寺活動。美國*Lue*人稱己為Lao-*Lue*，但在寮國本地，一般均稱*Lue*為Tai-*Lue*，亦即與Tai文化接近的*Lue*人。美國的Lao-*Lue*稱呼，有Lao作為國族認同的意涵。而由於Lao-*Lue*接納了典型*Lue*之外的寮國北方各族裔成員，因此，"Lao-*Lue*"一稱所指涉者，事實上即是「從北方來的寮國國族成員」。上文多次提及*Lue*文化為北東南亞泰語系各群仿效對象，此一傳統亦移到了北美新國度。Lao-*Lue*因此具有泛族群共享*Lue*文化性質的新意涵，而它也可有效地用來與典型寮國首都永珍系統之中南部寮人進行區辨（Hsieh 2005a & 2005b）。總之，*Lue*人在美國成了美國公民，但文化上仍戮力維繫傳統。他們來自寮國，卻人人知悉多項*Sipsong Panna*的故事。如前所述，達拉斯族人一旦「買」下了整條街，即以之為名（而非稱之為*Lue*路或*Muang Sing*街）。*Lue*人輾轉多次到了美國，果真是一方面適應於接收社會的生活，另一方面即重組族裔文化團體，並延續原有祖源的記憶。

七、結論

　　本文自原居於今南中國與北東南亞界區*Sipsong Panna*做為東南亞傳統較大型*muang*盆地平原*Lue*王國論起。*Muang*是泰語系族群古典建置的水稻小型王國。筆者建議以「族裔型國家」（ethnic state）一詞稱之。*Lue*人所建維繫近八百年之*Sipsong Panna*王國，係由三十幾個*muang*組合而成的聯邦。*Muang*的居民以領主（*chao muang*）祖先為*muang*守護神，其祭拜儀式即成人們族群認同系統。因此*Sipsong Panna*國王*chao phaedin*是為國家認同表徵，而成為全國（即*Muang Sipsong Panna*）保護神的國王祖先，即是國家祭祀中心。

　　由於位在中國、緬甸、及暹羅三大國之間，*Sipsong Panna*一直是在驚懼中維繫弱體政權。*Lue*人自始即慣於遷逃至外，因此，一、二百年來緬甸、泰國、及寮國北部，即四見*Lue*人村寨的建立。它們有的依附歸順當地*muang*國家，有的則自建小型*muang*王國，今寮國北部的*Muang Sing*即是典例。

　　*Muang Sing Lue*人因自建王國，而其王室又係來自今緬甸東北的*Kengtung Lue*人系統的貴族，因此，在其記憶中，*Sipsong Panna*是為舊時家鄉，但對國王*chao phaendin*已無印象。畢竟，族人效忠的對象是為*Muang Sing*自己的國王。*Muang Sing*的特殊地理位置和歷史因素，使其長久得以維繫政治自主（即使曾與法國殖民者抗爭，國王被迫流亡）和族群文化完整傳承。尤其是祭祀*muang*保護神的殺牛犧牲儀式從未間斷，文化常續性認同體系更形兼固。至於遷至泰國的*Lue*人，由於多數均處在非*Lue*王國之下，因此對*Sipsong Panna Lue*王國及*chao phaendin*懷念甚深。

　　不過，泰國當代國族—國家架構日漸完備之後，國家的法治教育滲透力量，很快影響了泰北*Lue*人的認同方向。今天*Lue*人知道自己為*Lue*，更明白要作為「泰人」（Thai）效忠泰國國王。中國與寮國同為社會主義國族—國家，前者統治技術極具效率，*Sipsong Panna Lue*成了中國雲南省西雙版納傣族自治州的主體少數民族。快速的觀光化，造成了數個較大城區內之「觀光文化」已然取代了傳統日常生活，繼而成為當下傣族文化代表的事實，其藉由觀光角度而宣揚的傣族傳統與泰國*Lue*人類似，均是「政治—商品化的族群性」。王國與國王記憶於中泰兩國*Lue*人身上均在快速消褪中。至於寮國，由於國族—國家力量不夠完整，*Muang Sing Lue*人傳統生活大多維繫完好，其豐富的口語論說與生活實踐扎實地呈現出了「在地化的族群認同」。

　　*Lue*人過去為了逃避大國威脅，經常出走，而他們在當代的國際戰爭中，亦是犧牲者，族人們因此繼續逃難。國共內戰，陰錯陽差，造成緬甸北部部分女性*Lue*人隨國軍來台。一住近半個世紀，在「外省軍眷」名下，遂行其隱逸的擺夷認同與文化。稍後印度支那半島戰爭，越、高、寮三國的赤化，也迫使寮境*Lue*人混在泛寮國人難民中，移到了美國。他們組織*Lue*社團，選出領導人，並納入非*Lue*本籍卻嚮往*Lue*文化的外族人士，進而成一泛*Lue*文化群。族人們也建立了*Lue*佛寺，並從泰、緬、寮邀來*Lue*裔住持佛爺，十足彷如*Lue*人傳統*muang*族裔型國家的再轉型重生。

　　海外*Lue*人對族人竟能散佈全世界一事頗覺神奇。當筆者告知傳統小國的生存機制之一，即是發覺不對，隨時走人時，他們也多能認同說法。事實上，*Lue*的歷史就是一部將自我族群位置妥善處裡的經驗。從建立大

小規模不等的族裔型*muang*國家，經依附他族*muang*國家或再建*Lue muang*族裔型國家，並與國族─國家有效調和或涵化，再以商品化或觀光化*Lue*／傣文化重現自我（當然，其社區、家庭、及個人的文化思維和文化生活必是更為複雜綿密，此一部份的說明，待民族誌資料充分飽滿時，再行介紹）。同時，即使迫遷異邦如臺灣和美國，族人亦能以「擺夷」或「泛*Lue*」認同順利運作（至於臺美地區其它非主體移民或難民族群景況與*Lue*是否有異有同，亦是一待發展的的比較性研究課題）。整體而言，*Lue*是一善於適應的族群，隨時能夠正確置位自己，她的文化──豐富多樣、能屈能伸──自始即為北東南亞地區傳統仿效典範，似乎不無道理。

引用書目

刀新安
　　1988 〈西雙版納末代「召片領」〉。刊於《版納相思豆》。西雙版納傣族自治州政協委員會編，頁1-16。昆明：雲南民族。

宋光宇
　　1982 〈清境與吉洋：從滇緬邊區來臺義民聚落的調查報告〉。《中央研究院歷史語言研究所集刊》53(4):747-794。

李拂一
　　1984 《十二版納紀年》。臺北：著者自印。

雲南省少數民族古籍整理出版規劃辦公室編
　　1989 《車里宣慰使世系集解》。昆明：雲南民族。

賀聖達與何平編譯
　　1984 〈1884-1908年間泰國北部各邦同曼谷王朝的關係〉。《東南亞》2:61-64。

謝世忠
　　1989 〈中國族群政治現象研究策略試析：以‘傣泐’為例的探討〉。《考古人類學刊》46:42-66。
　　1993 《傣泐：西雙版納的族群現象》。臺北：自立晚報。
　　1996 〈兩個「族裔共同體」界定傳統的再思考──北東南亞與西南中國的跨國境新議題〉。《考古人類學刊》51:25-42。
　　2004a 〈「隔世」中的生活──在台滇緬軍眷移民社區形貌〉。刊於《國族論述──中國與北東南亞的場域》。謝世忠著，頁381-396。臺北：國立臺灣大學。
　　2004b 〈結構與關係之外──在台滇緬軍眷移民社區的「東南亞族群生態學」〉。刊於《國族論述──中國與北東南亞的場域》。謝世忠著，頁397-412。臺北：國立臺灣大學。

Baba, Yuji
　　1999 Making a Network of Community Groups and Cultural Reformation in Nan Province, Northern Thailand: The Case of Tai-Lue Villages. Paper presented at the 7th International Conference on Thai Studies, University of Amsterdam, July 4-8.

Barnes, Jessica & Claudette E. Bennett
　　2002 The Asian Populations 2000. *United States Census 2000*. US Census Bureau.

Bentley, G. Carter
　　1986 Indigenous States of Southeast Asia. *Annual Review of Anthropology* 15:275-305.

Chan Kwok Bun & Louis-Jacques Dorais
　　1998 Family, Identity, and the Vietnamese Diaspora: the Quebec Experience. *Sojourn* 13(2): 285-308.

Chantavanich, Supang & E. Bruce Reynolds eds.
　　1998 *Indochinese Refugees: Asylum and Resettlement*. Bangkok: Institute of Asian Studies, Chulalongkong University.

Chazée, Laurent
　　2002 *The Peoples of Laos: Rural and Ethnic Diversities*. Bangkok: White Lotus.

Cohen, Ronald and Elman Service eds.

　　1978 *Origins of the State: the Anthropology of Political Evolution.* Philadelphia: Institute for the Study of Human Issues.

Fong, Rowena ed.

　　2004 *Culturally Competent Practice: With Immigrant and Refugee Children and Families.* New York, NY: The Guilford Press.

Fried, Morton H.

　　1967 *The Evolution of Political Society: An Essay in Political Anthropology.* New York: Random House.

Haines, David W. ed.

　　1989 *Refugees as Immigrants: Cambodian, Laotians, and Vietnamese in America.* Totowa, NJ: Rowman & Littlefield Publishers, Inc.

Hsieh, Shih-chung

　　1989 *Ethnic-Political Adaptation and Ethnic Change of the Sipsong Panna Dai: An Ethnonhistorical Analysis.* Ph. D. dissertation, University of Washington, Seattle.

　　2001 Three Mini-communities, One Loosen Yunnanese Community, and One Non-integrated Ching-ching 'Community': Ethnicity and Social Relationships in a State Farm, Central Taiwan. paper prepared for Migrating Identities & Ethnic Minorities in Chinese Diaspora Conference held at Australian National University, Canberra, Australia, 26-28 September 2001.

　　2005a Really Need a Temple?—the Lue as Flexible Buddhist. paper presented at the 9th International Conference on Thai Studies held at North Illinois University, Dekalb, IL, April 3-6, 2005.

　　2005b The People With-in and With-out: Constructing a Pan-Lue World in Seattle Area. paper presented for the 1st International Conference on Lao Studies, Northern Illinois University, Dekalb, IL, May 20-22, 2005.

Keyes, Charles F.

　　1987 *Thailand: Buddhist Kingdom as Modern Nation-State.* Boulder: Westview Press.

　　1993 Who are the Lue? Revisited Ethnic Identity in Lao, Thailand, and China. a paper presented at Seminar on State of Knowledge and Directions of Research on Tai Culture, Bangkok, Thailand, September 10-13, 1993.

Kirsch, A. Thomas

　　1973 *Feasting and Social Oscillation : A Working Paper on Religion and Society in Upland Southeast Asia.* Ithaca, NY: Cornell University.

Leach, Edmund

　　1972[1954] *Political Systems of Highland Burma.* Boston: Beacon Press.

Lehman, F.K.

　　1963 *The Structure of Chin Society: A Tribal People of Burma Adopted to a Non-Western Civilization.* Urbana, IL: University of Illinois Press.

Lemoine, Jacques

　　1987 Tai Lue Historical Relation with China and the Shaping of the Sipsong Panna Political System. in *Proceedings of the 3rd International Conference on Thai Studies.* Ann Buller Compiles, pp: 121-134. ANU, Canberra, July 3-6, 1987.

Moerman, Michael

　　1965 Ethnic Identification in a Complex Civilization: Who Are the Lue?. *American Anthropologist* 67:1215-1230.

Moerman, Michael & P. L. Miller

1989 Changes in a Village's Relations with its Environment. in *Culture and Environment in Thailand: a Symposium of the Siam Society*. A. Arbhabhirama et al, eds., Bangkok: the Siam Society.

Nakamura, Mitsuo

1971 Political Systems of Sipsong Panna: an Attempt at an Ethno-Historical Exploration into a Lue Kingdom of Yunnan, China. paper presented at the 17th Annual Conference of the American Society for Ethnohistory.

Nguyen, Duy Thieu

1993 Relationships between the Tai-Lua and other Minorities in the Socio-political systems of Muang Sinh(northern Laos). paper presented at the 5th International Conference on Thai Studies, SOAS, UK, July 1993.

Raendchen, Jana

2002 The Conceptualization of the term "muang" in Lao and Western Researchs. paper presented at the 8th International Conference on Thai Studies, Nakhon Phanomo, Thailand January 9-12, 2002.

Raendchen, Oliver

1998 The Tai Lak: Ritual and Socio-Political Function. *Tai Culture* 3(2):142-157.

Rambo, A, Terry, Karl L. Hutteres, and Kathleen Gillogly eds.

1988 *Ethnicity Diversity and the Control of National Resources in Southeast Asia*. Ann Arbor, Michigan: University of Michigan.

Schliesinger, Jochim

2001 *Tai Groups of Thailand : Volume 2 Profile of Existing Groups*. Bangkok: White Lotus.

Sethakul, Ratanaporn

1996 From Sipsong Panna to Lan Na: the Lu in Nan Province. paper presented at the 14th Conference of the International Association of Historians of Asia, Chulalongkong University, Bangkok, May 20-24, 1996.

Sethakul, Ratanaporn

2000 Community Rights of the Lüü in China, Laos, and Thailand: a Comparative Study. *Tai Culture* 5(2): 69-103.

Smith, Frank

1994 Cultural Consumption: Cabodian Peasant Refugees and Television in the 'First World'. in *Cambodian Culture Since 1975: Homeland and Exile*. May M. Ebihara, Carol A, Mortland, and July Ledgewood eds., pp: 141-159. Ithaca, NY: Cornell University Press.

Souvannavong, Si-ambhaivan Sisombat

1999 Elites in Exile: the Emergence of a Transnational Lao Culture. in *Laos: Culture and Society*. Grant Evans ed., pp: 100-124. Chiangmai: Silkworm.

Stuart-Fox, Martin

1998 *The Lao Kingdom of Lan Xang: Rise and Decline*. Bangkok: White Lotus.

Tanabe, Shigehanu

1988 Spirits and Ideological Discourse: the Tai Lü Guardian Cults in Yunnan. *Sojourn* 3(1): 1-25.

Tambiah, Stanley J.

1977 The Galactic Polity: The Structure of Traditional Kingdoms in Southeast Asia. *Annual of New York Academic Science* 293-69-97.

Thipmuntali, Khampheng

1999 The Tai Lue of Muang Sing. in *Laos: Culture and Society*. Grant Evans ed., pp: 148-160. Chiangmai: Silkworm.

Waters, Tony

1990 Laotian Refugeeism, 1975-88. in *Patterns of Migration in Southeast Asia*. Robert R. Reed ed., pp:122-152. Berkeley: Centers for South and Southeast Asia Studies.

Wijeyewardene, Gehan

1990 Thailand and the Tai: Versions of Ethnic Identity. in *Ethnic Groups across National Boundaries in Mainland Southeast Asia*. Gehan Wijeyewardene ed., pp. 48-73. Singapore: ISEAS.

1993 The Frontiers of Thailand. in *National Identity and its Defenders: Thailand, 1939-1989*. C.J. Reynolds ed. pp: 157-190. Chiangmai: Silkworm.

Winzeler, Robert L.

1976 Ecology, Culture, Social Organization, and StateFormation in Southeast Asia. *Current Anthropology* 17(4): 623-640.

Wyatt, David Kent

1984 *Thailand: A Short History*. Ann Arbor: University of Michigan.

Yoshikawa, Hideki

1999 A Lue Weaving Village: Identity and Economy of Weaving. paper presented at the 7th International Conference on Thai Studies, University of Amsterdam, July 4-8.

* 本文為行政院國家科學委員會專題研究計畫（NSC93-2412-H-002-019 與NSC94-2412-H-002）研究成果之一部，感謝國科會的支持。另外，研究進行與論文撰寫期間，承筆者多位研究助理郭倩婷、劉瑞超、陳彥亘、李甫薇、王鵬惠，以及內子李莎莉小姐多所協助，一併致謝。文章初稿曾發表於2005年11月25日中央研究院臺灣史研究所主辦之「國家與原住民：亞太地區族群歷史研究」國際學術研討會，獲評論人謝劍教授和數位在場學者指正，會後修改稿另送兩位匿名期刊審查人。提供了諸多寶貴意見，同表謝忱。最後，對中國、泰國、緬甸、寮國、臺灣、及至美國和澳大利亞各地Lue人和各族群報導人朋友的熱情，迷津指點，筆者更是難忘恩情。

（本文原刊於洪麗完編《國家與原住民──亞太地區族群歷史研究》2009/327-354。臺北：中央研究院臺灣史研究所。）

「王」的禁忌與熱門

——Sipsong Panna王國的觀光再生[*]

一、前言

　　中國帝國時期的最後二、三百年，南方疆域範圍內最重要的行政措施，就是所稱的土司制度。土司，顧名思義，即是指當地在籍的官吏管理本地。帝國行政數百年來不時出現改變現狀之聲，而實際進行改土歸流的情形也不在少。但，字義上的「土」和「流」，並無法真確反映出「土」、「流」間的人類故事，單從中文文獻資料所建構出的東亞南部政治歷史，更多半充滿我族或文化中心主義思維（見Hsieh 1989；謝世忠1990）。那麼，如何能夠翻轉歷史？精確地說應是，吾人當如何得知自「土」的角度看世界（而非總是從代表「流」方的中文資料裡），爾後重新寫就南方東亞近代史？只是中文霸權世界詮釋終世牢固，因此，幾乎不能想像有那麼一天。最主要的是，「土」的族群身分，全數是非漢人、非華夏族系和文化的傳承人或非中國正統意識承接者。代表中方或「流」方體統的中文世界，基本上不易給予對方公正評價。

　　十八、十九世紀的今中國雲南省極南沿邊南北縱深大約500公里範圍內，至少存有車里軍民宣慰使司、老撾軍民宣慰使司、孟養軍民宣慰使司以及八百大甸（即通稱的八百媳婦）軍民宣慰使司等四個土司等級最高階的政治實體。從政治人類學和在地性角度視之，它們均是泰語系族群作為統治者的小型或迷妳王國（petty kingdom）。這四個宣慰使司（中國觀點）／王國（人類學與在地觀點）後來發展命運大不同。車里即今中國雲南西雙版納傣族自治州。一般的認知是，它係一以Tai-Lue（筆者

以「傣泐」一稱作為拙著《傣泐：西雙版納的族群現象》[1993]的書名，無獨有偶地，2007年之時，Tai-Lue在地聞人曾任雲南省長的刀國棟，以同樣書名《傣泐》出版了新作）人為主體族群的Sipsong Panna（Sipsong傣語十二之意，Pan是數字上的千，Na為稻田，合起來即為十二個千田地區之意）王國，首府景洪（中國人依照Tai-Lue人Jieng Hung發音定名）或Chiang Rung（泰語稱法）（參謝世忠2009:327-54）。事實上，寮北人和Tai-Lue人也常Hung和Rung混用。前者黎明之意，後者指火燒炎熱。老撾係以Luang Prabang（臺灣譯為琅勃拉邦，中國人稱之龍帕邦）為首府之Lane Xang（百萬大象之意）王國，今屬寮國（中國仍名之老撾）的一個省區。八百大甸／八百媳婦就是泰國史上所稱的Lanna（百萬稻田之意）王國，首府在今泰國清邁。孟養則入緬甸，即今八莫地區。

　　基本上，四個宣慰司或王國，均業已消失於歷史的洪流中。車里和八百大甸／八百媳婦名稱早就不在，孟養成緬國小城，近年多次捲入抵抗政府與鴉片販賣糾紛之中（Yawngbwe 2005:23-32）。而老撾名在，但意義異於過去（一方面土司變國名，另一方面Luang Prabang皇室於1975年被共產黨革掉，現在首都Vientiane〔永珍／萬象〕之政經地位取代了舊都）。此外，車里最接近中國，在殖民帝國主義與國族主義同時拓展的日子裡，法國搶到Luang Prabang（Evans 1998），孟養隨同緬甸成了英國屬地，暹羅（後來的泰國）曼谷王朝（或稱Chakri王朝）整併了Lanna（Keyes 1987），中國則掌握到車里。自此，孟養、老撾和八百媳婦宣慰司也就從中國土司紀錄簿上除名（民國時期西南民族研究專家方國瑜即曾慨嘆原西南六大宣慰使司，就剩車里仍在境內〔見李拂一譯1947:1〕），因此，它們基本上沒有中國模式的土流競爭問題，至於碩果僅存的車里則「流」勢大漲，「土」方崩落，開始了百年來與中國同起伏的命途。

　　在本文中，筆者擬欲敘說中國政治人口勢力於二十世紀初進入Sipsong Panna王國或車里宣慰司以至今日的地方屬性認定變遷過程。換句話說，宣慰使、土司、流官、國王、司署、王庭、封建領主等等界定統治者的詞語概念，如何被使用或創造性的規範，乃至當今觀光大流行之際，其相關稱謂或人物或地點場域的再定義，均是本文關切的範圍。我們期望透過分析，可以對一個原本被認定為僅是土司的舊Tai-Lue王國，近年因觀光而再

生的歷程，作一整體的瞭解。

二、「宣慰使」的中國中心位置

　　社會主義中國於1950年代進行的國家大事之一，就是開始對少數民族作民族識別，同時判斷各族的社會發展階段，用以呼應共產黨所信仰之人類歷史自原始公社演進到最高階段共產社會的理論。傣族在當時被列為不需特別識別的民族，他就是舊社會所稱的擺夷，只要把具「歧視」意涵的「擺夷」改換成「傣族」，傣族就自然現身，沒大問題，至多僅是發音"tai"抑或"dai"的協調意見罷了（參謝世忠1993:37-54）。所以，當中國人民解放軍和民族工作大軍武文二方先後南下到Sipsong Panna之時，從擺夷轉到傣族，只消一下子工夫，比較麻煩的，反而是在地政體的界定一事。

　　不過，事實上，早在中共力量進入的半世紀之前，清帝國與接替之民國的雲南省政府，業已派遣軍隊前往Sipsong Panna，協助解決在地土司／王國貴族間的紛爭（主要是勐遮地區領主不服國王／宣慰使的指揮，甚至動用武力示威）（謝世忠1993:61-65）。此次主要來自廣西和廣東的中國軍隊於1910年進到Tai-Lue地區，與過去任務終了馬上離去的模式不同者，他們因清廷突然宣告覆亡，時間點非常尷尬，復加上巡防營管帶（後升任為思茅同知）柯樹勳的堅持下，終於長駐了下來（參刀述仁、刀永明、曹成章1984）。自此，Sipsong Panna開始起大變化。先是置思普沿邊行政總局，後改殖邊督辦公署，並使下屬各區派任流官成為事實，惟又與土司／王國政體並存。爾後普洱道尹徐為光置縣（參宋恩常1983:66-84），通曉Lue語文之柯樹勳女婿後來擔任車里縣長的李拂一，不久也啟始了他對當地歷史文化的編撰譯著書寫工作，奠下中國人與華文學術對Sipsong Panna重新認識的基礎。以前只知土司與邊族分別是車里宣慰使司和擺夷，現在則知識大大擴充，Tai、Lue、Sipsong Panna等等的稱謂，陸續被轉以「歹」、「泐」、「十二版納」等譯名，首府車里也以族人自稱的Chiang Run / Jieng Rung / Xien Run予以另解（華文多稱「九龍」，意為黎明或溫暖之城）。不過，李拂一所開創的「泐學」（Lue studies）（「泐學」

係依筆者之見。按，李氏主觀意識上應無有擬創建「泐學」研究的準備，只是長久以來中國人曾有書寫本地者，人數實在太有限，而其又特別用功，相關著作連續完成，終於形成一珍貴獨有的學問範疇）（圖1）一方面劃時代地引進了非漢文的本土資料，然另一方面卻又繼續沿用中國習常概念的擺夷和車里宣慰司。他多本書籍的*Sipsong Panna*論述（如《車里》[1935]、《泐史》[1947]、《車里宣慰世系考訂稿》[1947]、《十二版納志》[1955]、《十二版納紀年》[1984]等），均將中國的擺夷人土司——車里宣慰司，視為不可動搖的客觀歷史存在。此即反映出王國的歷史，在中國傳統知識份子眼中，永遠僅是土司的歷史。拿*Sipsong Panna*來與今天寮國前身*Lane Xang*和*Luang Prabang*相比，後兩者的主要詮釋者係西方人士（尤其是殖民母國法蘭西），因此，即直接以Kingdom（王國）識別認定之，至於中國紀錄裡的「老撾軍民宣慰使司」，殖民者基本上對其並無所悉，或者縱使有所認知，也不具有實質意義，否則法國力量不可能肆無忌憚直接占領。

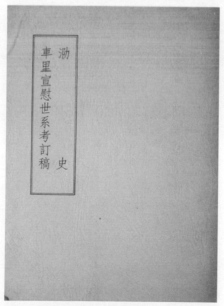

圖1：李拂一所著二書合輯。（謝世忠翻拍，2012.06.18）

　　到了中共取得政權的五零年代，*Sipsong Panna*較於先前半世紀的變動，更形巨大。前期縱使王國不悅於中國流官與柯系軍人勢力的不斷增強，但設流不改土，雙方始終行於協調路上，土司和王國俱在，*Lue*人生活大致與過去無差太多。然而，共產黨的進入，卻是直接取消王國和土司政體，因此，大量在地貴族平民逃亡泰緬寮北部（參鄭曉雲編2012:22；召存信2013:2-4；謝世忠1993）。民族工作隊伍很快地完成各項調查，並寫成多本報告書冊。這些報告書因後來連續政治肅清運動的影響，始終未出版，直至1980年代初期，政治氣氛改變，才由雲南民族出版社以「民族問題五種叢書」系列之一的「社會歷史調查資料叢刊」付梓，總共11本。它包括《西雙版納傣族社會綜合調查》二冊，以及《傣族社會歷史調查》九冊（圖2）。每一冊均約有250頁，合起來2700多頁。當時對雲南各土司地區的調查，很少見單單一地就有如此龐大的文字描述數量，因此，位居極南邊疆的*Sipsong Panna*，在新成立之中國共產政權眼中的重要性，可見一

圖2：《傣族社會歷史調查（西雙版納
　　　之二）》。（謝世忠，2012.06.18
　　　翻拍）

斑。依筆者之見，十一冊書籍實可看作接續李拂一出版的第二批「泐學」文獻，內容雖教條不少，但不少段落材料經過再詮釋之後，仍深具價值。

　　十一冊亦代表中國政府對*Sipsong Panna*的正式定義。換句話說，這是史無前例地大批中國官學兩棲人員，對Tai-*Lue*政治與生活原鄉進行實地書寫，其中多位篇章作者，後來都成了包括傣族在內的各少數民族專業研究者。他們繼續以共產理論構築*Sipsong Panna*千百年來的人類活動。而「泐學」肇祖李拂一仍然持用的「擺夷」一稱，自十一冊「二期泐學」起，就全數消失於華文出版中（按，唯有五、六零年代遷至臺灣的Tai-*Lue*人及其後人，迄今仍使用擺夷該稱〔見謝世忠2004a&2004b〕）。

　　*Lue*語的地方名稱，在該批官冊中，被以華語譯音定之，車里成了景洪（即前節提到之*Jieng Rung*的翻譯。按，泰傣語r與h音常可互用，例如，泰語「溫暖／熱呼呼」唸為*rung*、寮語和傣語則為*hung*。今泰寮兩國人仍稱景洪*Xieng Rung / Chiang Run*），勐海與勐臘二縣，亦以*Lue*語*Muang Hay*和*Muang Lar*為據。李氏慣用的「十二版納」，被定稱為「西雙版納」（按，「西雙」譯自*Lue*語的*Sipsong*，即十二之意），他喜用的「泐」（按，在地操用Tai語的原居民自稱*Lue*），多被「傣」取代（按，Tai語族系複雜，依其自稱至少有Tai-*Lue*、Tai-*Yay*、Tai-*Nuea*、Tai-*Dam*、Tai-*Daeng*、Tai-*Heng*等多種）。景洪和各勐（*muang*意為地方、鎮區、邦域、或國家，*Sipsong Panna*全境有超過30個*muang*）原均由土司管轄，宣慰使司衙門在景洪，宣慰使稱為召片領，各勐亦有土司府，召勐是首長（按，召譯自*Lue*語的*Chao*，係王或首領之意）。

　　共黨政府此時的稱名使用，等於是土流並用，*Lue*語和華語用詞皆出，其與李拂一時代凡政治單位一概使用中國土司名稱如土把總、土千總等的作法稍有不同。「泐學」旨在掀開*Sipsong Panna*面紗，過程中卻也見著不少漢與非漢要素的競合關係。泐學一、二期參與者，分別將宣慰使／召片領和召勐等詞彙，確認為封建領主之意。簡言之，凡論及在地政治，他們全數認定宣慰使為主角，而「召片領」僅是傣語對「宣慰使」的單純稱呼罷了，稱名之間的巨大文化差異，在此完全被忽略。總之，書寫者避開了自政治科學理解*Sipsong Panna*政體的可能性。

三、「召片領」與封建領主的創用

　　泰語王號有幾種稱法。泰國多名之*Prachiaoyuhua*（最頂級之神聖王者）
或*Prachiaophaendin*（普世大地之神聖王者）。北東南亞歷史上之各小型王國
則多用*Chao Fa*（天王）一稱。*Sipsong Panna*和泰國一樣，稱其國王為*Songte
Prabinchaophaendin*簡稱*Chaophaendin*。由於境內各勐都信服於*Chaophaendin*的世
襲王者地位，因此，縱使自己勐地幅員大於許多原存在今泰緬寮北部的*Chao
Fa*王國，仍僅用*Chao Muang*（勐地之主）一名，基本上不會僭越*Chaophaendin*
而自立為天王。*Sipsong Panna*王國內部歷史當然有多次動亂爭戰或搶奪王
位的紀錄（見李拂一1984；Hsieh 1989；謝世忠1993），但，大體上就在
前述共擁「普世大地之神聖王者」的原則下，至少維繫了近八百年。

　　在李拂一開啟他的「泐學」之際，也就是1930年代中葉以前，中國官
民兩方均不知有*Sipsong Panna*，更遑論*Chaophaendin*的相關訊息。對車里軍
民宣慰使司和各地土司的認知，大抵上就是中國僅有的*Sipsong Panna*基本
知識。人民解放軍進入之前，李拂一已在此地數十年，他當然知之甚詳。
但，誠如前節已稍提及者，李氏譯《泐史》或寫《十二版納紀年》，宣慰
使司和宣慰使二稱，仍是貫穿書本的要角，那個「普世大地之神聖王者」
到底是什麼？從李拂一著作中，我們還是無從得知。五零年代中共官學
軍三方力量湧進，*Chaophaendin*終於有人注意到了。在民族調查團的社會
綜合調查報告裡，刀永明與曹成章說到，「西雙版納最高封建領主，傣胞
稱為『松列怕賓召』，俗稱召片領，元時被中央皇朝冊封為車里宣慰使」
（1984a:1）。兩人於另文指出，「宣慰使（召片領）是西雙版納最高的
封建領主」（1984b:10）。高立士與徐加仁文章的說法為，「『召片領』
的名稱與其性質是相符合的：『召』即是主，『片領』是整塊土地，合譯
即是『廣大的土地之主』」（1983:66）。朱德普則謂，「傣族人民過去
稱西雙版納宣慰使為『召片領』，直譯為『廣大土地之主』曼暖典叭龍
（按，即暖典村的頭人，傣語中譯稱為「叭龍」）說：『一草一木都是
召片領的』，群眾亦說：『所有土地，都是召片領的』」（1983:95）。
傣族社會歷史調查團的這些成員如曹成章、高立士、朱德普等，後來都

成了中國傣族研究的主要學者，繼李拂一之後「泐學」的第二批學人（或稱「二期泐學」，此時，*Lue*譯成泐，大致為眾人認可，稱名已成定論），也就屬調查團的他們幾位。*Sipsong Panna*政體相關要素，即在該等工作者筆下定了調。

　　「召片領」一稱，到底由何而來？誰是首用者？現在已難考訂。以它對譯*Chaophaendin*，是否合適？我們可以稍作分析。自1950年中葉以降，經「二期泐學」學者界定了之後，中國傣族專家或一般少數民族研究者，即多已很習慣地寫出「『召片領』是為『廣大土地之主』（或『疆土之主』）之意」的文字（見如張公瑾1988:11；馬曜1990:708）。持平而言，召片領譯詞，尚稱傳神。召為*chao*譯音，傣語為王之意，片領譯自*phaedin*，*phaen*為廣大之意，*din*即是土地領域。所以，領有大片土地的人，叫做召片領。但是，數十年來眾家作者寫了百萬言，就是不稱其為王。大家就在「宣慰使」、「領主」、「盟主」之間繞詞。其中朱德普使用的「西雙版納宣慰使」一稱，最令人困惑。因為，中國歷史紀錄上，只有車里軍民宣慰使，而無西雙版納宣慰使。凡提到*Sipsong Panna*，必應與*Prachaophaedin*（普世大地之神聖王者）相連結，畢竟它對Tai-*Lue*人實具有歷史文化與我族認同的深刻意義（Hsieh 1989；Moerman 1965）。

　　Michael Moerman（1965）研究移居泰北難府（*Nan*）Tai-*Lue*人的族群性課題時，就指出族人仍保持*Lü*（*Lue*）認同，主要就是過去身為*Chaophaendin*子民的深刻記憶。然而，中國「泐學」學者雖會用「傣」、「召片領」、「西雙版納」以及「泐」等多個傣語本土詞彙，惟卻與召片領所代表的普世大地之神聖王者，及其對Tai-*Lue*的族群生存關鍵意義完全脫鉤。中國學人在我族中心思維下，對此一非漢小型政體內涵，只見極其有限的選擇性接受。長此以往，此一*Lue*人之經典國家的歷史，可能永無以主體性立場清澈現身的機會。

四、王國詮釋的封鎖

　　多年前筆者報名參加在雲南昆明舉行的第四屆泰學研究國際會議（The 4th International Conference on Thai Studies），提交論文"On the Dynamic

Ethnicity of *Sipsong Panna Dai* during the Republican Period"（〈民國時期西雙版納傣族的族群性研究〉）（See Hsieh 1990:2-9）。主辦單位雲南省東南亞研究所決定對這名唯一的臺灣學者表示熱烈歡迎，但不允許上臺報告，理由不明。此一怪異事情，開會期間，自然會有相關訊息傳遞耳邊。原來就是筆者文中稱*Sipsong Panna*係一以Tai-*Lue*人為主體的王國，一直到人民解放軍開進，維繫了近八百年的國體才正式瓦解。中方無法接受此一論調，但又期盼「中國臺灣省」有人在場，所以後來才出現人到不上臺的情事（參謝世忠1993）。

　　凡對大陸東南亞社會科學尤其是人類學研究稍有接觸，必可發現諸多學者充分描述或積極討論沿今中緬寮泰越五個國族─國家（nation-state）疆界兩邊數百公里間的傳統盆地平原（雲南人慣稱霸子）國家課題，一般通稱它們為petty state（迷妳邦國）（See Evans 1998; Scott 2009）。截至二十世紀中葉之前，該地區仍有數個較大規模的迷妳邦國存在，今寮國中北部的*Luang Prabang*和雲南的*Sipsong Panna*就是典例。前者後來自法國殖民者手中獨立為寮王國（Kingdom of Laos），後者則只能任由中國的政治動亂與無可抗辯的強大意識型態擺佈。較小型的petty state，有的在十九世紀內就被殖民帝國所瓦解，例如今寮國北部的勐新（*Muang Sing*）天王（*chao fa*）逃往*Sipsong Panna*，於是法國人就取而代之直接統治（參謝世忠2009; Evans 1998; Cohen 1998）。但，有的則至今仍具影響力。自百數十年前以迄最近幾十年間，今緬甸北方撣邦境內的反對英國或抗緬武力，有不少即由在地傳統petty state的統治家族領導（see Scott 2008: 148, 280）。國際學術的用詞習慣，多會稱較小型的petty state王子國（princedom），它們多集中於北東南亞地區西面的今緬甸撣邦地區，而較大型者如*Luang Prabang*、*Lanna*（今泰國清邁）、*Kengtung*（今緬甸東北）、*Muang Yang*（今緬甸東北）以及*Sipsong Panna*等，則多位偏東面，一向就都被稱為kingdom（王國）。

　　不過，社會主義中國民族學家或稱「二期沍學」學者的文獻裡，也不是沒有以王或國王名號稱呼*Sipsong Panna*的*Chaophaendin*者。刀永明與曹成章（1984c:14）整理一份1939年時之*Chaophaendin*分封貴族的委任狀。他們一方面稱這是宣慰使對屬下的公文書，另一方面卻將其內容譯成：

我域內的最高優者、最勝王權、至上的煊赫國王、神王、人王、至
上的救度者、至上的十具備持法者、土地的最高金殿王松溜翁兵
帕·入約卡孟（皇族銜級）召片領慈悲為懷，於王庭頒佈委令：我
王恩賜晉升……。接任後，必須為我王權事業盡忠效勞，其前途必
然光明。

　　基本上，其內容和泰國和寮國皇室（按，寮王國[Kingdom of Laos]
於1975年12月為共黨所摧毀，變成今日的寮人民民主共和國[Lao People's
Democratic Republic]），封臣或佈達官員儀式用詞大同小異。其中「王
權」、「國王」、「神王」、「人王」、「最高金殿王」、「王庭」、
「我王」等等十足代表kingdom權威專詞頻仍出現，令人印象深刻。
　　然而，這只是千百份翻譯文書中的極少數特例而已，其他絕大多數
都小心翼翼地僅稱名宣慰使或召片領，而幾乎不可能有與「王」相關的譯
稱或用字。此外，*Sipsong Panna*留下之以*Lue*文記載的文獻非常豐富，而且
一本本陸續自典藏者家中出土。雲南省民族事務委員會於是成立了雲南省
少數民族古籍整理出版規劃辦公室，分二路進行，一為單純翻譯，另一
為考證解釋。兩邊各出版了二十多冊專書，與*Sipsong Panna*相關者，前者
有如《勐泐土司世系》（刀永明與薛賢譯1990）、《勐泐王族世系》（刀
國棟、刀永明、康朗庄譯1987）、《傣族風俗歌》（岩林、曼相、波瑞譯
1988）等，後者則可以《車里宣慰使世系集解》（刀述仁、刀永明、康朗
庄譯 刀永明集解1989）為代表。在眾多翻譯本和集解本中，唯有《勐泐王
族世系》用了「王族」一稱，其他則不是宣慰使就是土司。依筆者之見，
此些極少數譯書和前舉分封貴族文告以「王」稱之，都是出版檢驗查核
過程中的漏網之魚，其中或有因編譯著述者多係Tai-*Lue*族籍，從而順於
傳統慣性理解，直接譯用出來並不覺有誤。基本上，對於*Sipsong Panna*的
召片領等於宣慰使封建領主一說，早已定調，所以，不可能土司突然成
了國王。
　　但是，上述所言，均是論著世界裡的情況，現實人際往來生活中，
「王」的字眼，卻不會那麼難被聽到。*Chao Hmoam Gham Le*係*Sipsong Panna*
王國第四十四世（一說第三十七世或第四十一世）*Chaophaendin*，漢名刀

世勛，原為雲南民族研究所研究員，現已退休（圖3）。筆者八零年代末在雲南進行博士論文田野，經常不經意見著有人玩笑性的或帶點戲謔地說出諸如「刀老師是末代皇帝」、「刀教授是傣族王子」、「刀老師是召片領，就是王啦！」、「末代傣王就是刀世勛」等等的用語（事實上，現在仍是此等戲謔介紹景況）。不過，這些都是針對刀教授個人的背景說明，至於*Sipsong Panna*一地，卻從未聽聞有人會說它過去是一個Tai-*Lue*王國。西雙版納傣族自治州和景洪等用稱，也早已取代了從前的車里宣慰使司，進而成了一般人日常習用的名詞。總之，王與王國的用名是分立的，前者玩笑可以，後者則絕對嚴肅，不可能認帳。而車里和宣慰更早已成了歷史名詞，僅見於相關研究題目之中。

　　*Sipsong Panna*非為王國屬性，以及它常年類歸中國土司等二項固定說詞，永遠在相互強化。簡言之，中國歷史學研究課題中，始終有對元明清三朝土司制度感興趣者，隨手舉例，即有龔蔭的《明清雲南土司通纂》

圖3：景洪慶祝傣曆新年會場上的刀世勛教授伉儷。（謝世忠攝，2011.04.13）

（1985）與《明史雲南土司傳箋注》（1988）二書，以及吳永章的《中國土司制度淵源與發展史》（1988）等。而與此相關者，即是對於土司官印產生興趣者大有人在。無論是較早期的社會歷史調查，還是稍後期的翻譯和集解，總見官印的介紹與圖示。雲南省少數民族古籍整理出版規劃辦公室甚至委託蕭明華出了一本《雲南少數民族官印集》（1989）。*Sipsong Panna*在這些書冊中，僅是和其他數百土司一般擁有幾個刻印的地方小吏罷了。迷妳邦國（petty state）終就還是只能以車里軍民宣慰使司之名，隱逸於中國中心所建置的東亞與東南亞之交區域歷史論述洪流裡。

五、王與王庭再現

　　一九九零年前後之時，*Sipsong Panna*如前面各節所述，官方與學術認可的代表要素，仍和五零年代無異，包括有宣慰使司、土司、西雙版納、車里、傣族、召片領、封建領主等多種。學術部分或許多加一項，那就是「泐」。對於李拂一和繼起之大量為*Sipsong Panna*定義或詮釋的社會主義學者，筆者為何將之分別歸類為「泐學」和「二期泐學」範疇？主要就是他們在中國史上前所未有地重新「發現」了此地。也就是說，數百年來所知的車里軍民宣慰使司，絕非只是簡單的土司一詞就可帶過。這批學者從知道在地人自稱*Lue*或*Tai-Lue*開始，一步步認識這塊中國總以為是「老」土司地，然卻是不折不扣的「新」領域。不過，認識之路並非全然心靈自由，眼睛一亮。畢竟，最終還是別無選擇地全數回到中國土司的詮釋老路，唯一改變的就是一些地方土語名稱的使用而已。

　　西雙版納、景洪、勐海、勐臘等州縣行政地名，均譯自原稱，此舉多少增添了「異」地的氣氛。筆者1988至1990年間首度在*Sipsong Panna*田野期間，自治州各地寧靜緩步，縣城基本上都是迷妳小鎮。不過，依當時的個人經驗，至少發現有兩個現象，著實預告了此地未來的發展走向。其一，當筆者還在昆明準備南下景洪之際，不少前來探望的中國官學人士，多會告訴你西雙版納姑娘身材曼妙江邊沐浴的神祕風情故事，然後表示大家最想到那邊辦會議，順便可參觀玩玩。其二，幾個縣城的新造建物，多會漆上類似佛教袈裟的黃色系列，展露異國風味（謝世忠1993）。前者說明了

外人對一想像之神祕地區的強大探奇動機，後者則為此製造吸引感覺。西
雙版納後來的發展，果如筆者於《傣泐：西雙版納的族群現象》（1993）
一書所言，城鎮成了金黃色城市，而最終所能代表傣族者，就是觀光文化
罷了（頁93-112）（圖4、圖5）。

　　然而，就在筆者將研究重心轉至寮國Tai-Lue人及其遷至北美洲和臺灣
的移民之際，亦即世紀之交的前後二十年，尤其是1995/1996年間雲南省
政府確定了經濟商業大發展政策方向之後，很快地機場擴建（圖6），高
速公路通達，內地大財團進駐開發（圖7），Sipsong Panna終而起了無可想
像的震撼性變化。換句話說，它是如筆者推測的極力往觀光發展沒錯，
但，變動之大之迅速，卻是始料未及。用雲南朋友的話語講，就是「翻了
不曉得幾翻了」。1990之後，筆者就未再造訪西雙版納，直至2011年，才
又踏上土地。首見變化的震驚剎那心情，筆墨難形。

　　本文不在細論觀光現狀的形成經過（按，該等研究待後續論文發
表）。但是，大轉變之際，卻讓筆者看到了「後泐學」（post-Lue studies）

圖4：甫建造完成的景洪傣醫院。（謝世忠攝，1988.06.13）

圖5：黃橙色裝飾的景洪車站。（謝世忠攝，1988.06.12）

圖6：西雙版納機場。（謝世忠攝，2011.04.12）

圖7：景洪大型商城招商廣告。（謝世忠攝，
　　　2013.11.12）

的*Sipsong Panna*樣態。不過，自此或許不應再稱"*Sipsong Panna*"了。筆者長時期使用該名（包括本文前大半），係因感受到*Lue*人傳統主體意識仍在，*Chaophaendin*依舊活在不少人心中。然而，今天幾乎只剩下中國的「西雙版納」了。現在的西雙版納，就僅是一個普通常識的地名，人們可以來此避寒投資，順道參觀商業製造的奇風異俗，尤其首府景洪星級酒店林立，超大型商場和摩天高廈滿佈（圖8）。過去街上小沙彌行走往來，以及傣裝或山區民族打扮的路人四處之景觀（圖9），不知何時全數消失。

　　前頭提到，「泐學」時期宣慰使、土司、西雙版納、車里、傣族、召片領、封建領主等是書寫要項，然到了自1990年代中葉起以迄當下的「後泐學」時段，與泐人泐地相關的知識，均已轉為一般常識了，研究者根本不必再去拼命詮釋車里宣慰司到底是什麼，畢竟關心者少，一切已成歷史過往。不過，「後泐學」的今日，如「宣慰」和「勐泐」等幾個稱名要素，反而廣現於已成都會的景洪高樓市區裡。現在景洪建築仍然維持金黃

圖8：四處林立的景洪新蓋高樓。（謝世忠攝，2013.04.10）

圖9：景洪街上日常所見的山區民族。（李莎莉攝，1988.06.18）

10｜11　圖10：勐泐大道路牌。（謝世忠攝，2011.12.24）
　　　圖11：宣慰大道路牌。（謝世忠攝，2011.12.24）

主色，但如前段所述，市區不見桶裙女子和黃衣比丘穿梭，自然的動態民族色彩不再，而兩條主要大路卻命名「宣慰大道」與「勐泐大道」（圖10）。宣慰和勐泐到底是什麼？來者想知道。官方已於一塊面積廣大的山坡地建了一名為「西雙版納南傳文化旅遊區」的觀光地點，裡面有一「勐泐大佛寺」（圖11）。

　　西雙版納昊緣旅遊發展有限公司在介紹該旅遊區的摺頁上寫道，「昔日版納最美傣王皇家園林　今日中國最大南傳文化盛地　明日版納必遊的文化旅遊區」（不著撰人 不著年代a）。Tai-Lue人原本一年一次的新年浴洗佛像與潑水儀式活動，如今在該旅遊區天天上演。筆者注意到文字中出現了「泐學」時期不可能看到的「傣王皇家」用詞。雲南省旅遊局出版英文本 *Guide Book of Yunnan Tours* （《七彩雲南旅遊天堂》），提到曼聽公園（圖12），"The Manting Park is two km from southeastern Jinghong, used to be the royal garden of the Dai emperor in Xishuangbanna with history of 1300 years."（雲南省旅遊局　不著年代:120）翻成中文就是，「曼聽公園位於景洪東南二公里處，是昔日維繫1300年歷史之西雙版納傣族皇帝的御花園」。

　　西雙版納旅遊局也編有英文觀光書冊 *The Xishuangbanna Tourist Guide*，其中也提及曼聽公園。編者說到，"Legend has it that a Dai princess's soul was much attracted by the beauty of the place, and the name Manting refers to her."（Xishuanbana〔略〕no date:18）中譯如下，「傳說有一位傣族公主深為此地的美麗所吸引，所以就以她的名字命名之」。同一旅遊局另有《西雙版

圖12：南傳文化旅游區。（謝世忠攝，2011.12.24）

納旅遊指南》一書，中英對照，內容指出「曼聽公園的前身是傣王御花園，至今已有1300多年歷史」（西雙版納傣族自治州旅遊局，不著年代：29）。該局的《西雙版納旅遊》摺頁除了繼續「傣王御花園」之說外，還表示當地提供「傣王御膳」。和前舉的「傣王皇家」一樣（不著撰人，不著年代a），此些紙類中，「傣族皇帝」、「傣族公主」、「傣王」等稱號用得頻繁，無形中建置了歷史印象。

　　*Sipsong Panna*王國王庭所在，當地漢人多稱之「宣慰街」（雲南土語唸成hsien yi kay），位於瀾滄江支流流沙河旁山丘。九零年代初期，當地只見農場橡膠林地和工人工寮，從景洪市區搭吉普車前往，大約10公里，一路坑洞路面，跳躍碰撞抵達，需要個把小時光景（圖13）。現在則建有一勐泐文化園。《西雙版納旅遊指南》說，「景區……與原宣慰使司署相毗鄰，……景區擁有……傣族古老的勐泐故宮遺址」（西雙版納傣族自治州旅遊局，不著年代：33）。The *Xishuangbanna Tourist Guide*則謂，"The cultural park of Mengle is built at the historical place of the Dai Palace of the former

圖13：俗稱宣慰街的原王庭所在成了取膠工寮。（李莎莉攝，1988.06.17）

Dai Kingdom"（（Xishuanbana〔略〕no date:21）（中譯：勐泐文化園區建
於舊傣族王國的傣王宮歷史地點）。《西雙版納旅遊》摺頁也提到該園為
「原傣族古王宮──景隴金殿國的遺址」（不著撰人，不著年代b）。觀
光客可乘纜車過江至園區參觀。近來官方擬欲在現地重建過去的王宮，以
期召來更多訪客之說，甚囂塵上。一位曾任地方政府高級官員的舊王國重
要貴族後人對筆者表示，「解放前Chaophaendin的王庭其實和一般傣人住
家形態沒差多少，若要復建，應蓋更早之前存有的真正金殿王宮，莊嚴肅
穆，金碧輝煌，不過，它在百年前因戰亂燒毀，到底長什麼樣子，沒人知
曉」。

　　筆者二十年前曾親眼見過荒棄於橡膠園旁的舊王國攝政王Chao Hmoam
Siang Meeng（刀棟廷）（按，即末代國王Chao Hmoam Gham Le／刀世勛的
父親）官邸，的確與一般住家沒兩樣。拿前述傳統北東南亞地區泰語系較
大petty state（迷妳邦國）的Luang Prabang王宮和較小規模的Muang Sing天王
（Chao Fa）府宅相比（圖14、圖15），兩者氣派都遠大於Sipsong Panna王

圖14：位於Luang Prabang，已改成博物館的寮國舊王宮。（謝世忠攝，2007.02.12）

圖15：寮國北部Muang Sing舊王宮。（謝世忠攝，2006.02.13）

國的攝政王邸。然，*Sipsong Panna*和*Luang Prabang*二王國國力相當，長年相互通婚，不可能皇族生活待遇相差至此，甚至還遜於小小的*Muang Sing*。所以，或許真如前引該貴族後人所言，從前存有一與其他建築大不同之皇宮。總之，自重建皇宮的說法來看，中國一直設法擴大西雙版納觀光效應的企圖心，應不會中止。

　　無獨有偶地，西雙版納四處出現王國或傣王的同時，舊王國皇族和貴族的新作中，也同樣以「王」為本，敘事歷史與人物。先是雲南大學建校八十八週年之際，專研黨史校史的劉興育寫了《雲大拾英》一書（2010），其中有一篇訂名為〈「末代傣王」在雲大〉（頁191-202）（圖16）。一年後，雲南民族大學為紀念創校六十周年，出版了《商山記憶——雲南民族大學建校60周年回憶文集》，邀來雲大社會學系畢業的刀世勛（*Sipsong Paima*王國最後*Chaophaendin*），親自寫了一篇〈從末代傣王到民族學者的身份轉變〉（2011:99-104）。前後二文的末代傣王，都是指刀世勛，唯一有別的是，較早的一文為末代傣王冠上了引號。

圖16：〈末代傣王在雲大〉一文
　　　首頁。（謝世忠翻拍，
　　　2012.06.21）

　　而事實上，王國最重要大臣之一的*Chaotulongtha*（按，相當於首相兼財政大臣〔參謝世忠1997〕）族系姪孫作家征鵬，則早在2006年就出版了《傣王宮秘史》一書（按，事實上，不止西雙版納，包括位處更西南而官位略低的孟連宣撫司，也有其後人為歷任統治者寫了《娜允傣王祕史》（召罕嫩[2004]2007）。此外，前提傣族曾任雲南省長的刀國棟，亦於其《傣泐》一書（2007）裡，放上了「傣王出巡圖」（頁98）與「傣王印章」（頁104），同時也以「王位」繼承用詞，說明歷來召片領的更迭（頁141）。

　　至於學術研究方面，類似的轉變在最新出版論著中，也清晰可見。白云與何少林所著《中國傣族》一書（2012）即多次出現「勐泐王國」（如頁8）和「皇城」（如頁328）用詞。西雙版納傣族自治州傣學研究會出版的《傣族封建領主制研究》（2012）收錄多篇文章，其中「勐泐王國」（頁4，頁50）、「勐泐王」（頁62）、「副王」（頁29）、「親王」（頁29）、「國王」與「皇帝」（頁188）、「傣王」（頁4）、「末代傣王」（頁201）等詞語，紛紛出現於各個作者筆下。鄭曉雲主編的《當代雲南傣族簡史》（2012）直接稱土司為「地方國王」（頁9）或「封建王國的國王」（頁9-10）。而薛翠微與燕沙的《尋找記憶與價值——西雙版納文化圈文化傳承研究》（2013）該書表示，西雙版納封建化過程，就類似中世紀西歐的小王國，有國王和領主等（頁38）。其他如已廣為大家使用的「勐泐王國」，自然亦見於是書（如頁67）。

　　總之，中國西南突然間，似乎傣王滿天下了。觀光、一般著作與學術發表多向出擊，傣王、王國、王庭、王宮等等相繼現身，變成熱門。這是以「王」為表述核心之「後泐學」時代，與超過半世紀之以「土司」為鐵定結論的「泐學」歲月最大不同之處，*Sipsong Panna*王國似乎重見天日了。

六、結語：觀光效應與政體變位

　　筆者相隔二十年再度回到*Sipsong Panna*，令人小有震驚的是市街全景的極度觀光化，而使自己大大訝異者，則推「王」的命運竟然從禁忌跳躍

至熱門。觀光與王國同時來到*Lue*人的今天生活領域，兩者相關否？答案當然是肯定的。不過，我們還是要先思考一下，倘使如此以往，那麼「泐學」與「泐學二期」範圍的李拂一和社會歷史調查團隊及其後續接棒之傣族研究專家，又應如何給予定位？換句話說，他們辛勤建構之「絕對不是王國政體的」車里宣慰使司、封建領主、中國的土司、以及召片領僅是宣慰使的傣語稱號等等相關論述，還剩多少學術價值？*Sipsong Panna*歷史需要重新研究建立嗎？「後泐學」的學者是否自此就均會以王國的架構來討論*Sipsong Panna*？設若如此，那將是中國歷史和人類學／民族學研究的創舉。因為，在泛華人國度裡，從沒有任一進入現代中國國族一國家架構領域的明清和民國土司，曾被以王國實體辨識理解過。

　　大陸東南亞專研petty state（迷妳邦國）的大量國際人類學論著，或許有機會被新一代社會主義學者充分參考，然後以較大型的迷妳王國角度再釋*Sipsong Panna*。觀光效應果真造成學術可能的改變途徑嗎？當然值得拭目以待。不過，極度觀光的發展，其力道的確驚人。它幾乎可以摧毀幾十年來積極陳述西雙版納自古屬於中國的官學論斷。為了觀光賺錢，民族的異國情調越神祕越古調越好，於是，傣王、王宮、王庭、公主、王國、皇家乃至皇帝通通跑出，人們到了一些吸引力中心景點（如勐泐大佛寺、曼聽御花園、勐泐文化園、王國遺址等），即可發揮想像，覺得自己親臨了異族邦國土地。此時，以人類學角度觀之，實有必要對現存的「泐學」學者與今日「後泐學」研究者，作一場學術社群田野調查。先是調查老作者們對古典作品的評論，然後再詢問新作者們未來的下筆策略。據此，中國民族學史或可出現新興旨趣。

　　本文講的是一齣「邊疆」故事。五、六十年前*Sipsong Panna*是不折不扣的邊疆。民國政府習稱擺夷為邊疆民族，而人民政府則法制化為少數民族。不過，傣族無論作為邊疆民族，還是少數民族，只要是歸屬於土司範疇之下，均不可能有機會主體性地以*Sipsong Panna*、*Chaophaendin*、*Muang Le*、普世大地之神聖王者、或不小心被傣族譯者寫出的「我域內的最高優者、最勝王權、至上的煊赫國王、神王、人王、至上的救度者、至上的十具備持法者、土地的最高金殿王松溜翁兵帕・入約卡孟召片領」等字詞要素充份界定，進而說明自我社會文化屬性和歷史過程。所以，我們看到從

民國起始的「渳學」以及接續的「渳學二期」，幾十年來始終就是宣慰使的土司情事。

　　自90年代中葉開始的超級觀光發展政策與推行，很快解放了觀光景點的王國禁忌，全境直接歡迎人人光臨傣王御花園。十年過了，西雙版納地區「王」稱「皇」名更見普及，於是王國貴族作家開始以「傣王宮」為新款書名，合情合理，更毋庸擔心政治不正確說錯了話。又過了五年，大學裡開始有人回憶傣王年輕時的校園點滴，最後*Chaophaendin*自己也以「傣王」自稱，撰文校內書冊中。而學界人士提及傣族，更是越來越多不忌「王」論。商業觀光似乎讓人讓政府忘卻一切，也使人（主要是傣族上層和學術中人）相對膽大。但是，筆者相信，現存的「渳學」耆老，應不會忘記從前的車里土司論述與宣慰使封建批判。但，他們會如何體驗當下新的傣王國呢？而那些充斥於景洪街上明顯缺乏在地歷史文化知識的觀光尋奇者，萬一偶現欲與傣族交流動機者，又能往何處尋覓訊息？凡此問題，其答案難以想像，卻也不難想像。畢竟，現在是五光十色的「王」情「皇」氣獨大。

　　回想二十數年前昆明會議論文被禁宣讀一事，再看看從「渳學」經「渳學二期」至「後渳學」的演變，筆者以一既非標準「渳學」學者，又不是「後渳學」群聚專家的立場，參與了這場歷史劇碼，對於知識與政治關係的詭譎，有了進一步的認識。社會主義中國好像最終也與筆者同調，我們都知道西南中國與緬寮交界，有一個名為*Sipsong Panna*或*Lue*的較大規模petty state／迷妳邦國。只是中國似乎唯有在強力觀光效應條件下，才會召來各方承認「王國」，並且以之「迷」妳／你前來。如此觀之，謝世忠1990年論及的Kingdom of *Sipsong Panna*，自不能等同於當前中方的傣王、王宮、王庭、公主、王國、皇家乃至皇帝等的諸詞意涵。西雙版納觀光只消繼續發酵，這些「王」必得以長命。

引用書目

刀世勛
　　2011 〈從末代傣王到民族學者的身份轉變〉。刊於《商山記憶──雲南民族大學建校60
　　　　週年回憶文集》。雲南民族大學編，頁99-104。昆明：雲南民族出版社。

刀永明、曹成章
　　1984a 〈車里（西雙版納宣慰使司署的政治組織系統（摘要））〉。刊於《西雙版納傣族
　　　　社會綜合調查（二）》。雲南省編輯委員會編，頁1-9。昆明：雲南民族出版社。
　　1984b 〈關門、開門節例行各勐朝拜宣慰使並接受官員封委的禮儀〉。刊於《西雙版納
　　　　傣族社會綜合調查（二）》。雲南省編輯委員會編，頁10-13。昆明：雲南民族出
　　　　版社。
　　1984c 〈封委頭人、分派負擔、祭地方鬼通告等譯文〉。刊於《西雙版納傣族社會綜合調
　　　　查（二）》。雲南省編輯委員會編，頁14-18。昆明：雲南民族出版社。

刀永明、薛賢譯
　　1990 《勐泐土司世系》。昆明：雲南民族出版社。

刀述仁、刀永明、康朗庄譯、刀永明集解
　　1989 《車里宣慰使世系集解》。昆明：雲南民族出版社。

刀述仁、刀永明、曹成章
　　1984 〈柯樹勛進入西雙版納的前後記事〉。刊於《西雙版納傣族社會綜合調查（二）》。
　　　　雲南省編輯委員會編，頁31-42。昆明：雲南民族出版社。

刀國棟、刀永明、康朗庄譯
　　1987 《勐泐王族世系》。昆明：雲南民族出版社。

刀國棟
　　2007 《傣泐》。昆明：雲南出版集團公司。

不著撰人
　　不著年代a。《西雙版納南傳文化旅遊區》。不著出版者。
　　不著年代b。《西雙版納旅遊》。不著出版者。

召存信
　　2013 〈共產黨指引我走上革命道路〉。刊於《我和西雙版納》。政協西雙版納傣族自治
　　　　州委員會編，頁2-12。北京：中國文化出版社。

召罕嫩
　　2007（2004）。《娜允傣王祕史》。昆明：雲南人民出版社。

白云、何少林
　　2012 《中國傣族》。銀川：寧夏人民出版社。

朱德普
　　1983 〈勐景洪的土地情況調查〉。刊於《傣族社會歷史調查（西雙版納之四）》。雲南
　　　　省編輯委員編，頁95-108。昆明：雲南民族出版社。

西雙版納傣族自治州旅遊局
　　不著年代《西雙版納旅遊指南》。景洪：西雙版納傣族自治州旅遊局。西雙版納傣族自
　　　　治州傣學研究室編
　　2012 《傣族封建領主制研究》。北京：中國文化出版社。

吳永章
　　1988《中國土司制度淵源與發展史》。成都：四川民族出版社。
宋恩常
　　1983〈西雙版納歷代設治〉。刊於《西雙版納傣族社會綜合調查（一）》。雲南省編輯
　　　　委員編，頁66-84。昆明：雲南民族出版社。
李拂一
　　1935《車里》。昆明：雲南大學。
　　1947《車里宣慰世系考訂稿》。昆明：雲南大學。
　　1955《十二版納志》。臺北：正中書局。
　　1984《十二版納紀年》。臺北：著者自印
李拂一譯
　　1947《泐史》。昆明：雲南大學。
岩林、曼相、波瑞譯
　　1988《傣族風俗歌》。昆明：雲南民族出版社。
征鵬
　　2006《傣王宮秘史》。昆明：雲南美術出版社。
馬曜
　　1990〈從命名法看西雙版納和周代封建領主社會等級制度〉。刊於《貝葉文化論》。王
　　　　懿之、楊世光編，頁708-721。昆明：雲南人民出版社。
高立士、徐加仁
　　1983〈西雙版納宣慰使司署及胡景洪政治情況概述〉。刊於《傣族社會歷史調查（西雙
　　　　版納之四）》。雲南省編輯委員編，頁65-94。昆明：雲南民族出版社。
張公瑾
　　1988《傣族文化研究》。昆明：雲南民族出版社。
雲南省旅遊局
　　不著年代 Guide Book of Yunan Tours《七彩雲南旅遊天堂》）。昆明：雲南省旅遊局。
劉興育
　　2010〈「末代傣王」在雲大〉。刊於《雲大拾英》。雲南大學編，頁191-202。昆明：雲
　　　　南大學出版社。
鄭曉雲編
　　2012《當代雲南傣族簡史》。昆明：雲南人民出版社。
蕭明華
　　1989《雲南少數民族官印集》。昆明：雲南民族出版社。
薛翠微、燕沙
　　2013《尋找記憶與價值——西雙版納文化圈文化傳承研究》。北京：中國文化出版社。
謝世忠
　　1993《傣泐：西雙版納的族群現象》。臺北：自立晚報。
　　1997〈Sipsong Panna傣泐政體辨析：一個歷史民族誌的研究〉。《文史哲學報》46:199-
　　　　241。
　　2004a〈國族—國家的建構、範疇、與質變：中華民國陸軍第九十三師的雲南緬泰臺灣半
　　　　世紀〉。刊於《國族論述——中國與北東南亞的場域》。謝世忠著，頁55-79。臺
　　　　北：國立臺灣大學。
　　2004b〈結構與關係之外——在臺滇緬軍眷移民社區的「東南亞族群生態學」〉。刊於

《國族論述——中國與北東南亞的場域》。謝世忠著，頁397-412。臺北：國立臺灣大學。

2009 〈從族裔型國家到國族——國家及世界游移的適應：跨國境泰語系*Lue*人族群置位的歷史過程〉。刊於《國家與原住民——亞太地區族群歷史研究》。洪麗完編，頁327-354。臺北：中央研究院臺灣史研究所。

龔蔭
1988 《明史雲南土司傳箋注》。昆明：雲南民族出版社。

龔蔭編著
1985 《明清雲南土司通纂》。昆明：雲南民族出版社。

Cohen, Paul
1998 Lue Ethnicity in National Context: A Comparative Study of Thai Lue Communities in Thailand and Laos. *Journal of the Siam Society* 86(182):49-61.

Evans, Grant
1998 *The Politics of Ritual and Remembrance: Laos Since 1975*. Chiang Mai: Silkworm Books.

Hsieh, Shih-chung
1988 *Ethnic-political Adaptation and Ethnic Change of the Sipsong Panna Dai: An Ethnohistorical Analysis*. PhD dissertation, University of Washington, Seattle.

1990 On Dynamic Ethnicity of the Spsong Panna Tai during the Republican Period. *Thai Yunnan Project Newsletter* 9: 2-9.

Keyes, Charles F.
1987 *Thailand: Buddhist Kingdom as Modern Nation State*. Boulder: Westview Press.

Moerman, Michael
1965 Ethnic Identification in a Complex Civilization: Who are the Lue?. *American Anthropologist* 67:1215-30.

Scott, James C.
2009 *The Art of Not Being Governed: An Anarchist History of Upland Southeast Asia*. New Haven: Yale University Press.

Xishuangbana Dai Autonomous Prefecture Tourism Bureau
No Date *The Xishuangbana Tourist Guide*. Jinghong: Xishuangbana Dai Autonomous Prefecture Tourism Bureau

Yawngbwe, Chao Tzang
2005 Shan State Politics: the Opium-Heroin Factor. in *Trouble in the Triangle: Opium and Conflict in Burma*. Martin Jelsma, Tom Kramer, and Pietje Vervest eds., pp:23-32. Chiang Mai: Silkworm Books.

* 本文係國科會專題研究計畫「中國西南少數民族地區的多元現代性——子計畫六：強勢觀光文化作為現代中國的世界引力機制——西雙版納世紀之交二十年」（100-2420-H-002-006-MY3）研究成果之一，初稿曾於2012年6月22日中央研究院國際漢學會議上宣讀。研究期間承雲南地區諸多好友協助，特誌謝忱。另外，國立臺灣大學人類學系博士候選人

　　楊鈴慧同學與筆者前任研究助理郭欣諭小姐協助書目編排與部分文書作業，同表謝意。

（本文原刊於《民俗曲藝》2016/191:219-252。）

不需對話的族群分類
──寮國北部的「人民」與「國家」[*]

一、前言

　　人類學在專研「原始」、「傳統」、前現代（pre-modern）及無文字
（pre-literal）小班群（band）部落的基礎上，發展成一門以田野為基本研
究方法的獨立學科。為何針對小班群部落？一方面因其小規模，故研究者
較有機會全盤掌握運作過程，繼之即可深具信心地界定人類社會的全貌性
質；另一方面，小群「原始」（primitive），想像中較接近人類「原相」
（human nature），暸解了他們，人類本質是什麼，也就呼之欲出了。基
於人類學史上的前述經驗，人類存在的各類「原相」始終迷人，他們對學
者所產生的吸引力，永續不墜。

　　基於上述的學科立論前提，族群或人們以傳統方式集結成群的自然
分布狀態，係人類可能存有的原相之一。確定是自然分布狀態，而非現代
國家強制排列組合（如日治時期對臺灣高山原住民的集團移住），才較有
可能讓研究者放手分析前現代時期所形構之如文化生態學、族群關係，
以及民族學動植物學等長時程傳統的議題。當然，所謂的「自然分布狀
態」依是一可供挑戰的概念。不過，筆者並非二分式地主張經由現代國家
之手操縱而成者是為「非自然」，而其他就一定全係「自然」。「自然」
只是一強調性的詞彙，它反映了族群的區域性、在地性、甚或主位性的
擇選事實。今日分布於泰寮北部的 *Hmong*（中國人慣稱為苗）、*Iu Mien* 或
Mien（中國人稱為瑤）、*Lisu*（中名傈傈）、*Lahu*（中名拉祜）等族，被
認為係遷移自中國（謝世忠1994a; McCaskill 2008:279-282; Michaud & Culas

2000; cf.Scott 2009）。他們的移動有山田燒墾尋求新土地的需要，但最重要者仍是避離漢人勢力擴張和中國帝國軍事的壓力（cf. Saetern 1997:455-469）。不過，縱然*Lahu*專家Anthony R. Walker（1995:326-365）直接以深具受壓制意涵的「第四世界」族群（the Fourth World Peoples）（詳參謝世忠1990&2012）界定該等群體，各族至少在一百年之前，仍是自由地走動，找到新的自然安居之處（而不是被國家強制安插到某一地），直到現在，大部份傳統形成的聚落，仍存在於北東南亞各處。所以，例如，泰北山地族群，依筆者的認定，基本上就是一種自然分布狀態。直到十九與二十世紀之交，當代泰國國族—國家（nation-state）建立，國族以敵意眼光看待非泰裔居民（Keyes1995[1977]; 謝世忠2002:3-39; Kammerer 1989:259-301），並深入管制原有分布狀態，其「自然性」才受到威脅。

　　筆者過去曾以「自然族群」和「官定民族」來說明社會主義中國的非漢人族系景況（見謝世忠1989，1993；Hsieh 1989）。當下中國55個官方認定的民族，即使部分的確有在地歷史性的識別基礎（如海南島在地歷史上就有黎人〔參謝世忠2009:315-360〕，而今也官定了黎族；又，廣泛的西南區域近千年來即有苗人的地方知識〔參謝世忠 1990:373-431, 1997:319-355; 芮逸夫1972（1964）:159-176〕，而今也官定有苗族），然絕大多數就是國家之手的排列組合結果（see Harrell 1996:274-296）。自然族群指的則是55族之外原存有之認同單位，唯有經由人類學的細緻田野，方能發現它的所在。族群的自然分布狀態，除了存在於前國族—國家時期（pre-nation-state era）之外，另也可能是國族—國家當下的「地下認同單元事實」（ethnicity underground）（如中國今況），亦即，每人擁有一國家規制的族群／民族身分，但，在日常生活場域裡，其他原屬自然族群範疇的認同，則不時出現引導待人處事方針（參謝世忠1993）。連像中國此類強有力以中央牢牢控制最草根角落的國家，均仍見著非法政認可的自我族稱或族群感知（ethnic awareness）四處出現，更何況那些體質貧弱的社會主義國族—國家，在其國力難及之處，按理應很容易找到各族各群的主位公開身影。

　　大陸東南亞的內陸國寮國人民民主共和國（Lao People's Democratic Republic，一般簡稱Lao PDR），相較於左鄰右舍的泰、越兩國，其國族—

國家的力量顯得相當有限,可說是一典型的「體質貧弱」當代國家。多數寮學(Lao Studies)專家,多少都會提及此事(see e.g. Rehbein 2007:4-8; Pholsena & Banomyong 2006; Pholsena 2006:43-64),且以之為影響今日該地區文化或政經風貌的要因之一。簡單來說,如前述*Hmong*、*Iu Mien*、*Lisu*、*Lahu*各族,寮國也見分布。然而,國家之手尚無力伸入太多。尤其縱使由於*Hmong*在印支半島戰爭期間,因與美國中央情報局太過接近,而被共黨寮國政府特別盯住(see Ovesen 2004:464),繼之規劃將其遷至可供監督之處,後終因經費嚴重短缺而無力為之。所以,這些群體部落均仍處於自然族群分布狀態。不過,雖然如此,寮國當局絕非未在努力構造自己的國族—國家,其中,從博物館的建置及其內容呈現上,即可說明部分景況。

在本文中,筆者擬以寮北的大小城鎮各一為主例,說明該等地點自然族群分布狀態,以及兩個鎮區官方博物館的族群展示知識,並進一步討論自然狀態與官方知識間的相處議題,其中亦將納入首都永珍(Vientiane)寮國國家博物館(National Museum of Laos)和古都龍帕邦(Luang Prabang)的族群研究中心部分材料,以期尋求了解初階或弱體國族—國家無以展現力量時的「原相」。「原相」的獲解,形如「原始」部落的學術現身一般,學人們得以雀躍,而人類學的東南亞知識,即能據此繼續積累。

二、寮國自然族群分佈狀態

中國官定了55個少數民族,加上漢族,全國共有56個民族(謝世忠1989; Harrell1995)。越南官定了54個少數民族,加上京族或越族,全國計有55個民族(Evans 1985:116-147; Salemink1997:488-535)。中越兩國均為「實體性」的社會共產主義國家,國族—國家力量強勁,民族分類成為律法,傳統承繼的「自然族群」認同存在於地下,而且部分學者相信,它將日漸衰退(cf. Harrell 1996:274-296)。換句話說,人工的(即國家強力創制的族稱)會跨過自然的(即祖先傳承的認同表徵),後來居上,成了生活裡外的新族裔代表符號。不過,寮國此一亞洲國民所得居未的「窮國」,是一典型「虛體性」社會共產主義國家,國族—國家的作用因軍事經濟力量不足,再加上與泰國相若之較忽略當下時間理想生活目標的南傳

佛教鬆散社會結構特質（Winichokul 1994; Embree 1950），因此，在全國族群分類認定工作上，一直未能法政常效化（詳見後文討論），以至於像中國一般的所謂自然與人工族群意識之爭，也就難以見著。中越兩國國家少數民族系統確立後，包括學術研究在內，多半即以之為圭臬，而無意另外進行分項建置（按，臺灣至少有芮逸夫教授先於中共多年，科學性的類分了中國民族，但，在中國民族識別體系建置並很快普遍化了之後，已很少人再去注意芮氏分類知識的存在了[1972a(1942); 謝世忠1997:319-355]）。然而，寮國的情況，則見各位學者協助分類，版本多種，而政府方面也不是沒在設法，但其所做分類卻無多大實體行政效益。

　　Joachim Schliesinger曾仔細考察寮國全境的族群種類。他表示自己大體上已走遍可以指認之處，不過，這位勤勞的族群分類學家亦承認，若欲百分百發現、識別、逢遇、及調查寮國各族群及其亞群，恐怕花上學者一輩子，都難以達成目標（2003：xx-xxi）。可見寮國族群類屬之複雜。族群複雜一方面令政府頭疼，始終理不清楚，但對學者而言，卻極具吸引力，畢竟在挑戰高難度中，誰人優質，即可位升，成為論解大家。過去超過半個世紀時間內，寮國政府以及各方旅行家、學術人士就在較勁中，不斷提出分類版本，直至今日仍未歇息。

　　法國「湄公河探勘小組」（French Mekong Exploration Commission）以兩年時間（1866年至1868年）完成了今寮國全境調查，提出了發現有20族的報告書。1882年Paul Neis在法國公共教育部支持下，率團考察寮國北部，發表該區共有8族的看法。約略同時，暹羅（今泰國）王庭英籍顧問James McCarthy也在同區進行調查，他的分類數為15，倍多於Neis。此外，1877和1880年，則有Jules Harmand與Etienne Aymonier分別提出寮國南部有21和10族的看法。1879至1895年另一頗富盛名的探險工作，即是由Arguste Pavie所率領的北東南亞考察任務（Pavie Mission）。Pavie自己整理出了18個族名，他的團隊其他成員意見，則分別有寮南的16族、全國的7族、寮北的22族等（Schliesinger 2003:7-38）。

　　自二十世紀中葉寮國脫離法國殖民以降，由國家所主持或執行或提出的全國族群分類，往往不是僅流於「傳言」，明明分好了，卻遲不公佈，或者雖有分類，卻不具實質效用。獨立之初，有人曾聽聞寮王國宮廷

官員將全國分成Lao *Lue*（或縱谷Lao人）、Lao *Tai*（或村寨Lao人）、Lao *Theung*（或沿山Lao人）、及Lao *Soung*（或山頂Lao人）等四種。1973年之時，又有傳說皇家政府已將全國分成58族，但這58族到底是誰，因從未公佈，始終成謎。1975年共黨革命成功，取代了王國政府，在寮國族群知識建置上，進入一關鍵的年代。不少人認為，新政府明確地將全國類分成Lao *Loum*（低地Lao人）、Lao *Theung*（高處Lao人）、及Lao *Soung*（山頂Lao人）等三類，簡單明瞭，但相見於前述早在十九世紀就有數十族認知的觀念，以及王國時期58族的未明架構，三分法似太過單調。Schliesinger甚至認為，如此的簡化作法，簡直是一個「民族誌的玩笑」（ethnography joke）（2003:57）。不過，Laurent Chaz'ee指出，政府此舉已有將少數族群納入國家／國族脈絡的意圖（2002:6）（因為，無論怎麼分，大家都是Lao的某一類項）。換句話說，玩笑科學過程所代表的卻是嚴肅政治目標。

總之，三分類的課題，不會那麼簡單，它引起政治、學術、以及人民之間的對話角力，綿延至今，仍未見停止。筆者2003年在美國西雅圖南邊寮國人尤其是泰泐（Tai-*Lue*）集中之社區田野之時，幾乎所有知道我對族群議題感興趣的報導人，均會在很短時間內，就告之寮國有Lao *Loum*、Lao *Theung*、Lao *Soung*等三類人群的說法。此等三類人清楚地居處於不同生態地理高度，非常具象，很容易理解，因此，報告者對於自己具備此一系統性知識，無不顯出滿意心情。2005年開始，筆者年年踏足寮國，所到之地，還是聽到不少三分的論調。可見該項全國族群分類方式，在地理學架構認知取向下，已成國民生活常識。

美國密西根大學語言人類學者Charles Zuckerman（2010:13-18）曾就三分的由來專題研究。他表示，批判三分法者，不論是寮國官學二方，還是國際研究者，均難以駁倒此一地理學基礎之不同高度生態環境適應的邏輯事實。由於邏輯性極強，該論點越見力道，且不斷地經人們傳用而被無數次的強化。Zuckerman認為，在法國人統治時期，即有三分理論的基礎，香港大學寮學權威Grant Evans也有相同看法（Evans 1999:24）。而英國赫爾大學（Hull University）東南亞研究學者Vatthana Pholsena則確認三分論被正式提出使用是在1950年代的王國政府時期。因為剛剛脫離殖民統治不久，新本土政權亟於以"Lao"一統全國，紮根各族人民向心力（2002:180）。所以，

直接認定共產黨背景之寮人革命政權（Pathet Lao）是為三分論創用者之說，並不真確。急欲推翻王國政權的共黨革命團體之所以延用三分論，主要是基於其一，用地理科學標準分類，可以服眾；其二，藉此去掉諸如Khaa（奴隸之意，多指高山族群）和Meo（以叫如貓聲之名，指稱Hmong人）等的歧視用語，以贏得認同；其三，正如前引Chaz'ee和Pholsena之說，三分各類均有"Lao"為前置，方便宣揚國族團結道理（Zuckerman 2010:15）。

　　不過，三分之論在共黨正式取得政權之後不久，卻公開表示應以揚棄，因為，革命過程中，反王國政府團體曾向多個族群保證，將來要承認各族的位階同於主體寮人，所以，必須每一族群均獨立承認，而非籠統的大類三分（Pholsena 2002:185）。就在共黨政權成立之後6年，1981年寮人民民主共和國政府召開「少數族群會議」（the Conference on Ethnic Minorities），宣布停止使用三分體系，因為它無法反映事實（Jigyodan & Sathalanasuk 2001:A6-1）。只是，幾乎所有研究者（如 Satoshi 2004:134; Jigyodan & Sathalanasuk 2001:A6-1; Zuckerman 2010:13; Pholsena 2002:185），都和筆者一樣，一入田野，很快的就察知三分類仍遍存寮人認知世界中，有的公務單位也照樣繼續使用。前論Zuckerman主張的區位地理生態高度邏輯，人們易懂易解，以致通用至今。事實上，不論是Edmund Leach的古典緬甸高地社會形構（1954），抑或James Scott最新的大陸東南亞高地Zomia庇護所理論（2009），均已指出此一中國南境之外的高低生態落差大塊陸地之上，單一文化或單一語言，絕無法自成人類故事。穿越多種語言文化的宏觀認同，處處可見。因此，必須以此一視角端看如緬甸之Kachin語群團體與Tai-Shan語系政體間具充分人際互動意義的共織社會，也應據以理解為何名義上多族群存在之廣大高地，可以充當急難之時相互接納援助的場域。據此，我們可以想及，寮國人民並非隨意背誦三分論調，然後無理述說。基本上，那是一種生活經驗的答案，同樣生態地理區的居民，大家總是來來往往，互通有無，因此可以將之統括成一大群。在寮國，細部的族群知識或許是一大難題，但，廣體的三分族類說法，卻早已根深蒂固了。

　　到了1980年代中葉，又出現了新的族群分類神祕事件。當時寮國學術人才缺乏，因此，請來了越南專家協助，結果據稱有820種自我宣稱的群

體出現。專家們認為，其中有不少是同族不同名重複宣示，也有一些根本就誤認。但，這820種是什麼，也沒有人知道。後來經過整理，專家團隊提報了68族給中央，卻同樣遭到從未公布的命運。自1983年起始，及至1985年完成的全國第一次人口普查，政府未對820或68給予任何說明，卻公告了47個族名外加7個外國人團體（Schliesinger 2003:59-66; Evans 1999:78; Pholsena 2002:185）。同一年稍後，政府再次提出47族（族名略有調動）的分類官方說法。47族的公佈，形式上終結了過去三分類的架構，然而，誠如上文所述，即使今日，在田野地問到寮國有哪些族，城鎮居民受訪人仍多以Lao *Loum*、Lao *Theung*、Lao *Soung*回應之。政府在1995年之時，仍維持47族的說詞。自此之後，年年有傳言說又要重新公佈新的族群分類，卻都不了了之。到了1999年春天，寮國國家建設前線所轄的族群研究部門（Lao Front for National Construction's Research Department on Ethnic Groups）派出官員至各地收集資料，為期四個月，縱使這些調查者僅是出發前短暫幾天講習，而從未受過正式訓練，他們的重點又是人口而非族群識別，最終還是呈報了55族，再降6族而成49族（Pholsena 2002:185-186）。維繫了十年的47族推估數字，自此增加了2族。再過了些時候，2002年之際，有政府委員會向中央呈報新分類表，但內容為何，並未得知（Schliesinger 2003:71-72）。官方不停的分類，分了之後，不論公佈與否，均只停留於「分」幾類的層次，或者都是推估概說，寮國政府並無如中國越南一般，立刻可以據之將族群數量法制化，並且在地方行政上實踐之。

　　位於首都永珍的寮國國家博物館（Lao National Museum）展有該國各族的訊息，可以觀看抄錄內容，但，不准攝影（圖1）。一進大門即可見族群展區的標題寫著「一個國族擁有眾多民族：寮人民民主共和國的多元族群」（Many Peoples, One Nation: Ethnic Diversity in the Lao PDR）。下頭的文字為：「寮人民民主共和國是全國大約50個族群，150個亞族，以及更多氏族、部落或家族群體共同的家。這些多元人群源自寮泰、南亞、漢藏、以及藏緬等四個語族」（"The Lao PDR is home to a wide ethnic variety, comprising around 50 main groups, 150 subgroups, and still more clans and tribal or family group. These diverse peoples derive from fours major linguistic families: Lao-Tai, Austroasiatic, Sino-Tibetan and Tibeto-Burman."）。原以為49已是定論，

圖1：寮國國家博物館外觀。（謝世忠攝，2012.04.07）

但，代表國家的博物館展示內容，卻多出一個，而且充滿諸如「許多」
（many）、大概「around」等的不確定語氣。在介紹各個語族之內的族
群時，也用「某些」（some）字詞作為標題。例如，「某些／一些漢藏
語族的群體」（Some Peoples of the Sino-Tibetan Language Group），或者
"Some Peoples of the Tai Language Group"（某些／一些泰語族的群體）等。
到底有多少族，國家顯然很想知道，但，無奈總難以確定。「大約」、
「大概」、「許多」、「某些」等等籠統語彙，出現於統計國家族群種
類的正式公告上，這在體制嚴密的中國或越南社會主義國家中，幾乎
不可能見到。尤有甚者，展示看板上，理論上早被共黨政府廢止的三
分類Lao *Loum*（Lowland Lao）、Lao *Theung*（Upland Lao）、及Lao *Soung*
（Highland Lao），在此公然地與Lao-*Tai* Language Group、Some Peoples of the
Austroasiatic Group、及Sino-Tibetan & Tibeto-Burman Languages Groups等三組
系統並置現身。問及館內服務人員箇中道理，答以，「這就是寮國啊！我
們本來就是三分類啊！以前如此，現在也是啊！」在寮國，政府政令的實

圖2：永珍寮國國家文化園區展示低地寮人宗教寺院。（謝世忠攝，2010.07.19）

踐與否，或者效能評估機制等事務，均未上軌道，所以，在族群範疇上，一方面國家不可能細節草根人們的身分認同，另一方面甚至政府自己也還留於早被認為不合時宜的三分類法思維而不覺有大關係（圖2、圖3、圖4）。

　　除此之外，學術或研究者的分類，在寮國獨立之後，亦未曾中止。其中較著名者包括Karl Gustav Izikovoitz、Pierre-Bernard、Frank M. Lebor、美國政府、Joel M. Halpern、Hoai Nguyen、Nguyen Duy Thieu、總部位於美國德州達拉斯的Summer Institute of Linguistics、及Laurent Chazée等。他們的分類數字有25、42、44、36、49、41、38、90、54及132不等（Schliesinger 2003:42-44, 73-110）。

　　從十九世紀早期的探勘／冒險家算起，以迄今日，百年來的寮國族群分類，已不下有數十種版本。國內國外，政府民間，學術非學術，在在表達了興趣，並通通加入工作。這些分類版本說法，成了特定的族群知識。該等知識單元除了置建者之外，也或多或少當已影響了部分知悉其中者的

圖3：永珍寮國國家文化園區展示高處寮人住屋。（謝世忠攝，2010.07.19）

圖4：永珍寮國國家文化園區展示山頂寮人住屋。（謝世忠攝，2010.07.19）

想法。然而，對於寮國官方和一般人民來說，族群知識往往不是不易以行政實踐，就是距離遙遠，難解其意。換句話說，寮國多元族群是事實，簡單的三分說，雖邏輯堅強，方便記憶，多數人卻也說不了幾個各大項之下的支系人群（依筆者田野經驗，一般寮國人，大體上只能說出低地操泰語系方言的Lao和Lue人[即中國所稱的傣族]，中海拔山地講南亞語言的Khmu[即中國所稱的喀木人]人，以及高山地區的Hmong和Akha族[即中國所稱的苗族和哈尼族]），以至於到了現在，「分類」仍難以影響人民生活。也就是說，寮國的「自然族群分佈狀態」，並未被族群分類所波及，政治力量太弱，縱使政府公布了分類，尚無力如中國所為一樣，可以依此調動人民的認同。

在此一景況下，今天，任何學者、來訪者、觀光客前往該國，即有百分百機會自己認識自然族群。上文所舉之各種分項，包括官方所為者，均難以影響來人的認識機制（不若至中國旅行的外國人，必有某種管道知道該國有55個少數民族，而身臨各地，也會有許多人自己報出55個之一的民族歸屬。越南的54族情況類似）。因此，造訪寮國各地的心靈自由程度極高，四處是「驚奇」（因為，以為自己發現了某某特殊族群。筆者遇著幾次歐洲單車背包遊客，即多有發表過類此心情），而它也成了極具真實性（authenticity）想像的觀光特色（cf. MacCannell 1999 [1976]; E. Cohen 1988; Wang 2007:789-804; Martin 2010:537-554），走膩了基礎建設完備之旅遊地點的西方客，自然對此一「原相」國度趨之若鶩（參考謝世忠2007 & 2012）（圖5）。顯然，族群的多元縱使朦朧，總充滿觀光探奇想像，至於族類的三分，那怕極其清晰明瞭，也超越不了自然人群處於無外界障礙景況下的認同世界。

三、北方族群景觀：Luang Namtha與Muang Sing

寮國的「開發」程度，一般的理解是中部的首都Vientiane（永珍[萬象]）和舊王都Luang Prabang最「進步」，其次南部Savannakhet和Pakse，再次北部Udomxay和Luang Namtha，最「落後」地區為東北的Phonsaly。本文的敘述對象為排居倒數第二的Luang Namtha。

圖5：寮國舊都Luang Prabang四處可見的西方背包型觀光客。（謝世忠攝，2010.
　　04.08）

　　Luang為「大」之意，Lam為河流，全名即為「廣大的Tha河流域」。
Luang Namtha為寮國的一個省，省會城鎮即以同名稱之，中國人多譯稱為
南塔。從Vientiane出發，飛行約一小時可抵Luang Namtha。Luang Namtha機
場很小（圖6），過去每星期只有二班飛機往返Vientiane。這幾年進行整建
機場，2008年完工，雖還是迷妳規模，但已有更新，班次也漸次提高到一
天一班，期待吸引更多觀光人潮（謝世忠2012:35-36）。

　　Luang Namtha鎮沿河左岸建立。舊城位於南面，機場即在附近，新
城則在往北8公里處。新城區原為農地，政府徵收建城，省的行政機構全
設於此。Luang Namtha的南傳佛教寺院並不多，舊城和新城內各有一座，
新舊城間馬路邊村內有兩座。新城往北過橋向東，建有一座，機場以南
10公里還有一座。林林總總加起來，不過6個佛寺。這個數字和新舊首都
Vientiane和Luang Prabang各有數十座相比，簡直天壤之別。

圖6：修建之前的寮國Luang Namtha機場僅供此類12人座小飛機起降。（謝世忠攝，
　　2006.02.15）

　　佛寺不多，直接告知了族群分類與分佈的景況。在寮國，操泰語系
方言各族群如主體Lao人和源自中國雲南*Sipsong Panna*（中名西雙版納）地
區的*Lue*人，多數信仰佛教，此外，居處中海拔甚至接近平地操南亞語系
的*Khmu*人，也是信徒。Luang Namtha 6個寺廟，位居最南者為*Khmu*村落擁
有，最東過河者為Tai-*Lue*佛寺。舊城區內該寺與通往新城區途中的二寺，
均是操泰語系的*kalom*人（該族人多數自認和*Lue*人很接近，也與泰國清邁
一帶被稱為Tai-*yuan*或*Khon Muang*〔城鎮人家〕群體關係密切。部分族人移
居至北美洲之後，的確各項人際關係發展均以*Lue*人為主要對象，從而與
主體Lao人反而有所距離）村寨所有。簡單地說，Luang Namtha傳統上很
少有主體族群Lao人的分佈，現在所見者，全是由南方尤其是舊王都Luang
Prabang遷來作生意或任職公務。新城區內的佛寺，在鎮北坡上，寺院建築
鐵皮為頂，顯得破舊，寺內設施亦是空洞，出家人數目更是寥寥無幾。這

座佛寺係新城成立後勉強建立者。搬入城內居住或工作者，平常少有人前往禮佛（按，四月份佛曆新年時，才見有較多人潮趕攞拜拜），因為原來分布於城鎮（本為農田）週邊的族群，多為操泰語系，卻信仰泛靈的Tai-*Dam*（黑泰人；不信佛教），他們入城工作，不必理會也不需考量是否有佛寺在旁（按，佛教族群如Lao和*Lue*人村落內，至少必有一村屬佛寺）。

　　總而言之，Luang Namtha城的大宗族群為Tai-*Dam*、*kalom*，以及*khmu*，其中Tai-*Dam*最為多數。典型低地水稻佛教泰語系族群就只有一個Tai-*Lue*村落。他們係自東北方的Phonesaly（中文稱豐沙里）（按，該區為今寮國生態人文最傳統之地，其地大部分原為*Lue*人*Sipsong Panna*王國的轄區，中法天津條約割讓給法國，成為法屬印度支那（French Indo-China）的一部分[cf.謝世忠2008; Pholsena 2006:43-64]）遷來。稍遠近山處，則有兩個*Hmong-Mien*或苗瑤語系的*Lantan*（中國習稱藍靛瑤）村落，至於藏緬語系的*Akha*族（中國官稱哈尼族，惟雲南人和哈尼族人均喜稱為優尼族），則更入深山。筆者作為一名田野工作者，連續幾年（2005、2006、2009、2012）均前往該地，幾回下來，終於整理出上述的自然族群分佈景況。當然，誠如前面提及，城內有不少來自Vientiane和Luang Prabang之Lao人公務員、商人，以及從外地至此的*Lue*人小生意店家。他們均是佛教信眾，但卻不太願意以前舉街角之破爛佛寺為儀式對象（只有大節日時，不得不上去一趟），而*kalom*與*khmu*寺廟又相對陌生，唯一較熟悉或可勉為接受的*Lue*村卻嫌太遠，因此，多半就在家裡佛龕邊，掛放功力高強佛爺照片，佈置莊嚴，直接取代了寺廟功能。他們心中認同或心儀的佛寺，仍是自己原鄉村內的該座，或者如Vientiane和Luang Prabang等大城市被認為發展有望的金碧輝煌寺院。號稱國家主體族群的Lao人移民，也只得承認自己為Luang Namtha地方上的「少數」，至於佛事相關生活，就各自設法打點處理了。

　　自Luang Namtha往北驅車約2個半小時，可至寮國極北小鎮Muang Sing。Muang Sing原是一Tai-*Lue*人的*muang*（山間盆地）類型小王國，其王室由今緬甸的Keng Tung遷來。*Lue*人是統治者，山區各族皆納貢服務。十九世紀初法人探險至此，王室幾經抵抗，最後逃亡北方*Lue*人大本營*Sipsong Panna*（今

中國之南西雙版納傣族自治州）。小王國滅後，不久法國人即正式殖民統治包括Muang Sing在內的今越、寮、柬三國全境（Thipmuntali 1999；謝世忠 2008; P. Cohen 1998; Gunn 1989）。

　　既然曾是*Lue*人王國之地，就可能使人以為當地多是*Lue*人村落。事實上，環Muang Sing舊王城所在附近約6公里半徑之內，的確有十幾個*Lue*村。但與這些*Lue*村交錯存在者，還有數個Tai-*Nuea*（北泰人）和Tai-*Dam*（黑泰人）村。再往外2、3公里，*Hmong*和*Iu Mien*村林立。又，內山地區*Akha*村落多達50個。換句話說，*Lue*人、Tai-*Nuea*加Tai-*Dam*、以及*Hmong*加*Iu Mien*等的村落數目，分別都為十來個，在社區擁有量的數據上，*Lue*人、其他Tai系團體、以及山區民族等三類群平分秋色。至於人口量計的多數族群，則應非*Akha*人莫屬。*Lue*人雖非絕對多數，卻以占著壩子盆地平原之優勢，成為廣大地域的統治者。

　　Muang Sing主要有Sork和Youan兩條河流，自北貫穿，全區因此分成三大塊。位於左邊之Sork河左面和兩河中間區域，幾乎全是*Akha*村落。其它*Lue*、Tai-*Nuea*、Tai-*Dam*、*Hmong*、*Iu Mien*等族，則都集中於Youan河中下游方圓約5平方公里之處。這種族群分佈狀態，自法人佔有之前即是如此。由於包括*Lue*人王國、法國殖民者、寮王國、以及共產寮國在內之各政權，均未有如中越般建立起「族群國家化」（nationalized ethnic group）的法制政控系統，因此，自然族群分佈狀態就一直平穩持續。今天，外人來到此，租個自行車，花上二個白天，各族聚落均可造訪。走訪過程即如行走於自然一般。自然山川田園和自然族群就在身旁，而大部分時間裡，代表國家的公務人員與機構，則似如形影無蹤。簡單來說就是，看不到專權政府代表人在此指揮決定住民的身分認同，自然族群樣貌順勢保存。有些在地商人從泰國一方學到「涉險觀光」（trekking tour）的攬客方式（cf. E. Cohen 1996a&1996b），主打帶領觀光客深入各族村落，感受真實的民族生活，但因看到真實部落太容易了，根本不需勞煩導遊，所以，生意始終清淡。

四、北方的「國家族群」：Luang Namtha省立博物館 與Muang Sing舊宮文物館

　　上文多次述及相較於泰越兩大強勢國族—國家，寮國是為一弱勢的 當代國家。她的弱勢，在少數族群議題上，直接反應於前節提到之族群分 類的不確定性，以及族群政策有效推行的遙遙無期（例如，明明傳統三分 類已於三十數年前就被宣布不適用，甚至使用者可能面臨反革命的指控 [Pholsena 2002:185]，直至今天，政府人民仍舊續用，也從未聽聞有誰因此 受到處分。又如，國際人權團體擬欲了解寮國婦女權利的景況，無料卻發 現根本連有幾個族群，生活於何處都模糊不清，更遑論獲知兩性關係的資 訊了[Mann & Luangkhot 2008]）。國家到底有幾族，拿捏不準；分了類， 又因配套措施（即行政管理機制）的闕如，而不敢公佈。各地的族群祭典 儀式活動，幾乎全是族群村落自身的「自然性」或「傳統性」展現，而絕 少看到公家要素的介入（如在屬強大社會主義國家的中國或者高度資本主 義民主化的臺灣常見到的政府出資、內容指導、或官員充當貴賓等）。

　　不過，寮國畢竟是一當代社會共產主義國族—國家。國族—國家的特 性之一，就是相當程度上國家統治者總是設法將人民「同一形質化」（例 如，創出共祖神話、特定意識型態超越族群認同、以國民教育強制教學單 一國語、或製造出舉國景仰的英雄人物等[Keyes 2002:113-136; Obeyesekere 1995:222-247; Yoshino 1998:13-30；謝世忠2002:3-39]），以「大家為同一類 人」之想像，來確保對國家的向心效忠。寮國自然也不例外。只是該國國 力不足，看不到國家力量服務人民效能的展現（在該國四處可見交通非 常不便、郵電公共服務甚為有限、學校極其簡陋等等諸多處於已開發國 度人們難以想像的「落後」情況），因此，國族—國家負責人只有另類設 法，那就是讓公立博物館表達族群國有的事實。不僅位於首都永珍的寮國 國家博物館（Lao National Museum）如此，包括居處邊陲的Laung Namtha和 Muang Sing兩地的館舍也是一樣。

　　Luang Namtha省立博物館位在該省文化研究所旁邊（圖7），係一棟綠 色屋頂仿古建築。博物館甚少有參觀者，一方面當地人沒有造訪動機；另

圖7：寮國Luang Namtha省立博物館。（謝世忠攝，2005.02.12）

一方面，外來觀光客多只是路過該鎮，目標不在此。館內擺設相當簡單，且不具有恆溫恆濕設備。入門即是一寮國地圖，再來為Luang Namtha省圖並標有Lao *Theung*、*Lue*、*Lantaen*、Lao *Yuan*、*Hmong*、Tai *Dam*、*Kui*、*Sida*、*Yao*、*Pana*、*Yang*、*Akha*、Tai *Neua*等十三族名（圖8）。牆邊倚放幾個大型考古石器標本和三個銅鼓。最豐富的展示則是依族陳列的衣飾櫥窗，以及各項生活工具。

族群衣飾櫥窗有*Lantaen*（Lao *Houei*）、*Yang*、Lao *Yuan*、*Khmu Kouene*、*Kmou Lue*等。而放置地上之如織布機、魚筌、簍子等生活工具則未標示族名。另外，空檔牆上貼有部分族群的單人照或多人合影圖片，照相的背景多為Luang Namtha地圖，少部分為村寨場景（圖9、圖10、圖11）。此外，還有幾張共黨革命之時的歷史照片，以及重要政黨或地方領袖圖像。

博物館縱使一切就簡，卻印製有一份品質頗佳的英文摺頁名為*Luang Namtha Museum: A Guide to the Collection*。該介紹摺頁除了呈現有省圖，和地區歷史發展表之外，另亦文字說明該館計有自然史、考古文物、以及族群

圖8：寮國Luang Namtha省立博物館展
　　　示該省各族名稱圖。（謝世忠攝，
　　　2005.02.12）

圖9：寮國Luang Namtha省立博物館族服展示牌。（謝世忠攝，2005.02.12）

圖10：寮國Luang Namtha省立博物館展示Lantaen族服櫥窗。（謝世忠攝，
　　　2005.02.12）

圖11：寮國Luang Namtha省立博物館展示Kmou族服櫥窗。（謝世忠攝，
　　　2005.02.12）

服飾（ethnic costumes）三個展區。其中「族群服飾」區的介紹彩圖，文字並茂，最為詳盡。摺頁把族群分為 *Khmu*、Tai、*Hmong-Mien*、及 Tibeto-Burman 等四個大類屬，各類依屬分別包括 *Khmu Kouene*、*Khmu Yuon*、*Khmu Lue*（以上第一類）、*Yang*（又稱 *Nhang*、*Nyang*）、Tai *Yuan*、Tai *Lue*、Tai *Dam*、Tai *Nuea*（以上第二類）、*Yao*（又稱 *Mien*）、*Hmong*、*Lanten*（以上第三類）、*Akha*（第四類）。這些族群的分類基礎為何？摺頁並未說明，每一族名之下，只見服飾特色的描述。

　　一間規模有限的博物館，如上所述者，在呈現 Luang Namtha 地區族群種類時，於地圖資訊、服飾櫥窗，及廣告摺頁等三個範疇上，卻相當不一致。地圖上的 Lao *Theung*、*Kui*、*Sida*、*Pana* 等族，不見於櫥窗與摺頁。地圖與櫥窗拼成 *Lantaen*，摺頁則為 *Lanten*，櫥窗的介紹另寫有「*Lantaen* 又稱 Lao *Houei*」。地圖列了 13 族，摺頁的族群數字亦同，但兩相比較，即發現部份種類名稱有所出入。例如摺頁的 *Khmu Kouene*、*Khmu Yuan*、*Khmu Lue* 等就均不在地圖資料上。另外，摺頁列有不少特定族群的又稱（如 *Yang* 也稱為 *Nhang*、*Nyang*），地圖和櫥窗卻沒有類似資料。總之，同一公立的族群文化展示單位，卻四處顯出其族群分類知識的不協調性。工作人員或沒有查覺，也或知曉，但並無「求證、更改、或統一」的動機。官方沒有「同調」的族群分類與稱名，在 Luang Namtha 博物館例子上，顯露無疑。

　　Muang Sing 地區的 Tai-Lue 舊王宮，和世上許多過往皇家遺留的結局情形類似，均被改成博物館（圖12）。Luang Prabang 寮國舊皇都宮殿改裝的博物館，因傳統王權力量大，加上又是重要的當代國際觀光地點，所以，頗具規模。而位處篇區之 Muang Sing 小國，當然王宮樣態原就迷你，現在的博物館設備，相較上自是簡單許多，參訪人數也稀少。Muang Sing 博物館原為王宮，所以外型凸顯，但因內部陳舊，以致直接減低了整體的吸引力。博物館有兩層樓，樓上展示王室文物，不准攝影。樓下則為 Muang Sing 地區的各族群物質文化陳列室。陳列的方式就是將同一族的文物，如背簍、盤子、杵臼、罐子、蓆子、葫蘆容器、魚筌、勺子、鋤頭、鐮刀、織布機、紡紗機等等，放在一起（圖13、圖14、圖15、圖16）。這些展品可任人拍照。詢問服務人員樓上下拍照規定不同的理由，回答說是上頭規定。事實上，上層展示文物更比下層稀少空洞，不能攝影充其量只是反映

圖12：寮國北部Muang Sing舊王宮地方博物館。（謝世忠攝，2006.02.13）

圖13：寮國北部Muang Sing舊王宮地方博物館展示廳。（謝世忠攝，2009.04.14）

圖14：寮國北部Muang Sing舊王宮
地方博物館展示部落族群人
像照片。（謝世忠攝，2009.
04.14）

出樓上王室與樓下平民不同位階的潛在思維罷了。

與Luang Namtha省立博物館相同者，Muang Sing文物館亦是將寮英兩種文字並列的族名牌子，置於各特定族群文物之前。這些族名有Phao Thai Lü、Phao Yao、Akha・Iko、Thai Neua、Phao Yao等。將之與Luang Namtha館相比，即可發現Luang Namtha的Lue或Tai Lue，在Muang Sing成了Phao Thai Lü；再者，前者的Yao（又稱Mien）、Tai Nuea、Akha，在後者則稱為Phao Yao、Thai Neua、Akha・Iko。"Phao"寮語意為「族」，加上了該字，多少傳達出族群的整體性意涵。Akha與Iko／Igor同指一族，只是兩稱各有人用，基本上前者為他稱，後者為自稱。不過，這幾項落差還不是最為關鍵者。筆者認為，Tai或Thai字的使用，更為有趣。一般而言，"Thai"係專指泰國（Thailand）的Thai，亦即，泰國國族—國家架構下之泰人、泰語、泰文化等等，就以Thai稱之。至於"Tai"則泛指所有語言學上之泰語系範圍，包括泰國、寮國、緬甸和越南北部若干群體，以及中國的水、布依、壯、侗，和黎等族。不過，大體只有人類學家才具此一類分知識。一般人多稱寮

圖15：寮國北部Muang Sing舊王宮地方博物館展示桌上之各族文物。（謝
世忠攝，2009.04.14）

圖16：寮國北部Muang Sing 舊王宮地方博物館展示Phao Thai Lu族人文
物。（謝世忠攝，2005.02.14）

國的*Lue*人為"Tai *Lue*"。將之文字化時，到底用那個字拼出[tai]，顯然Luang Namtha與Muang Sing並未統一（雖然後者為前者行省內之區域鄉鎮）。而寮國政府一方，也未意識到"Thai"一稱的國際用法。總之，Muang Sing文物館反映出該單位納入各族的思維：以「族」統稱之，不忌使用Thai，以及他稱自稱併用（按，或許是該區*Akha*人數眾，因此特尊重其*Igor*自稱）（圖17、圖18、圖19、圖20）。多位學者均看到了寮國政府對Muang Sing的直接統管力量有限（如謝世忠2005; P. Cohen 1998），因此，該地呈現了相當自治性的生活觀念，也就得以理解。公立文物館不止代表地方行政，它亦是國家代理者之一。Muang Sing與Luang Namtha的國家族別界定，同一省份，兩距不遠，竟有不小差異，該國社會文化與族群分類方面的鬆散景況可見一斑。

圖17：寮國北部Muang Sing鎮上Tai Lue人前往佛寺禮佛隊伍。（謝世忠攝，2005. 02.15）

圖18：寮國北部Muang Sing地區前往參加慶典的Igor族人。（謝世忠攝，
　　　2015.02.16）

圖19：寮國北部Muang Sing地區Igor族人參與Tai Lue人新年慶典活動。
　　　（謝世忠攝，2009.04.16）

圖20：寮國北部Muang Sing地區各族孩童。（謝世忠攝，2006.02.13）

五、併置？競爭？或強制？

　　到過寮國的人，一般印象就是「人民非常友善、農村純樸，可能是世上少見之沒有商業功利的地方」。這份印象可從網路旅遊心得中獲知，也能在田野中與觀光客（絕大多數為西方人）交談取得答案。筆者多次造訪該國，發覺她根本不似中越典型的威制型社會／共產主義國家。在寮國，平常感受不到國家代理人的存在，路上難得一見軍警或公務人員在「管理」人民，進入政府機關辦事，好似也不必經複雜的官僚程序。明明經濟已為泰、中兩國掌握（到處是兩國進口商品），卻無人有危機意識。總之，全國鬆散成一片。

　　「泰國係一鬆散的社會結構」之說，（因為行雙系繼嗣，缺乏單系強制性文化價值，又信仰佛教，現世虛幻，不需在意標準、規範、界線及世俗觀念），在人類學界少有爭議。寮國人類學研究才正起步（見Charles F.

圖21：寮國北部Luang Namtha地區Kalom寺院僧侶。（謝世忠攝，2006.02.18）

Keeges對Grant Evans[1998]著作的推荐說明），尚未有人嘗試系統性地比較泰寮兩國社會結構，或者以泰國經驗轉看寮國。惟依筆者之見，在寮國主體族群Lao人僅佔全國半數不到的景況下（Evans 2002），欲知寮國是否有一單一性或整體性的社會結構，恐怕仍須長期田野，交參族群文化歷史分析，方能獲知狀況。不過，雖然如此，單從國家展現的面向，以及人民對這些面向的感應觀之，以「閒逸放任」形容寮國，似不為過。

　　想要追求「真實性」（authenticity）的觀光客，到了寮國北部Luang Namtha或Muang Sing，只消租騎腳踏車，一日繞境，即可逛個四、五個不同族群村落。信仰佛教者有寺院，不信佛教者有傳統村寨。外來要素如西方基督宗教教堂聚會所在該地甚為少見。抱著尋找「自然、原始、傳統、神祕」想像的訪客（參謝世忠1994b），多半能獲取相當程度滿足感。

　　以Luang Namtha為例，從新城區騎車往南，8公里到舊城區。入城之前有兩個Kalom村，各有一個佛寺（圖21）。城內多數居民也是Kalom，但離

開鎮上再往南2公里，就有*Khmu*村在旁，也有佛寺。*Kalom*為Tai語人，*Khmu*則操南亞（Austro-Asiatic）或孟吉（Mon-Khmer）語言。兩相臨居，長久如此，彼此也知誰是何族人。在Muang Sing的情形亦同。從主街往西，村落林立，先是*Lue*人，再來即為同信佛教的Tai-*Nuea*，以及信仰泛靈的Tai-*Dam*。在此一國度內，左鄰右舍是異族村，稀鬆平常。有一次在Muang Sing鎮外道路遇上約10名小學生，他們要求替其拍照，筆者就順便問及族屬，結果每一位均輕鬆回答。他們分別屬於5個不同族群。筆者強調「自然族群分佈」，其中一個重點，就是各族群成員感覺自然自在，寮國北部景象如此。也許有人會想像從一般都市社會學或族群人類學角度所看到的紐約、洛杉磯族裔多之複雜特定現象，如階級層化（stratification）、資源競爭、政經壓制、人口迫遷等（Jenkins 1988 [1986]; Marger 2006），應亦可轉用於Luang Namtha和Muang Sing多族毗鄰關係的觀察基礎。然而，誠如筆者再三強調者，「鬆散型」社會結構與「閒逸型」社會主義政權，再加上常保自然分佈狀態，寮北族群現象終究無法以典型社會學、人類學概念理論來加說明。

　　一般政治學與政治人類學理解下的強大當代國族—國家，並未出現在寮國。國族—國家力量弱小，不易使地方隨國家波動，各個族群延續歷史的分佈，自然地維繫特定的族群關係相處模式：面對異族卻無明顯的「異族感」。各族併置存在於同一土地上，不見政、經、教育等國族—國家強力介入才會出現的當代族群競爭，也沒有國族與族群間、國家與地方行政間、及政府與人民間的強制性力量出現事實。的確，就如探險型觀光客至此發現「原始」自然的驚奇一般，帶著標準國族—國家族群關係知識來到寮國，將會訝異地發覺，可能承自前國族—國家時期的「原來的」傳統仍然存在。據此，筆者以為，東南亞學人們務須盡棄固制學術，以全新之眼，點滴認識自然族群型態，才是上策。

　　不過，寮國雖弱，其國族—國家架構亦在政府有限力量努力中，隱然初成。Luang Namtha和Muang Sing的兩個公立博物／文物館，就是典例。博物館納入了各屬地區的族群分類，有地圖，有稱名，有衣飾文物為證，也有文字說明。寮國國家之下一個行省和再下的一個級區，總共就是有這些族群，而他們的生活與文化，全在公立機關主事者的操控之中。形勢上的國家官僚階層完整，上下帶位，一層層隸屬。然而，誠如上節所述，各種

提及族群種類的資訊分歧,同一博物館內竟有多重傳統,而負責人或管理人卻無所感知。這表示該國的族群景況仍未定論,所以,國內外則都繼續在類分遊戲中興奮有趣。對社會主義國族──國家來說,「族群景況仍未定論」一事,著實不可思議(例如中國和越南早就法政強勢認定55和54個少數民族了)。但,寮國的確就是如此。

不過,即使如此,博物館仍有機會肅立權威,教育人民族群分類必須依它。但,簡陋陳設的兩館,幾乎從未有居民甚至學校學生前來參觀,館方也不會主動邀請。館內的族群分類設置,多半時間不是閉鎖塵積(如Luang Namtha),就是孤單堆放(如Muang Sing)。少有人會進門學習或求證知識。表面上為國家治理者的公立博物館,對在地人民而言,卻是完全的陌生。博物館的官方族群分類從未建立權威性,因為一來自己的系統即不相一致,二來與人民並無對話,再者國家弱勢,教育不到民眾。反過來說,北部地區的自然族別分佈狀態對政府而言是理想的。因為,在寮國曾有過共產革命,但卻未曾聽聞族群衝突或對立。換句話說,歷史和當前的自然族群分佈狀態,被人們順理成章地接受,生活中,大眾都輕鬆自在地穿梭往來「異族」村寨。每個人都叫的出自己的「族名」,也知誰人是誰族。這些族存在於自然分佈狀態的情況中,完全不需國家的干預指認。前述Luang Namtha舊城區分為幾個*Kalom*村寨,但博物館的分類種屬中,卻無此族。*Kalom*不會去要求館方增列或如中國部分非漢族人士曾上書請願期盼獨立成族的所為(cf. Cheung 1996, 2004)。同樣地,政府、國家代理者或博物館作業人員,也不曾生成以公共管理甚或公權力量,強制替換校正或正名*Kalom*族稱的動機。雙方並置存在,互不關係。因此,競爭孰為正統之事不會存在,人民也就未有被國家強制規範族群認同的壓力經驗了。

六、結論

人類學者在工作過程中(如閱讀早期遊記或古典民族誌)難免會出現有身歷「傳統」社區的想像。東南亞內陸共產社會主義寮人民民主共和國由上萬個農村構成(Evans 1995[1990]),可以說舉國就是一個「傳統」。

盼望有浸染部落農村傳統經驗的學人，可前往查訪。一抵達即見遍綠炊煙田野世界，而族群文化好奇驚喜事多，更可能分秒都處在人類學尋異或浸身原始的田野工作狀態。本文「族群自然分佈狀態」概念的提出，即是基於類此體驗的分析取向建言。

　　理論上，國族—國家總是管制人民細微，一切為成功建置單一國族（如中國的中華民族，日本的大和民族），所以勢必有效操控國內多個擁有自我認同之族裔群體（ethnic groups），以避免族群認同大過國族效忠，動搖國本。然而，寮國卻是一另向的例子。它告訴了我們一族群認同自然存在，國族身影相對模糊，但國之本並未搖動的現狀故事。其實，不需當代密透細微的科層官僚系統，也可維持國家的穩定。寮國左邊泰國，右邊越南。南面柬埔寨。在今日國族—國家界線嚴格劃分的前提下，寮國境內人民不可能轉為另三國成員，他們唯一的國之選擇就是寮國。因此，人人知道自己是寮國人，但它並不影響多樣的族群認同。非主體族群Lao的各族人，均為寮國的人，但他們不是Lao，問起族裔所屬，必答「Tai-*Lue*, Tai-*Dam*, Tai-*Nuea*, *Mien*, *Hmong*」等等。

　　本文寮北的多族群分佈與公立博物館之例，敘述了一則在地人民和國家代理人間的「關係」（其實二者間並無關係）情事。在這個國家裡，族群分類各自表述，不需對話，不成問題。「人民」與「國家」於自然族群分佈和博物館話語中閒逸存在。筆者所舉是國族—國家在族群分類工作上的特殊案例。寮國是和平國度，超低犯罪率，觀光客住不到星級旅館，也未有高速公路服務，卻都喜愛有加。事實上，那就是一份對沒有壓力之氣氛的認同。寮北兩地族群自然分佈與似有似無之國家族群分類互不干擾，就是「沒有壓力氣氛」的另一呈現情景。當然，或許深受制式政治經濟學權力關係影響之論者，會質疑這種「自然存在」和「不需對話」到底可以維持多久，畢竟，國家政體的機器運作想像中必是力大無窮，可以隨時顛倒現狀。但是，本文所欲強調者，剛好與此認知相反。不至寮國難知該國所謂的國家機器形質，實在不是一般理解的高度資本主義（如西方和東亞已開發各國）或嚴控型社會主義國家（如中國）的力量長效輸出且能決定人民生活的景況。換句話說，筆者的研究發現與解釋，並非僅在描述一時的現象。研究者亟欲表達清楚者，就是寮國—寮國就是如此。

引用書目

謝世忠
　　1989　〈中國族群政治現象研究策略試析：以‘傣泐’為例的探討〉。《考古人類學刊》
　　　　　46:42-66。
　　1993　《傣泐：西雙版納的族群現象》。臺北，自立。
　　1994　〈「內部殖民主義」與「對內自決」的對立：泰國國族─國家建構過程中的北部山
　　　　　地族群〉。《山海文化》2:17-27。
　　2002　〈「國族─國家」、共同體、及其解構──評泰國與中國少數族群的人類學研究〉。
　　　　　《亞太研究通訊》16:3-39。
　　2005　〈從族裔型國家到國族──國家及世界遊移的適應：跨國境泰語系Lue人族群置位
　　　　　的歷史過程〉。「國家與原住民：亞太地區族群歷史研究國際學術研討會」宣讀論
　　　　　文。中央研究院台灣史研究所，2005年11月24-25日。
　　2007a　〈異、色、毒──北東南亞山地族群的觀光圖像〉。《民俗曲藝》157期（出版
　　　　　中）。
　　2007b　〈菜單泡圈與新殖民者──寮國西方客的觀光飲食〉。「性別與飲食研討會」宣讀
　　　　　論文。中央研究院民族學研究所，2007年5月18日。
Chazée, Laurent
　　2002　*The Peoples of Laos: Rural and Ethnic Diversities.* Bangkok: White Lotus. Cheung, Siu-woo
　　2004　Miao Identity in Western Guizhou: Indigenism and the Political of Appropriation in Southwest
　　　　　China during the Republican Period. in *Hmong/Miao in Asia.* Nicholas Tapp, Jean Michaud,
　　　　　Christian Culas and Gary Yia Lee eds., pp: 237-272. Chiangmai: Silkworm.
Cohen, Eric
　　1988　Authenticity and Commoditization in Tourism. *Annals of Tourism Research* 15:371-386.
Embree, John F.
　　1950　Thailand, a Loosely Structured Social System. *American Anthropologist* 52:181-193.
Evans, Grant
　　1998　*The Politics of Ritual and Remembrance: Laos Since 1975.* Chiangmai: Silkworm.
　　2002　*Laos: the Land in Between.* Grows Nest, NSW., Australia: Allen Uncoin.
Hsieh, Shih-chung
　　1989　*Ethnic-Political Adaptation and Ethnic Change of the Sipsong Panna Tai: An Ethnohistorical Analysis.*
　　　　　Ph. D. dissertation. Seattle: University of Washington.
MacCannell, Dean
　　1999[1976]　*The Tourist:a New Theory of the Leisure Class.* Berkeley. CA: University of California Press.
Saetern, Choychiang
　　1997　The IU-Hmien(Yao)Ethnic Group: World Experiences. In *Development or Domestication?*
　　　　　Indigenous Peoples of Southeast Asia. Don McCaskill & Ken Kampe eds., pp: 455-469. Chiangmai:
　　　　　Silkworm.
Schliesinger, Jochim
　　2003　*Ethnic Groups of Laos: Volume 1. Introduction and Overview.* Bangkok: White Lotus.

Thipmuntali, Khampheng
　　1999 The Tai Lue of Musang Sing. in *Laos: Culture and Society*. Grant Evans ed., pp: 148-160. Chiangmai: Silkworm.
Winichakul, Thongchai
　　1994 *Siam Mapped: A History of the Geo-Body of a Nation*. Honolulu: University of Hawaii Press.

* 本文撰寫期間，承郭欣諭、吳宜霖、張嘉倩、蘇吟潔、楊鈴慧及劉瑞超等女士及先生多所協助，謹致謝忱。

（本文原刊於《文化研究》2014/19:333-367。）

菜單泡圈與新殖民者
──寮國西方客的鄉愁觀光[*]

一、前言

　　筆者自1990年起以迄2011年，從未間斷參加每三年舉辦一次的泰學研究國際會議（The International Conference on Thai Studies）（1990年昆明，1993年倫敦亞非學院，1996年清邁，1999年荷蘭阿姆斯特丹，2002年泰國Nakhon Phanom，2005年北伊利諾大學，2008年泰國Thammasat大學，2011年泰國Mahidol大學）。每次會議，關及泰國觀光研究的議題，總是顯學之一，令人印象深刻。2005年5月在北伊大東南亞研究中心John Hartman教授協助下，由出生寮國而後因避戰亂幼年即與家人遷居美國的年輕人類學者Vinya Sysamouth領導舉辦之首屆寮學研究國際會議（The International Conference on Lao Studies），順利地於該校舉行。第二屆接著於2007年5月3-6日假亞利桑那州立大學舉辦完成。第三屆則在2010年7月14-16日如期於泰國東北地區Khon Kaen大學舉行。同樣地，筆者三次參與，親自見證了亦屬泰語系（Tai）兄弟國度之寮國（中國稱之老撾）原籍熱心人士，不讓泰國研究專美於前地也將母土學術搬上國際舞台。

　　平心而論，相對於泰學，寮學會議整體研究成熟度略有不足，此乃客觀學術史因素造成，甚可理解。筆者亟欲強調的是，即使匆忙，文章量寡，三次寮學會議的議題討論，亦總有涉及觀光者。所以，若合看泰、寮二大會議內容，顯然過去十數年，觀光在兩國的景況，一直備受矚目，而會務組織和參與寫文章者，又多具人類學相關專業背景，因此，足見國際人類學早視觀光為泛泰學（包括寮學以及南中國傣、壯、侗、水、布依、

黎等少數民族，北緬甸撣邦，以及越南北部操泰語方言族群等範疇）研究
中的重要領域。

　　悉心經營過大陸東南亞學術研究的人類學者或社會學者，如Keyes
（1995 ［1977］），Tapp（1989），Walker（1999），Cohen（1996c），
Wijeyewardene（1991），Baffie（1989），Tapp，Michaud，Culas & Lee
（2004），Wood（1984）等人，均或多或少觸及過觀光的議題，而其
中又以「異族觀光」（ethnic tourism）（Graburn 1976; Duggan 1997; Walsh
2001; Winter 2007）和「性觀光」（sex tourism）最為熱門。以Eric Cohen為
例，他1996年出版的 *Thai Tourism: Hill Tribes, Islands and Open-ended Prostitution*
（《泰人觀光：山地部落、島嶼、以及開放型性行業》）一書，計收
錄了自己的15篇觀光研究文章，其中異族觀光與性觀光範疇就各有5篇
（Cohen 1996c）。異族觀光之所以引人注意，自然是泰北多樣少數族群存
在使然，而性觀光的發達（見Montreevat & Ponsakunpaisan 1997；Van Esterik
2000; Ryan & Hall 2001; Cohen 1996a; Lyttleton 2000; Jackson 2004[1999]; Garrick
2005）則係資本經濟加上國際關係背景和文化要素作用下的結果。泰國的
當前情況，「異族」與「性」正是其最主要的兩個觀光模式。

　　泰國如此，那麼與之隔鄰的寮國呢？在尚未有前舉之寮學會議的時
代，泰學會議中亦見寮國主題的文章。即使今日出現了寮學會議，泰國學
者不知情者仍眾（因該會議第一、二次均在美國舉辦，直到2010年才首次
進入對望湄公河可見著寮國土地的泰國Khon Kaen市舉行，不過，2013年
已確定再回美國威斯康辛大學麥迪遜校區舉辦），他們繼續在泰學會議
談論寮國情事，短期內當不會止歇。寮國王室於1975年遭共黨推翻，新成
立的「寮人民民主共和國」（Lao People's Democratic Republic / Lao PDR）
一直到1989年之後，才按著中國之步伐，對國際開放（Bouphanouvong
2003）。一方面印度支那／中南半島戰爭時期，大家多只熟知「越戰」，
而有意無意地將也處在戰亂中的最窮寮國邊緣化（Pholsena 2006:49）。另
一方面，泰寮雖同為泰語系國家，前者社會經濟繁榮，又將近二個世紀長
期親近英美，所以，一下子即把後者比了出去。今日的寮國因自己明顯缺
乏本土流行文化象徵性崇仰對象，所以，多數城市年輕人追求泰國偶像，
泰語電視電影光碟充斥，主體性失落速度甚快（Pholsena 2006:87-89）。

縱使該國是東南亞國家協會（Association of Southeast Asian Nations）成員，但，在自由經濟貿易觀念充塞之情境裡，各國忙著憑本事積累財富，因此，對於組織內的窮國，根本少人關注（Sisowath 2006:121-140）。總之，除了全球對寮國陌生又忽略，使得寮國的自主經濟、國際觀光及各項學術旨趣的開發，一直進展遲緩之外，泰國另又地域性資本主義式地強勢滲透，造成該國嚴重受制於外國，而各項建設卻牛步化，赤貧仍是最大問題（see Binh 2006:73）。國際關注力道氣息遊絲，再加上歐美學界長期以來多僅以泰國為認識對象，一忘三十年，寮學會議才會遲至2005年始得出現，而此時的寮國業已「泰化」好一段時間了。

　　截至今天，香港大學的Grant Evans和澳洲雪梨Macquarie大學Chris Lyttleton等兩位學者，幾乎就是人類學寮國研究的唯二代表研究者（其它如Paul Cohen、Oliver Tappe、Patrice Ladwig、Guido Sprenger 等人亦各有成績，但多數後學者或青年學子仍以Evans和Macquarie為入門宗師）。寮國自身學術基礎太弱，不易等到各學科專家得以全數完整養成的一天（按，筆者2005年曾拜訪該國類似中研院機構的人文社會科學研究所，全所僅一位研究人員懂英文，主因是多數同仁留學舊蘇聯、南斯拉夫、或當今的越南，所以難與西方學術接軌）。在Lyttleton尚未從原本專注的泰國轉至寮國研究場域之時，Evans一人幾乎人文社會科學各領域全包，邁力地寫下「歷史的」*A Short History of Laos*（《寮國簡史》）（2002）和*The Politics of Ritual and Remembrance: Laos Since 1975*（《儀式與記憶的政治：1975年之後的寮國》）（1998）兩書，及「社會經濟的」*Lao Peasants Under Socialism & Post-socialism*（《社會主義與後社會主義下的寮國鄉民》）（1990）一書，另又編成「人類學的」*Laos: Culture and Society*（《寮國：文化與社會》）（1999）是書。泰學泰斗Charles F. Keyes為*The Politics of Ritual and Remembrance*一書寫封底評語時，即稱許Evans為「極少數真正瞭解1975年革命後寮國景況的西方人之一」。甫於2012年10月發行第三卷*the Journal of Lao Studies*（《寮學研究期刊》，亦曾於第二卷以開路先鋒的認定基礎，專訪Evas（Rehbein 2011:97-107）。筆者花用相當篇幅陳述上文，主要係欲強調連學術專人也是寥寥無幾的寮國，其陌生於外之情形，相較於泰國幾乎全球皆熟的景況，以「天壤之別」形容，實不為過。

　　在此一理解背景下，我們再回到寮國觀光狀況。八零年代中葉，Robert E. Wood（1984:353-374）曾綜合討論東南亞觀光與國家政體的關係，但，寮國全然被他直接忽略。當然，當時的寮國尚未正式對國際開放，不易評估，不過，作者並沒有試著發揮想像力，設法推測該國的未來可能走向，反而，此一直接忘卻的作法，似乎被視為理所當然，畢竟本來就已長期乏人問津，所以，也就不可能有人起疑Wood的忽略了。甚至又過了20年，國家採取開放政策，雖慢慢有所起色，還是不多見來自國際的學術研究目光。不過，縱使如此，我們還是想瞭解，截至目前，是否和泰國一樣，「異族」與「性」亦是寮國觀光的主體模式？

　　寮國觀光客自1990年開放至2001年，從不到4萬人，激增至67萬多人，成長了17倍，75%來自附近國家（如泰國、越南、中國），亞洲以外的訪客人數雖不比前者，但從其身上收取的入境稅金卻占官方觀光總收入65%（Pholsena & Banomyong 2006:135）。在北東南亞地區，非泰語系的「異族」，多分佈於山地部落區（見Kunstadter 1979; Lewis & Lewis 1984）。今天，泰北清邁、清萊兩區域及清線（Chiang Saen）、夜晒（Mae Sai）、夜豐頌（Mae Hongsong）等市鎮，主要由導遊帶領入山數天，以便親臨「原始異族」其境的「涉險觀光」（trekking tour）頗為發達，它需要的是交通、部落聯繫、飲食醫藥、人財安全及客棧居處等等立基結構或基礎建設（infrastructure）的完善有效（Cohen 1996b）。

　　至於「性觀光」，則不僅需豐沛的從業人口組織與訓練，更要具備有以雄厚先期資本，為整體社會營造出一種不可言傳的肉慾魅力。不論「異族」還是「性」，如欲有效形成具一定規模之觀光樣式，更精確地說，或稱泰國樣態的模式，依寮國的經濟情況（按，一名中級公務員或大學講師，月薪約70萬寮幣，相當於美金80元或臺幣2,400元。Rigg[2005:140-166]曾表示，當今寮國或可區分出貧困、過得去、以及寬裕等三類民戶，但，這是相對性的說法，若拿富裕寮人與泰國相比，前者事實上也是窮。換句話說，寮國鄉民並無真正的富有之家），大抵都不太可能。一方面各項建設不足，不易跋山涉水尋異，另方面，我們當然知道，今日世上有些地區如多明尼加共和國加勒比海沿岸Sosua一帶歐美白人度假勝地，出現大量社會經濟下層之在地女子從事性觀光工作的情形（Brennan 2008:355-

369），但，寮國縱使極不富裕，也非屬此類，至多僅是零散單兵的招攬客人行為（按，泰國曼谷各類具規模的情色設施，在寮國首都永珍幾乎全數闕如，至多只有偶遇摩托計程車司機隨意詢問男客的意願，或者部份女子偷渡泰方被取締的紀錄[see Rigg 2005:140-166]）。此或與該國全境主體以農村建置，從而明顯缺乏資本主義架構下之大型都會有關。筆者曾為文討論泰寮北部所蒐之強調如Hmong、Akha / Igor、Lahu等各山地民族的異、色、毒等三項特色明信片呈現意涵（謝世忠2007:11-64）。但，一般而言，該等意象就多僅留於圖片上頭，畢竟，基於前述理由，縱或有個別體驗紀錄者，惟對大多數觀光客而言，若欲實踐包括非泰／寮語系山民與平地寮族在內之異色毒經驗，仍有相當困難。

　　寮國與泰國鄰邦，均為泰語系國家（按，寮人長期接觸泰方傳媒娛樂節目，故多能聽講泰語），境內同是族群多樣性景況（Schliesinger 2003a, 2003b; Tapp et al. 2004; Chazée 2002）（按，該國寮族主體族群，僅佔全國人口半數，其餘則分屬不同語言文化地域認同之族裔群體）。令人好奇的是，寮國1990年開放後慢慢形成的主體觀光模式，既非「異族」也不是「性」，那，到底是什麼呢？再者，對於與寮國同樣類屬開發中國家的東鄰越南與南邊柬埔寨，歐美觀光客前往目地極為清楚，前者為戰地觀光，緬懷美軍越戰的足跡；後者則以吳哥窟著名古典文明遺址與七十年代金邊殺戮戰場血腥監牢現址所謂的「黑暗觀光」（dark tourism）為主（Stone 2009:23-38; Beech 2009:207-223）。但，寮國顯然都沒這些。那麼，前述67萬以上的外來客人，都做些什麼事？這正是本文所擬討論的主題。下文將以該國三個西方觀光客（按，亞洲觀光客以跨過湄公河前至距首都二小時車程的Dansawan賭場賭博，或觀看泰寮關係歷史遺跡廟宇〔如首都Vientiane內百多年前曾被暹羅入侵掠奪之名為Sisaket的古寺和玉佛寺原址〕的泰國人佔絕大多數，其餘會以平均8天時間造訪該國者[Pholsena & Banomyong 2006:135]，則絕大部分觀光客來自歐美）常造訪之地：Vientiane（永珍或稱萬象）、Luang Prabang（龍帕邦或稱鑾勃拉邦）、及Luang Namtha（南塔）與Muang Sing（勐新）為對象（地圖1），描述其觀光過程，並試圖從中提煉出寮國歐美訪客的國際觀光模式。

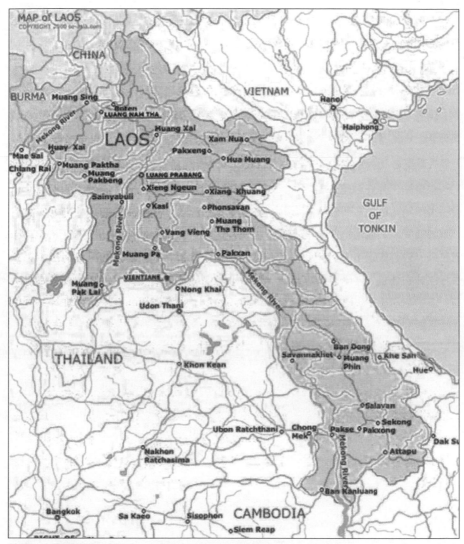

地圖1：寮國地圖（Source: Theboatlanding Guesthouse N.D.）

二、Vientiane的"Chiti Chenter"

　　泰國的觀光立基結構完整，大眾旅遊普及，涉險式探奇型態也流行多年。但，就像自MacCannell（1999[1976]）以降，許多學者如Cohen（2001）、Walsh（2001）、Graburn（1976）、Duggan（1997）、Adams（1984）、Fine & Speer（1985）、Cole（2007）、Kim & Jamal（2007）、Wang（2007）、Belhassen, Caton & Stewart（2007）、Knot（2008）、及Martin（2010）等人，幾無間斷地接續討論觀光本質係為一種尋求真實性（authenticity）過程的課題，所以，太工整的泰國觀光活動，很容易就抵消了真實感的滿足程度。於是，隨著寮國的開放，90年代迄今，該國即成了觀光客前往體驗「真實東南亞」（authentic Southeast Asia）或「真實南傳佛教世界」（authentic Theravada world）的主要地點。沒有高速公路和正式鐵路，缺乏足夠星級旅館，城市尚未都會化，少有組織性之旅行商業，以及共產政府事實上相當弱勢，從而不可能如中國一樣積極實踐了將文化傳統革命掉的行動等等寮國地區特色，就成了「自然、傳統、原樣」（nature, tradition and original）東南亞的基本標的。旅客到此地，只能有限幾人同行，或甚至單身走動。他們是標準的背包客（backpacker）。

　　寮國的首站，極高比率就是首都Vientiane。短期造訪者可能只到此一遊（按，2002年Nakhon Phanom泰學會議即有會後Vientiane 參訪的旅遊安排；另，2007年5月24-27日於曼谷Mahidol大學召開的「第二屆南亞與東南亞文化和宗教研究學會會議，會後亦有Vientiane觀光的旅團）。寮國為典型農村國家，全國由萬個村落組成。Vientiane身為首都，除了2006年建造完成一馬來西亞華人投資的十數層飯店之外，其餘建築未有超過六層樓者（城內有一著名大佛塔*Tat Luang*，係歷史文化聖地，因此一般建築規定不得高於它）。基本上，首都實為由約三十個村落合成的市鎮。觀光客來此，因觀光基礎設施不足，交通系統亦未有效建置，一般僅能租用腳踏車有限距離繞繞，所以，到頭來多數就主動或被動地在稱為"chiti chenter"的市中心集中活動（地圖2）。

　　"Chiti Chenter"是什麼？Chiti Chenter就是City Center（市中心）的音

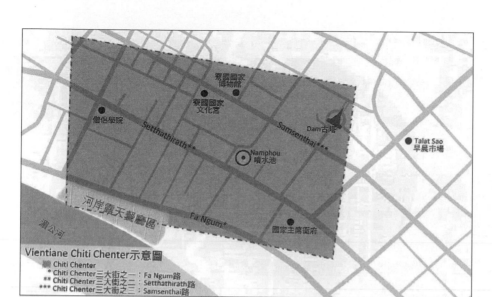

地圖2：Vientiane Chiti Chenter示意圖

轉。絕大多數較具規模的飯店和招待所、民宿（guesthouse，寮語發音轉
換為kei haw）均建築於此，餐廳、網咖、銀行或兌換錢幣服務窗口、以
及販賣較多西方食物的便利商店等，也散處其間。Chiti Chenter鄰湄公河
岸，由一2012年開始進行擴大整修的噴水池作為標點（圖1），約含有三
條主要南北向馬路，以及橫貫它們的八條小街。在該區行走，必能看到西
方客四處（圖2）。依Marc Askew, Colin Long與William Logan（2007）三人所
著*Vientiane: Transformations of a Lao Landscape*（永珍：一處寮國地景的轉變）
一書內容顯示，此區的西方要素聚集，大抵始於1960至1970印度支那／中
南半島戰亂年間，美國以永珍作為該國現代化基地所進行的各項建設如旅
館、俱樂部、網球場等等設施陸續興建於近湄公河岸的今Chiti Chenter一
帶。雖然當時俗稱"Six Click City"（六響城）的美國顧問團員生活社區距此
有6公里之遙，但，大家均常會至河邊休閒區公私兩忙。

　　Chiti Chenter的餐廳主要包括法式、義大利式、印度式等三類，再配
以數家中餐館和日式餐廳。另有多間佈置典雅的咖啡館，最特別的是在兩
條馬路交口處，開設了幾家多樣展示各式水果的冰品店。無論是待一、二
天的人，亦或尚有其他行程的較長期觀光客，多會在Chiti Chenter流連。

他們白天繞走四週，進佛寺瞧瞧拍照，累了就至咖啡店點寮國咖啡，太熱便在冰品店解渴。晚餐則各西餐廳和幾間入門必須檢查證件的高消費音樂酒吧為最熱門選擇。不少旅舍或*kei haw*附有早餐，全是美式煎蛋、鬆餅、牛奶、果汁。不論是正餐還是下午休閒，各店均設有露天桌椅，上架大洋傘。寮國乾季自11月至翌年4月佛曆新年潑水節前後，約近6個月時間，天天溫度高、太陽烈，然戶外位子仍是西方客人的優先選擇。

　　最靠近湄公河的大街沿邊，西餐廳最多，它們入夜必會點亮各色燈飾。此外，河邊高起沙丘平台，傍晚起，即各大小攤位排妥，約有近五十家店家競逐生意。西方客若欲享用寮國食物，就至沙丘攤位點菜吃飯，欣賞落日，並眺望對岸泰國景象（圖3）。自2010年起，政府在外國經援下，開始整頓此一傳統沙灘夜市區，2012年初完工。現在當地建成一大型公園，供民眾散步休閒。原來的沙丘餐廳數量驟減，前述維繫數十年的傍晚景觀已然改變。

　　量多的西式大小餐廳，代表客人必是踴躍，生意不錯。也就是說，雖到寮國來，但仍高比率選擇食用西方食物。全市找不到幾家正式的掛牌高檔寮國料理餐廳，一方面或許當地人財力不足，無力開張，另一方面外來投資也少，再加上可能有生意不佳的風險，於是偶想吃寮國風味餐，就至沙丘攤位。西餐廳絕少看到寮國在地人的消費，即使沙丘攤區，也不易看到。換句話說，寮國人多至永珍大型晨間市場（*talaat sao*）買菜（圖4），至於進館子消費，大抵是觀光客的特權。在沙丘座位吃飯，每三、五分鐘就會遇上破舊襤褸婦孺或殘障兒童前來乞討，從消費者角度來看，絕對是不勝其擾的負面感覺。攤位商家偶會驅趕，但多半也無可奈何。多數西方客人並非真的如對中國菜有一定印象般地認識甚至喜愛寮國菜（否則不會一家中高檔餐廳都沒有），他們主要係想在頗富盛名之寮國啤酒（Beer Lao）陪伴下，觀賞黃昏美景（圖5）。乞丐太多，只好避開，轉而選擇正式西餐廳。如此一來，難得見著之由中下層寮人自己主導的觀光企業（即沙丘擺攤），即立刻減損了許多收益。如今，河岸又經改造，大部分小企業主只得另謀他途。

　　在Chiti Chenter裡頭，顯然西方觀光客與一般寮人的生活場域大不相同。前者多半只在西方式情境下消費，而後者又進不了（或說無進入動

1	2
3	4
5	

圖1：Chiti Chenter噴水池（謝世忠攝，2008.01.28）
圖2：Chiti Chenter西方觀光客（謝世忠攝，2008.01.27）
圖3：湄公河畔露天餐廳區（謝世忠攝，2010.04.15）
圖4：早晨市場（謝世忠攝，2008.01.26）
圖5：河邊休閒飲（謝世忠攝，2008.01.26）

機）西方式情境，雙方形同相斥的兩群。西方式情境的經營者主要有泰國人、華人、印度人，以及少數西方人嫁娶本地人或部分寮人的中上階層家戶。他們往往會雇用一些可以基本英語會話的年輕國人，但，僅給付相當低的報酬。筆者有兩位報導人均先於佛寺當沙彌或和尚，並藉此努力學習英文等時機成熟了，就還俗受聘於旅館餐廳，一個月薪資就在30至50美金不等。他們都很清楚，大部份觀光獲益，根本就緣絕於在地中下層民眾之外。

三、Luang Prabang作為世界文化遺產的whole town

位於寮國中部偏北的Luang Prabang（中文名琅勃拉邦或龍帕邦）是著名的故都，舊王國名為Lan Xang（Stuart-Fox 1998），近代中國帝國曾以「老撾軍民宣慰使司」土司官號封之。今天的寮國，歷史時期曾經北中南Lan Xang、Vientiane、及Champasak等三個王國並存。北方的Lan Xang最早與法國人接觸。殖民者即以之為代表，作為建置French Indochina（即法屬印度支那，包含今越南、柬埔寨、寮國等三國）殖民地過程中，除了安南王國（今越南中部）王室之外的另一對口對象。法人在Vientiane行直接統治，至於Champasak則留下王室名號空殼，卻不予重視。

Lan Xang王國王室在與法人接觸過程中，並無明顯激烈反抗的紀錄。法國人進來後，王國在很短時間內即轉成了被保護國。除了首府市街逐漸被殖民者從干欄高腳房舍改建成法式洋樓之外，事實上，王宮在國王與法國總督（Governor-General）共同默契下，也整建成歐式風格。於是，Lan Xang集中性的法式城鎮，比南方之Vientiane 和Champasak相對上較為零散或是淡微不顯的模糊歐風味道，高下立判。殖民者喜歡在Luang Prabang感受異鄉中的家鄉心情，多少可解解鄉愁（nostalgia）。於是，Luang Prabang的建設益形完備。二次大戰結束後不久，接續印支半島戰爭，到了1950年代中葉，法國失去絕對優勢，殖民母國決定全面撤出，當時該鎮已是風格獨特了。

今天的寮國旅遊，形式上以歷史文化為吸引力中心者，幾乎僅見於Luang Prabang。其餘尚有宣傳史前神祕大甕（jar）葬俗遺址的 Chiang

圖6：Luang Prabang西方觀光客（謝世忠攝，2009.02.07）

Khoung省與Vientiane市區曾為暹羅人劫掠的玉佛寺等，但前者由於靠近尚未掃除的地雷區，旅人在各項誤踩傷亡報導或相關資訊影響下，卻步者眾，後者則多為泰國人前來勘查祖先掃蕩搜刮寮人的痕跡。Luang Prabang於是位居該國以歐美遊客為主的最高位國際觀光勝地，無人可比。

　　每逢10月下旬至翌年4月的乾季時節，每天自Vientiane往返 Luang Prabang的班機約10班次（去6，回4），是寮國國內最繁忙的航線。除了飛曼谷的國際線較大百人座機型外，國內航班就屬Luang Prabang的飛機最有看頭。除了80人座「大」飛機外，機身外表也有美觀雞蛋花國花式樣漆飾。2011年起，寮國航空Vientiane-Luang Prabang線換以空中巴士大型客機，原來花樣仍舊保留。Luang Prabang機場大廳建築，亦以古典主題作為裝飾。筆者幾次搭乘班機，每回僅會遇上一、二位在地人，其餘乘客幾乎清一色西方觀光旅遊客。由此可以想像永不歇止進出Luang Prabang之西方人的數量（圖6）。

圖7：Luang Prabang斑駁的世界文化遺產認證（謝世忠攝，2010.04.09）

　　Luang Prabang已於2006年列為聯合國世界文化遺產。世界文化遺產的指定地，多為重要的歷史文化遺跡，例如古牆、古戰場、古城門、古建築等等。而Luang Prabang則是以觀光客口中的"whole town"（全市）因具備完整保存下來之價值而入列（圖7）。Whole town 所指何處呢？就是前述法國殖民者戮力改建的原Lan Xang王國首府市中心大小市街（圖8）。事實上，世界文化遺產勘驗小組所看到並認可者，主要是「寮國境內的法國小鎮」，再加上寮人自己的皇宮佛寺建築。Luang Prabang之whole town的典雅美麗傳說，正是吸引國際觀光客前來的主要傳導訊號（generating marker）（see Leiper 1990），大家因之而動身。Sandra Wall Reinius與Peter Fredman（2007:839-854）提到包括國家公園與文化遺產等受到特別保護之地，均會產生一種觀光吸引力，它主要係由各項訊號（marker）集結成一核心範疇（nucleus），藉此引來訪客前往體驗。Luang Prabang情形，依筆者觀察，顯然「歐洲人到非歐洲之地體驗歐洲小鎮」之理由，大於所謂的

圖8：Luang Prabang whole town的一隅（謝世忠攝，2008.01.30）

「世界文化遺產」身分。亦即，吸引力中心是域外歐洲而非寮國本身，而傳說中的典雅美麗也是古典法國的要素。總之，不少西方人在Vientiane洋味十足的Chiti Chenter休閒了一、二夜之後，即搭上美麗飛機，前往另一幾乎全面歐風的Luang Prabang，延續自己迢迢千里出國尋覓「鄉愁」（nostalgia）的旅程。

　　Luang Prabang經世界文化遺產所認定的whole town，果真市內市外一線隔，即有極大差別。Whole town自湄公河邊算起，往南約經三條較大街路，即至最主要幹道（地圖3），幹道再向南二條街，即至崁河（Nam Khan）。位於湄公與崁二河流間的街路，除開佈滿大小佛寺之外，其餘幾全是歐風建築（包括已改建成博物館的舊王宮在內）（圖9）。換句話說，whole town即由寮國古老寺院和法國精緻小樓，一起交錯構成。今天，大部分歐風建築，多改設為西式餐廳。有的餐廳供應美式或「歐式簡易早餐」（continental breakfast）。午餐和晚餐則全套標準服務生和廚師

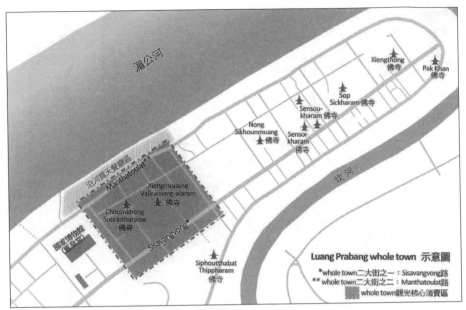

地圖3：Luang Prabang whole town示意圖

高帽白衣制服出籠，菜單講究，刀叉碗盤俱全，牆飾餐巾美觀，桌布花樣，簡直巴黎香榭麗舍大道（Avenue des Champs-Elysees）的複製版。入夜各餐廳燭光點點，以厚白布巾纏包的紅酒，雅緻地倒出飲下，享受十足（圖10）。由於寮國全是三、二小群的背包客，因此，小桌即成。一般大型觀光巴士人口湧入，然後了了幾分鐘內掃光飯菜的景象，在此幾乎不曾見著。

　　早晨9、10點之際，即有不少西方客閒坐於幹道兩旁餐廳品嚐咖啡，小飲酒類。他們觀看街道上人來人往。人來人往有誰呢？大部分仍是和觀看者一樣的西方觀光人潮。事實上，外頭走動的人，也逐一往餐廳上下內外觀望，坐著走著大家打照面，走路者可能會進入餐廳成為坐飲者。同樣地，坐飲者或許不久即起身逛街，成了新加入的走路者。洋人穿梭輪班（即先坐後走，或先走後坐，甚或先走再坐，接續又走），佈滿whole town。與筆者聊到天的歐美訪客，常會先表示對四處只見西方人的情況相當反感，然後才為自己也是其中之一頗覺尷尬。他們不約而同也多提到當

圖9：國家博物館（舊皇宮）（謝世忠攝，2008.01.30）

圖10：Luang Prabang whole town夜晚消費區（謝世忠攝，2009.02.08）

初係聽聞此地很有歐風，才會邀集幾位同好前來看看。問起感想，有的說和想像有落差，有的聳聳肩，不知如何回答，有的直接說就是來看看歷史。不過，無論如何，他們終究還是各類吃用住宿商品的主要消費者，至於寮國當地人，則多見駕著稱為*tuk-tuk*的摩托計程車找生意，或者就在餐廳和街旁商店內服務來客（圖11），更常見有與美食無緣之小沙彌路過（圖12）。此外，寮國居民大白天更多集中於whole town邊的工藝品市集（地圖上稱之為Hmong market〔苗人市場〕）銷售產品，而傍晚時分則在自己所抽到之特定位置，準備地攤夜市開張。

夜晚尤值一提的就是，湄公河沿岸約莫3、40家露天餐廳（圖13）。寮國一年有乾雨兩季，11月初至次年4月潑水節之前，難得下雨，溫度怡人，是為觀光好季節。晚間湄公河餐廳用餐享受美食之餘，亦可直接仰頭與星星打招呼。此處餐廳群聚，均以小燈連串為飾，遙望有如霓虹世界。品嚐過幹道或街邊「純」法式餐品的訪客，下一餐會試著到河邊看看。河邊餐廳也有西式餐點，但同時供應寮泰式菜餚。不少客人兩種菜式均點來食用（例如，一盤炸雞，一盤*pat thai*〔即泰寮式摻有花生粉的細條河粉〕，再來法國麵包）（圖14）。

與Vientiane之Chiti Chenter餐廳相若，Luang Prabang的whole town河邊餐廳與街道飯館食客，幾乎全是國際觀光客。寮國人沒有極特殊理由（如旅居美國而生活發達的親友返回探親，堅持要請家人上一次法國菜館。不過，即使如此，擁有本土膚色身形的一小群，被桌桌高頭大馬外來客圍繞，也是極不搭調），不可能進去這些餐廳消費。Luang Prabang為舊王都，在意識型態和一般思維中，是為全國人民歷史文化認同的重要指標，但實際景象卻如上述。市中心精華區（亦即whole town）根本與寮國人形質隔絕。Vientiane之Chiti Chenter即有寮人和西人區隔之勢，Luang Prabang此景更為明顯。歐式餐廳就是將寮人屏除於外的地點，在此，食物成了跨國族裔相互排斥的關鍵要素。觀光客來此，好似無意品嚐異國口味，反而仍在由商業操作刻意製造出之異鄉內的歐風美規環境泡圈（Euro-American modeled environmental bubble）（cf. Cohen 1985 & 1988）中吃飯生活。Nittana Southiseng與John Christopher Walsh曾為文指出（2011:45-65），外來人大量湧入Luang Prabang，除了商業行號高比率為外國人主導之外，也搶

11	12
13	14

圖11：Luang Prabang whole town白天商業活絡（謝世忠攝，2008.01.30）
圖12：小沙彌路過陌生的餐廳（謝世忠攝，2007.02.12）
圖13：湄公河沿岸餐廳一角（謝世忠攝，2009.02.09）
圖14：100％西式飲食（謝世忠攝，2010.04.10）

去了不少在地人的觀光市場工作機會，因此，已然出現了社會危機。這是事實，不過，更嚴重的則應是一種類似「新殖民地」（neo-colony）的現象，正油然而生。一位在地頗有名望的寮籍英語教師曾很激動地對筆者表示，有些外國人常搞不清楚自己身在何處，言行舉止太過囂張，他們忘了正處於他人國度，不知尊重主人。只是，此類抗議聲從未經組織規劃，或直接成為控訴言論，它們僅是零星小眾抱怨，成不了力量，新殖民者仍然大大佔上風。下文會再細論。

四、Luang Namtha與Muang Sing的散點燭光

　　寮國近十年內湧入大量西方觀光客，第一站進駐Vientiane，有的在此一、二日，即轉回曼谷。如此，至少可向人炫耀到過最神祕的寮國。另有些人如上節所述，停留Vientiane之Chiti Chente僅僅2、3日，下一站就是Luang Prabang。Luang Prabang的whole town值得玩個二日，然後再回Vientiane轉往曼谷。絕大部分觀光客的寮國經驗就是Vientiane和Luang Prabang，一為現在首都，另一則係王國時代都城。

　　不過，無論是依循主要觀光模式（如世界各地的大眾觀光[mass tourism]形式）行動，還是老去幾個熱門觀光地點（如寮國的Vientiane 和Luang Prabang），總有人難以滿意，因此，才出現所謂的「另類觀光」（alternative tourism）（泰北涉險觀光即是典型）（Cohen 1996）。在寮國，舊新兩大都城給了低滿足標準的人「已到過該國兩個代表性地點，因此心滿意足了」之感覺。但有相當數量的西方客，好不容易找到時間，得以造訪與一切已體制系統化，現代化開發完整，同時又和國際社會經濟步伐同軌之泰國情形相左的神祕寮國，因此，頗不願被Vientiane之Chiti Chenter和Luang Prabang的whole town歐風食宿所套牢。「兩個都市觀光區並不是寮國人民的生活圈，我想看一看法國美國影響之外的地方」，不止一位觀光客報導人如是說。但是，去哪兒呢？從Vientiane和Luang Prabang地理位置來看，往南有舊三國時代的最南方Champasak王國地，往北則須至Vientiane和Lan Xang兩古王國中心以外地區，才有機會脫離歐風。法人統治時期，一方面寮王都在Luang Prabang，另一方面位處今寮國中部，隔著湄公河緊鄰泰國的Vientiane，又與英國勢力範圍內的暹羅（Siam）王國接壤，戰略地位重要，所以殖民政府即全力建設包括Luang Prabang與Vientiane在內的地區。如此，造成南區的Champasak相對上各項立基結構均不如兩都地區。影響至今，絕大多數國際觀光客都是往北望。

　　Vientiane與Luang Prabang以外的地區足以作為另類觀光地點者，當然不只一個。不過，附近有無機場，當是最主要的條件。若沒有機場，想要從Vientiane或Luang Prabang顛簸而走，一趟車動則三、二天，只有極少數

西方人肯嘗試行之（其中多數為筆者所識的國際人類學家）。往北看去，東面Chiang Khoung，西面Luang Namtha，各有一國內線機場。然而，前者就在地雷未清禁制區邊，謹慎的人不願去，後者因此成了最佳選擇。

"Luang"為廣大之意。前述舊王都Luang Prabang意指偉大的Bang佛寺大佛像所在之地。Luang Namtha則為廣大遼闊的Tha河（Nam意為河川）之地。Tha河流經Luang Namtha，沖積成一較大盆地平原。自古以來，以水稻為生的泰語系和南亞語系（即Mon-Khmer／高棉語系）各族群，有不少即匯居於此。自Luang Namtha鎮區往北約40多公里可至Muang Sing，再8公里就可入中國之雲南省西雙版納傣族自治州勐臘縣境內。早期Muang Sing為一小型王國，王室係Sipsong Panna（西雙版納）外移今緬甸Chiang Tung，再轉至此地之Tai-Lue貴族（中國稱為傣族，中譯多寫成傣泐）。國王被稱為Chao Fa（天王）。當時Luang Namtha腹地雖大於Muang Sing，但仍須受制於Chao Fa的管理（謝世忠2009）。

今天，Muang Sing劃為Luang Namtha省境內，只是一個小鎮，而省會Luang Namtha則發展成較大的城鎮。不過，說是較大城鎮，還是稍有誇張。全城有舊城區與新城區兩大塊，機場就在中間。舊城區街道一條，兩邊房子簇擁，活動範圍狹小，才會選擇往北8公里處，另開發成新城區。省會係政府機關所在地，數條主要街道路面極寬，成了該市一大特色（地圖4）。

前述Luang Parbang機場美觀，飛機大型。而Luang Namtha機場長期簡陋，直到2008年才整修完成，但班次仍不多（每星期Vientiane至此往返僅二次）。過去飛Luang Namtha為20人座極小飛機（按，飛Luang Prabang原為80人座，今更已使用國際級大型客機；Luang Namtha機場翻修後，才改飛40人座機型），單程1小時40分鐘，越過層層連峰，轉入大平原即可看到機場。小飛機，班次少，機場簡單設備，表示原先航路功能，僅是密度有限的省會與首都公務所需。後來，陸續有「另類觀光客」選擇搭乘，欲往Luang Namtha一瞧究竟，才出現擴建機場之議。

Luang Namtha中選，除了有飛機抵達之外，Muang Sing是當初法國人探險秘境抵達今寮國的首站，其中有不少包括與此地統治者Chao Fa互動以及與英國競爭談判過程在內的歷史故事（Lefèvre 1995），它們亦可能是吸

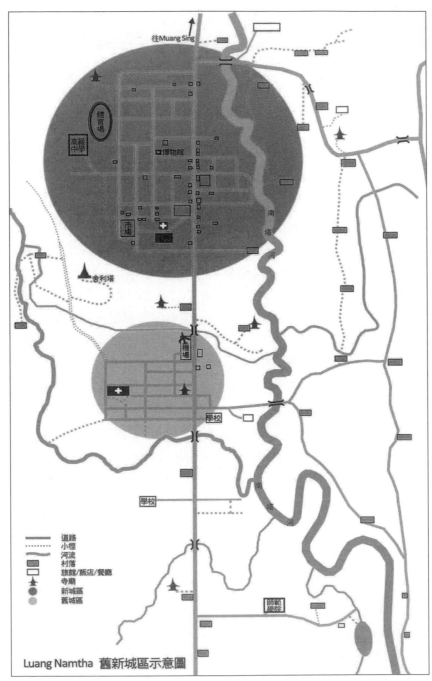

地圖4：Luang Namtha舊新城區示意圖

引力中心之一。觀光客想看「真正的」寮國，因而選擇了Vientiane與Luang Prabang之外的Luang Namtha。但查閱網路資訊，從該地返回者，多給予城鎮負面的評價，諸如「泥濘濘的顛陋山鎮」、「中國人開的旅館髒到不行」、「馬路特寬，空無一物」等等。至於Muang Sing，因舊王宮留存（今已改稱博物館），又充滿法人經歷傳奇，以及接鄰中國邊界之戰爭和毒品瀰漫的想像，反而獲得了「可愛可親小鎮」之評。兩地高下觀光位階立判。

　　Luang Namtha民宿愈蓋愈多，截至2009年春天筆者第三次造訪時止，約共有三十多家，其中二、三間附有餐廳。民宿主要係供來此洽事之公務員、作生意的商人、以及研究者和國際援助團體代表或觀光客所用。公務員為寮人，商人多係北方南來的中國人，其他第三類人士則絕大多數為國際訪客。Luang Namtha不是觀光景點，路雖寬，卻無如永珍之Chiti Chenter或Luang Prabang之whole town的歐風吃住消費區。西方人在此停泊一、二日，又如何解決三餐？早上除了少數附有餐廳之民宿外，一家江西籍中國人家庭所開的麵包店即成搶手地方。只有這幾個地點有咖啡、煎蛋、法式麵包、奶油的供應。中餐馬虎可過，但晚餐呢？入夜後，Luang Namtha寂靜無聲，大條馬路僅有零星小商店半掩前門，維持著有限的生意（圖15）。觀光客左尋右找，好不容易有如Chiti Chenter和Luang Prabang湄公河畔夜晚餐廳燈飾標誌的出現，趕忙前去，果然有得吃。此處提供寮國啤酒（Beer Lao），卻少見紅酒，有寮泰菜餚，也欄列部分如義大利麵的西式料理，客人勉強可以接受。不過，全市縱橫寬大馬路約共八條，卻只有兩間霓燈餐廳，顯然與Chiti Chenter和whole town不能相提並論。Luang Namtha除了一早市集人潮之外，街上整天冷清，國際觀光客零零散散走動，但因係新城區，一無歷史文化古蹟，二無類似異族觀光的「奇風異俗」參訪專業機構，三又沒有如Chiti Chenter和whole town之「環境泡圈」（environmental bubble）內有西方飲食休閒逸樂場合，所以一般只能隨意逛逛，多數頗覺無甚有趣。據此，有人在網路上抱怨，也就不足為奇了。

　　不過，每天自Luang Namtha前往Muang Sing的五班小型摩托貨車型（tuk-tuk）公共汽車上，卻較常見到西方客的搭乘。在Luang Namtha沒趣了一、二晚，今天即準備上邊境看看法國殖民者與Tai-Lue王Chao Fa第一次

　圖15：空盪的Luang Namtha街道（謝世忠攝，2009.04.16）
　　　　圖16：Muang Sing博物館（舊王宮）（謝世忠攝，2009.04.14）

接觸的地點。從Luang Namtha至Muang Sing 40公里雖是山路彎曲，但在筆者經驗下，它卻是寮國少數幾條難得一見的高水準柏油公路，因此，除非老舊車又超載，經常爆胎，否則約二個小時即可抵達。原本途中設有檢查站，車子必須停下受檢，往往檢查人員會問司機載有幾名西方人。自2012年起，檢查站撤崗，人員往來更形快速。

　　Muang Sing的單條小鎮主街與Luang Prabang之whole town的幹道類似，果然留有法國人經營痕跡（地圖5）。店家在2006年之時約有三十間，其中多數為民宿或招待所。此處不僅提供住宿，並均附有餐廳，有的早餐還包括在住宿費中。朝食清一色美式煎炒蛋、土司、咖啡，午餐漢堡，晚上則幾間較具規模者，搬出燭光晚餐，讓遠自歐美而來的客人，可於中寮邊境百數十年前法人探險到達之地，品味套餐美酒。類似Luang Prabang法式房舍主街，咖啡早餐，漢堡列目，夜有「法國菜」，再配以白天舊王宮博物館參觀（圖16），以及自行車十數至數十分鐘南北可達之Tai-*Lue*、Tai-*Nuea*、Tai-*Tam*、*Yao*、*Hmong*、*Akha*等各族「未受干擾過」的村落拍照，此一既可享受休閒，識出歷史，又能見到異文化之豐富體驗，早早就把省會「大城」Luang Namtha比了下去。

　　Muang Sing在觀光名氣上比Luang Namtha大得多。但欲至Muang Sing，

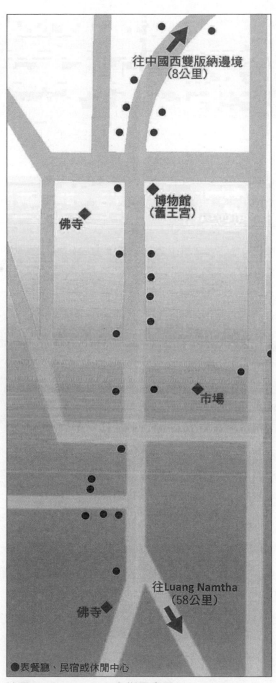

往中國西雙版納邊境
（8公里）

博物館
（舊王宮）

佛寺

市場

往Luang Namtha
（58公里）

佛寺

●表餐廳、民宿或休閒中心

地圖5：Muang Sing主街示意圖

就必須先飛到Luang Namtha。而Muang Sing之所以有辦法成名，甚至在觀光建設上日益進展，又拜有機場在Luang Namtha之賜。觀光客搭上超小飛機，伴著音爆引擎久久，才抵達迷妳機場，再一路空曠，進入四下無人無景色無閒逸飲食地的新城區。不過，往後二、三天參觀Muang Sing，自己熟悉的休憩歐風飲食終究會再度供應無缺，加上文化歷史異族風味足，此趟多半不虛行。Luang Namtha機場自2006年中起關閉整修，2008年4月甫又開放。關閉的二年間，省會和邊境小鎮觀光生意斷絕，2009年初之際，民宿餐廳數目縮減至只是三年前的一半。筆者2012年再訪該地，發現從前的法式風采少了許多，供應西餐的餐館幾乎消失不見，反而雲南投資開設之中國餐廳旅館增加，居民抱怨歐美人不再來了。當然，作為吸引力中心的法國文化遺產若未能保持光鮮迷人，觀光的快速沒落，當不足奇。今天，新機場較大，飛行服務也提高水準，但，飛機班次卻沒有增多，當初政府選定此線加重推動觀光，其成效不彰，始料未及。

五、討論與結論

　　筆者參與多次泰學研究國際會議，除了寮國的議題一定被排入之外，偶爾也可見到寮國籍學者參與寫作發表。有一回幾位寮籍學者發難，在會議上抨擊泰國總以為自己是老大哥，從而輕視寮國。事實上，在泰學研究強大壓力下，的確寮學主題多半邊陲。寮籍年輕旅美學者之所以發起組織寮學會議，亦是對長久不受重視的反彈。該位學者於2004年第一屆會議籌備期間，曾與筆者在西雅圖會面，當場即滿腔熱血地發表類似言論。不過，有了三屆的寮學會議，而且會議地點越來越接近寮國，如此或許正表示寮國已逐漸為人注意。學術上如此，國際眼光亦復相同。過去寮國共黨政權封閉，各項建設難上軌道，因此，國內任何有形無形範疇，幾乎都不具引人前來參訪的吸引力。自1989年起逐步開放之後，加上泰國觀光旅遊的制式飽和，遂有愈來愈多西方人想到了尚未被外人踏過的寮國土地。

　　寮國與泰國同為南傳佛教外加山地多樣族群存在的泰語系國家。泰國的工商進步與充分國際化，對多數較挑剔的觀光客來說，該國大部分地區，已然失去得以尋覓真實性（authenticity）原態的條件。縱使泰北涉險

觀光發達，但例子一多，人工性或虛假後台（即看到的仍是演出內容，而非真實的深山老林內之異族部落生活面貌）的疑慮也就增加。於是，想像中最為「原真、傳統、自然」的寮國，就成首選探訪甚至「探險」之地。Deepak Chhabra（2008:427-447）整理了觀光人類學將近30年對真實性的討論，至少發現了三類學界分析的論調範疇：本質論（essentialism）主張真的文化就在觀光客看不到的後台，建構論（constructivism）堅持被真實性化了的文化會於虛造的假後台上，繼續不斷地生產並被消費；整合前二者的調節論（negotiation）則認為，有時候商品化的經過，反而拯救了某項面臨消失的文化，所以，真實或觀光商品兩者，實不宜直接二分視之。事實上，依筆者之見，整個泰國仿如寮國的前台，而寮國經過觀光焠鍊，越來越多地點，包括本文所論之城鎮，頗有陸續加入前台陣容之勢。在此一景況下，本質論學者可能會忙著尋找被迫不斷內縮撤走的真實性所在，建構論派或許如筆者前文描述情形，就在Vientiane、Luang Prabang、Muang Sing等三個地點，努力發現觀光客體驗真實的過程。至於調節論者當將積極分析觀光場域中的寮人文化生活。不過，由於寮國學術發展緩慢，上述景況仍待日後更多人類學者的參與見證。

　　最近十年的確有大批西方觀光客湧入寮國。但，他們都上哪兒，做什麼事？泰國的異族觀光和性觀光是兩大觀光重點，那與其類似族群文化背景的寮國是否亦然？筆者的初步看法：並不盡然！原因很簡單，兩類觀光均需複雜有效之立基結構支撐，但寮國的經濟情況和觀光技能均有限，故當下除了零星散見情形之外，仍少見具組織性的機構，以其特定專業，有效地處理該二項觀光模式。總之，西方客喜歡到寮國，必有另外的吸引力動機。

　　在本文中，筆者以首都Vientiane湄公河邊歐風飲食習慣的Chiti Chenter區塊，古都Luang Prabang已被列為世界文化遺產之whole town法式建築，以及西北部Luang Namtha新城區和附近的Muang Sing法風小鎮等三地為例，分別陳述了西方觀光客的觀光生活方式。Chiti Chenter、whole town幹道與河邊餐廳、以及Luang Namtha三、二小店面和Muang Sing迷妳主街等地，是為觀光客集中區。她（他）們在該等地複製了朵頤歐式餐點的口慾。不論是Vientiane至Luang Prabang，還是自Vientiane到Luang Namtha與Muang Sing，

總是需要有歐美餐食相隨。寮國路況頗不理想，搭車總是震跳不穩，但目標景致所至，必有休憩質素的咖啡全餐享用。飛砂走石，舟車舊銹，是為開發中國度的常態，它和在泰國星級旅店外加高速公路的經驗大不相同。對多數歐美「求真客」或尋覓非都會地區探險經驗的人士而言，寮國果然極缺如現代化了的泰國之各項都會要素，因此，整體上它無疑更為「真實」。

　　在原真風土情境之下，訪客卻又時時得以進入環境泡圈，享受到自己熟悉安心的西方食品。看到菜單，英寮文對照，或者甚至只見英文，不論如何，它均屬環境泡圈範圍內的「飲食／菜單泡圈」。歐風食物菜單仿如身處異邦寮國的一個表皮堅厚西方國度透明氣泡，只有自己西方人才有進得了氣泡的通行證，進去之後可以看菜單，點用紅酒牛排。在氣泡外走累了，就轉進泡泡內休息，吃住皆然。有的甚至全程躲在泡圈內，再外看寮國原真世界。氣泡的名字在Vientiane叫Chiti Chenter，到了Luang Praban就是whole town，若有機會上Muang Sing，則主街家屋商號餐廳是為其名。旅客不滿意Luang Namtha，就是在此找不到大的環境泡圈，更遑論具體的飲食／菜單泡圈。觀光客路上行走，直接與「真實的」寮國接觸，無大港可避風，可能的不安全感即至。雖然，會動身前往Luang Namtha和Muang Sing，或許即為了逃離Chiti Chenter與whole town之「越來越不真實寮國」，從而可至真實在地國度一看真面目，但是，身臨Luang Namtha其境，不見西方泡傘保護，住何處，吃什麼，馬上都是問題。次日上了Muang Sing，才稍化解相當的焦躁。Muang Sing有如迷妳的Luang Prabang幹道主街，兩地過去皆君王，也都與法人殖民者交鋒過。王號尚未剝去，市街即已相當程度的歐風化了。Luang Prabang大王之地，建設完整，Muang Sing小王領地，相對上殖民政府投注較少，但總還有一個基本樣子。旅客在Luang Namtha的鬱卒無趣，到了Muang Sing，進入環境泡圈和飲食／菜單泡圈，頓然舒坦，鄉愁（nostalgia）其實正是愉悅經驗。寮國觀光泡圈關係形式可以下圖示之（圖示1）。

　　從上文討論和圖示可見，環境泡圈中的飲食／菜單泡圈，亦即類西方環境區塊內的西方食物，應是建置寮國西方客觀光模式的最關鍵要素。西方客在Vientiane和Luang Prabang，多數甘飴於Chiti Chenter和whole town兩個

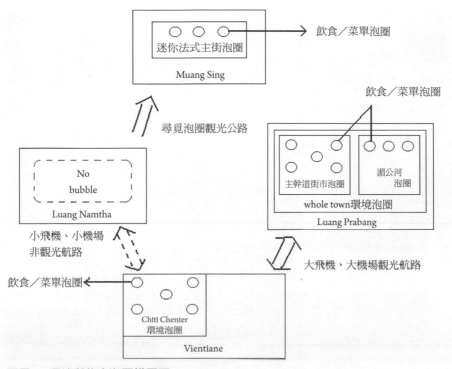

圖示1：環境與飲食泡圈構置圖

環境泡圈內的歐風餐飲，即使部分挑剔者試圖突破該等「越來越不若真實寮國」，從而前往如Luang Namtha的「真實寮國」探訪，卻也立即落入無西餐泡圈得以閒逸，就感到不甚自在的情緒，直至見到Muang Sing可愛類法式小街的英寮對照菜單為止。

另外，若我們共同納入寮國在地人與觀光客於飲食取用上的接觸形式，則可以下圖（圖示2）簡示其間關係。

簡單地說，寮國在地人於殖民時期因統治與被統治操作之需，與殖民者必有互動，但出現頻率應極其有限。殖民者一方面臨場接觸些許在地寮人食物，另一方面很快地即建置了自我的歐洲飲食系統。今日西方觀光客多在環境泡圈中吃西餐、中餐，又伴陪有Beer Lao，但他們卻與寮國在地人絕緣。來訪者對寮式餐食，也僅一、二次淺嚐。寮人自己多在家作飯，除非國外親友回來，否則少有上寮國料理館子者。他們喜歡Beer

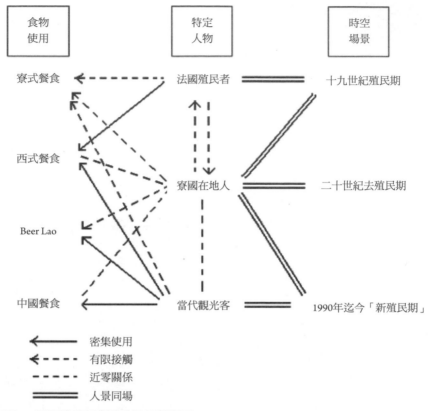

圖示2：近現代殖民與飲食取用關係圖

Lao，但購食頻率卻遠低於西方客（按Vientiane湄公河邊沙丘攤位偶見寮人三、五友親坐飲Beer Lao）。二十世紀尤其1975年共黨革命成功之後的十數年間，是為宣揚國族主義的去殖民期。1989年開放以來，大量國際觀光客湧入，四處尋覓「真實寮國」、「真實泛泰人（包括泰與寮）世界」、甚至「真實東南亞」，他們盤據了Vientiane之Chiti Chenter、Luang Prabang之whole town、以及Luang Namtha零星散見和位於Muang Sing迷妳主街上的餐廳。這些場所無論何時，均與寮國在地人無關。我們很難看到寮人前往消費。飛機航班帶來源源不絕的西方客，只見他們永遠佔有此些環境泡圈地點，享用著飲食／菜單泡圈歐風美食（按，Natacha Du Pont De Bie [2004]所著*Ant Egg Soup: the Adventures of a Food Tourist in Laos*〔螞蟻卵蛋湯：寮國飲

食觀光探險記〕係以探奇角度，記錄各地特殊食物，它們絕非西方來客的品嚐首選）。它的資源汲取和空間剝奪佔據，有如殖民事實，因此，不妨逕稱今日的一批批西方男女為「新殖民者」。Helene Yi Bei Huang、Geoffrey Wall、以及Clare J. A. Mitchell等人（2007:1034-1036）指出，一般具文化遺產聲名的地方，其觀光發展大體有三個進程：先是在地企業主事者，因與外來資本合作得利而對觀光大表歡迎，接著外來力量進入太快，造成初期的地景破壞，開始出現不滿的言論，最後，大破壞期到來，遺產地區全面商品化，在地根本毫無抵抗能力。寮國的情形是，此種「具創新意涵的破壞」（creative destruction）似以另種形式出現。亦即，西方客雖大量湧進，但，在地的觀光回應力道始終微弱，也看不到地方產業的明顯參與，以致遺產所在和城鎮中心，均少有再製商品文化以供消費的能力與機制。Carina Ren、Annette Pritchard、以及 Nigel Morgan等人（2010:885-904）主張觀光研究應採行動者網絡理論（actor-network theory），也就是研究者必須分析所有行動者（actor）、組織實體（entities）、以及地方（place）等要素，共同於觀光場域中建立固制性關係，然後齊織景觀風貌的過程。

　　本文始終留意此項呼籲，以使研究整體更形完善。不過，寮國情形如此，在地組織實體和地方主體聲音都居弱勢，反而，「人滿為患」或歐美觀光客四處流竄，才是此一東南亞窮困國家的最主要「具創新意涵的破壞」事實，他們是最大宗的行動者。簡言之，「新殖民者」以主體行動者立場，終年終日寮國三城鎮走動觀光。部分研究者已然注意到了，主政者或財團企業總會設法於觀光休閒區加上新料，例如在歐洲特定地點建立美式迪斯奈遊樂場，終而改變在地形貌（morphological changes），而且一次次注入新樣，就一波波徹底改換了現場（Andriotis 2006:1079-1008）。創新即是破壞。然而，弱小的寮國政體，以及該國長期缺乏觀光基礎投資，使得幾處觀光地點形貌變化有限，也就是如此，探險型背包客才會持續對之感到興趣，畢竟，想像中，它們一直是維持著舊樣「傳統」。

　　研究背包客觀光行為的學者，不只一人表示，來客的行動，無論如何，其實都正在進入泡圈，而他們的作為也是另種殖民實踐。Peggy Teo與Sandra Leong（2006:109-131）指出，泰國曼谷一般背包客最愛報到的Khao San一地，有一大片區域幾乎全部歐美景觀化，提供服務的一方，根本就

是在為客人再製一小西方世界，以使之舒適快活，其理與過去殖民時代社會樣態並無差別。以色列人喜愛到印度當背包客，早已不是新聞。Darya Maoz（2007:122-140）批評這些一退伍就急忙三五成群來此南亞大陸久待數周甚至整月的以國人，其實所到之處，就是固定的三、五地點，簡直就將它們視為一個個新殖民圈區。Hamzah Muzainiz（2006:144-161）發現，背包客無論多麼努力想擺脫大眾觀光的「庸俗不真」，總是難逃所有接待外來訪客的觀光地點，事實上都沾有商業活動要素的宿命景況。換句話說，那些號稱與觀光客有別，繼而自許為真正「旅人」（traveler）的背包客，忙了半天，最終還是列屬泡圈中人物。

　　進入「進步」如泰國或印度的西方背包客，四處觀旅走看，形式上百分百自由解放，但，到頭來卻仍是在類殖民情境中，與商業觀光對話。至於仍屬「原始」的寮國，各項立基結構不足，因此，一般人不易有管道安全地「深入」山地涉險觀光。西方客來寮求真，卻通通受制於環境泡圈。既然缺乏組織性之旅遊機制的伸援協助，所以，除了少數特例之外，旅客實則不太可能自己順利抵達寮國多族群各地村寨參觀。眾人們不由得全入西方飲食服務區。西方客與在地人，環境泡圈內與環境泡圈外，以及西食與寮食等的區隔，似乎顯示出一種彼此相斥的事實。寮國被納進國際觀光的當下時間裡，明顯出現了包括活動地點（城市精華段的被觀光佔據）、空中使用（航班的歐美滿客）、以及食用選擇（高價西餐的在地無緣）在內的「場域多元相斥」（plural arena）景況。

　　早在70多年前，J.S. Furnivall（1967[1939]）即以荷屬印度尼西亞之例，提到殖民地的殖民者與被殖民者僅於市場經濟活動場合才有互動（亦即，一為剝削者，另一為被剝削者），其餘方面則雙方幾乎隔絕。寮國當今的景象何嘗不是如此？新殖民者佔滿飛航班次，填密各歐風地景處，同時，也食進盤盤法式美風大菜。境外鄉愁觀光，引出了歡樂滿足心情。不過，來客與寮國本地人生活始終難有互動。若硬要擠出一項共享事物，那可能就是人見人愛的Beer Lao了！

引用書目

謝世忠

2007〈異、色、毒：北東南亞山地族群的觀光圖像〉。《民俗曲藝》157:11-64。

2009〈從族裔型國家到國族——國家及世界遊移的適應：跨國境泰語系Lue人族群置位的歷史過程〉。刊於《國家與原住民：亞太地區族群歷史研究》。洪麗完主編，頁327-354。臺北：中央研究院臺灣史研究所。

Adams, Kathleen M.

1984 Come to Tana Toraja, "Land of the Heavenly Kings": Travel Agents as Brokers in Ethnicity. *Annals of Tourism Research* 11(3): 469-485.

Andriotis, Konstantinos

2006 Hosts, Guests and Politics: Coastal Resorts Morphological Change. *Annals of Tourism Research* 33(4): 1079-1098.

Askew, Marc, Colin Long, and William Logan

2007 *Vientiane: Transformations of a Lao Landscape.* London: outledge.

Baffie, Jean

1989 Highlanders as Portrayed in Thai Penny-Horribles. in *Hill Tribes Today.* John McKinnon and Bernard Vienne eds., Pp. 393-407. Bangkok: White Lotus.

Beech, John

2009 Genocide Tourism. in *The Darker Side of Travel: The Theory and Practice of Dark Tourism.* Richard Sharpley and Philip R. Stone, eds., Pp. 207-223. Bristol: Channel View Publications.

Belhassen, Yaniv, Kellee Caton, and William P. Stewart

2008 The Search for Authenticity in the Pilgrim Experience. *Annals of Tourism Research* 35(3): 668-689.

Binh, Nguyen Phuong

2006 Geopolitics and Development Cooperation in the Mekong Region. in *The Mekong Arranged and Rearranged.* Maria Serena I. Diokno and Nguyen Van Chinh eds., Pp: 65-88. Chiang Mai: Mekong Press.

Bouphanouvong, Nakhonjham

2003 *Sixteen Years in the Land of Death.* Bangkok: White Lotus.

Brennan, Denise

2008 Men's Pleasure, Women's Labor: Tourism for Sex. In *Conformity and Conflict: Readings in Cultural Anthropology.* James Spradley and David W. McCurdy eds., Pp. 355-369. Boston: Pearson Education, Inc.

Chazée, Laurent

2002 *The Peoples of Laos: Rural and Ethnic Diversities.* Bangkok: White Lotus. Chhabra, Deepak

2008 Positioning Museums on an Authenticity Continuum. *Annals of Tourism Research* 35(2): 427-447.

Cohen, Erik

1985 The Tourist Guide: The Origins, Structure and Dynamics of a Role. *Annals of Tourism Research* 12(1): 5-29.

1988 Authenticity and Commoditization in Tourism. *Annals of Tourism Research* 15(3):371-386.

1996a [1982] Thai Girls and Farang Men: The Edge of Ambiguity. in *Thai Tourism: Hill Tribe, Islands, and Open-Ended Prostitution*. Erik Cohen, Pp. 249-268. Bangkok: White Lotus.

1996b [1989] Primitive and Remote:Hill Tribe Trekking in Thailand. in *Thai Tourism:Hill Tribe, Islands, and Open-Ended Prostitution*. Erik Cohen, Pp. 31-66. Bangkok: White Lotus.

1996c *Thai Tourism: Hill Tribes, Islands, and Open-ended Prostitution*. Bangkok: White Lotus.

2001 Ethnic Tourism in Southeast Asia. in *Tourism, Anthropology and China*. Chee-beng Tan, Sidney C. H. Cheung and Hui Yang eds., Pp. 27-53. Bangkok: White Lotus.

Cole, Stroma

2007 Beyond Authenticity and Commodification. *Annals of Tourism Research* 34(4): 943-960.

Du Pont De Bie, Natacha

2004 *Ant Egg Soup: The Adventures of a Food Tourist in Laos*. London: Sceptre.

Duggan, Betty J.

1997 Tourism, Cultural Authenticity, and the Native Crafts Cooperative: The Eastern Cherokee Experience. in *Tourism and Culture: An Applied Perspective*. Erve Chambers ed., Pp. 31-57. New York: SUNY Press.

Evans, Grant

1990 *Lao Peasants under Socialism and Post-socialism*. Chiang Mai: Silkworm.

1998 *The Politics of Ritual and Remembrance: Laos since 1975*. Chiang Mai: Silkworm.

1999 *Laos: Culture and Society*. Chiang Mai: Silkworm.

2002 *A Short History of Laos: The Land in Between*. Sydney: Allen & Unwin.

Fine, Elizabeth C. and Jean Haskell Speer

1985 Tour Guide Performances as Sight Sacralization. *Annals of Tourism Research* 12(1): 73-95.

Furnivall, J.S.

1967[1939] *Netherlands India: A Study of Plural Economy*. Cambridge: Cambridge University Press.

Garrick, Damien

2005 Excuses, Excuses: Rationalisations of Western Sex Tourists in Thailand. *Current Issues in Tourism* 8(6): 497-509.

Graburn, Nelson H.H.

1976 Eskimo Art: The Eastern Canadian Arctic. in *Ethnic and Tourist Arts: Cultural Expressions from the Fourth World*. Nelson H.H.Graburn ed., Pp.39-55. Berkeley: University of California Press.

Huang, Helene Yi Bei, Geoffrey Wall, and Clare J. A. Mitchell

2007 Creative Destruction: Zhu Jia Jiao, China. *Annals of Tourism Research* 34(4): 1033-1055.

Hyde, Sandra T.

2007 Sex Tourism and the Lure of the Ethnic Erotic in Southwest China. in *China's Transformations: the Stories Beyond the Headlines*. Lionel M. Jensen and Timothy B. Weston eds., Pp. 216-239. Maryland: Rowman and Littlefield Publishers, Inc.

Jackson, Peter A.

2004 [1999] Tolerant But Unaccepting: The Myth of a Thai "Gay Paradise". in *Genders and Sexualities in Modern Thailand*. Peter A. Jackson and Nerida M. Cook eds., Pp: 226-242. Chiang Mai: Silkworm.

Keyes, Charles F.

1995 [1977] *The Golden Peninsula: Culture and Adaptation in Mainland Southeast Asia*. Honolulu: University of Hawaii Press.

Kim, Hyounggon and Tazim Jamal
    2007 Touristic Quest for Existential Authenticity. *Annals of Tourism Research* 34(1): 181-201.
Knox, Dan
    2008 Spectacular Tradition: Scottish Folksong and Authenticity. *Annals of Tourism Research* 35(1): 255-273.
Kunstadter, Peter
    1979 Ethnic Group, Category, and Identity: Karen in Northern Thailand. in *Ethnic Adaptation and Identity*. Charles F. Keyes ed., Pp. 119-163. Philadelphia: Institute for the Study of Human Issues.
Lefèvre, Eckard
    1995 *Travels in Laos: The Fate of the Sip Song Pana and Muong Sing(1894-1896)*. Walter. E. J. Tips, trans. Bangkok: White Lotus.
Leipor, Neil
    1990 Tourist Attraction Systems. *Annals of Tourism Research* 17: 367-384.
Lewis, Paul W. and Elaine Lewis
    1984 *Peoples of the Golden Triangle*. New York: Thames & Hudson.
Lyttleton, Chris
    2000 *Endangered Relations: Negotiating Sex and AIDS in Thailand*. Bangkok: White Lotus. MacCannell, Dean
    1999 [1976] *The Tourist: A New Theory of the Leisure Class*. Berkeley: University of California Press.
Martin, Keir
    2010 Living Pasts: Contested Tourism Authenticities. *Annals of Tourism Research* 37(2): 537-554.
Pholsena, Vatthana
    2006 From Indochinese Dreams to Post-Indochinese Realities. in *The Mekong Arranged and Rearranged*. Maria Serena I. Diokno and Nguyen Van Chinh eds.,Pp: 43-64. Chiang Mai: Mekong Press.
Pholsena, Vatthana and Ruth Banomyong
    2006 *Laos: From Buffer State to Crossroads ?* Chiang Mai: Mekong Press.
Rehbein, Boike
    2011 Interview with Grant Evans. *The Journal of Lao Studies* 2(1): 97-107.
Reinius, Sandra Wall and Peter Fredman
    2007 Protected Areas as Attractions. *Annals of Tourism Research* 34(4): 839-854.
Ren, Carina, Annette Pritchard, and Nigel Morgan
    2009 Constructing Tourism Research: A Critical Inquiry. *Annals of Tourism Research* 37(4): 885-904.
Rigg, Jonathan
    2004 *Living with Transition in Laos Market Integration in Southeast Asia*. London and New York: Routledge.
Ryan, Chris and C. Michael Hall
    2001 *Sex Tourism: Marginal People and Liminalities*. London: Routledge.
Schliesinger, Joachim
    2003a *Ethnic Groups of Laos, vol. 1: Introduction and Overview*. Bangkok: White Lotus.
    2003b *Ethnic Groups of Laos, vol. 2: Profiles of Austro-Asiatic-Speaking Peoples*. Bangkok: White Lotus.
Sisowath, Doung Chanto
    2006 Region within a Region: The Mekong and ASEAN. in *The Mekong Arranged and Rearranged*. Maria Serena I. Diokno and Nguyen Van Chinh eds., Pp. 121-140. Chiang Mai: Mekong Press.

Southiseng, Nittana and John Christopher Walsh

    2011 Study of Tourism and Labour in Luang Prabang Province. *The Journal of Lao Studies* 2(1): 45-65.

Stone, Philip R.

    2009 Making Absent Death Present: Consuming Dark Tourism in Contemporary Society. in *The Darker Side of Travel: The Theory and Practice of Dark Tourism*. Richard Sharpley and Philip R. Stone eds., Pp. 23-38. Bristol: Channel View Publications.

Stuart-Fox, Martin

    1998 *The Lao Kingdom of Lân Xâng: Rise and Decline*. Bangkok: White Lotus.

Tapp, Nicholas

    1989 *Sovereignty and Rebellion: The White Hmong of Northern Thailand*. Singapore: Oxford University Press.

Tapp, Nicholas, Jean Michaud, Christian Culas, and Gary Yia Lee eds.

    2005 *Hmong / Miao in Asia*. Chiang Mai:Silkworm.

Theboatlanding Guesthouse

    N.D. Lao Map. http://www.theboatlanding.laopdr.com / laomap.html, accessed May 25, 2006.

Van Esterik, Penny

    2000 Prostitution and Foreign Bodies. in *Materializing Thailand*. Penny van Esterik ed.,Pp. 163-198. Oxford:Berg.

Walker, Andrew

    1999 *The Legend of the Golden Boat: Regulation, Trade and Traders in the Borderlands of Laos, Thailand, China and Burma*. Honolulu: University of Hawaii Press.

Walsh, Eillen R.

    2001 Living with the Myth of Matriarchy: The Mosuo and Tourism. in *Tourism, Anthropology and China*. Chee-beng Tan, Sidney C. H. Cheung and Hui Yang, eds., Pp. 93-124. Bangkok: White Lotus.

Wang, Yu

    2007 Customized Authenticity Begins at Home. *Annals of Tourism Research* 34(3): 789-804.

Wijeyewardene, Gehan

    1991 The Frontiers of Thailand. in *National Identity and its Defenders: Thailand, 1939-1989*. Craig J. Reynolds ed., Pp. 156-190. Chiang Mai: Silkworm.

Wood, Robert E.

    1984 Ethnic Tourism, the State, and Cultural Change in Southeast Asia. *Annals of Tourism Research* 11(3): 353-374.

* 本文為行政院國家科學委員會專題研究計畫「想像的國家大城與心儀的世界文化──寮國北部Lue人的移向都市」（98-2410-H-002-135-MY2）研究成果之一。撰稿期間得筆者研究助理劉瑞超、楊鈴慧、楊政賢、賴冠蓉、郭欣諭等諸位小姐先生的全力協助，謹誌謝忱。其中地圖二至五端賴郭欣諭小姐美編製成，貢獻良多。另，2005年至2012

年多次田野期間獲寮國當地朋友和歐美觀光客報導人不吝指點，同表
謝意。

（本文原刊於《考古人類學刊》2012/77:23-58）

異、色、毒
——北東南亞山地族群的觀光圖像[*]

一、前言

觀光人類學（anthropology of tourism）或觀光社會學（sociology of tourism）研究者或為研究方便，也或從實際觀察經驗，總習慣將觀光予以型態分類（Graburn 1989:31-32）。其中最典型的兩個範疇就是「文化觀光」（cultural tourism）與「異族觀光」（ethnic tourism）。顧名思義，前者以「文化」為吸引中心，訪客不論主動或被動，其動身前往目的，就是觀看文化；同樣地，後者理由即為對與自己不同之族群的好奇動機。從「已開發」地區成員（北美、西歐、紐澳、日本與東亞四小龍等）的立場來看，外出觀光，人到巴黎羅浮宮，見識了「文化」（或應說足「文物」、藝術品、古典創作），卻不會思及自己正接觸「異族」。畢竟「已開發」之認定，已然成功地建造了來自各「進步」國度成員彼此滲通的「我群」意識。因此，羅浮宮並不為「異」，「已開發」成員們早已將之納為「文明」共有的象徵之一。反之，在中國雲南路南縣石林（按，今路南縣已更名為石林縣）強調「阿詩瑪」美麗神話的彝族（撒尼人）觀光區（參Swain 2001），或寧蒗彝族自治縣永寧鄉瀘沽湖一向被官方與民間商業機構宣揚不遺餘力之女子在家等男子上門約會被稱為「走婚」或「阿注婚」習俗的納西族（摩些／摩梭人）地區（Walsh 2001:93-124; 程玄1990），諸多非「已開發」內涵應有之「奇風異俗」，往往會成為觀光過程的主軸。「異族」於是藉看「異文化」的密集外顯展示，映人印象，人群的「異」終成觀光收穫的代表。

在西方或已開發地區或「第一世界」範圍內，不易有異族觀光的存

在，而在亞非第三世界地區，只要未有戰亂，異族觀光幾乎可以四處遍在。Dennison Nash（1989）曾指出，觀光實為一種帝國主義的形式。換句話說，觀光是為Dean MacCannell（[1976]1999）筆下之「有閒階級」，在經濟、意識型態、消費、文化及空間與時間等場域上的秋風掃葉行動，而觀光客作為活動要角，即成了Verena Winiwarter（2001:492）曾提及之「名勝景物的征服者」（conquerors of sights）。第三世界和第四世界（即國際原住民世界〔見謝世忠1990〕）就是最主要的被征服之地。只要安全無虞，就有人安排出國，也就有人起身加入，於是異族觀光區，總是熱鬧，白人、日本人、港人、臺灣人穿梭，花樣形式也不斷翻新。

　　Jean-Paul Dumont（1981:139-69）曾表示，事實上觀光客源出的輸出社會（delivering society）與作為接收社會（receiving society）的被觀光地之間，存有許多類同的過活方式或人事活動，但它們總是直接被忽略。觀光客就只為了尋覓「異」，找到了「異」，繼而誇大渲染，「同」的事項就更被掩蓋了。那麼，什麼是異族觀光的「異」？為何他們能成為「異」？如何使「異」有效現身，並常續成為吸引要素？這些問題在異族觀光形成與發展過程的範疇上，無疑是探索的關鍵所在。

　　在當代觀光情境上，異族觀光是否得以蓬勃（見Brunner 2001; Cohen 2001; Smith 1989；謝世忠1992, 1994a, 1994b; McKhann 2001），在一定程度上，應與其從觀光客出發前、途中、以及抵達目的地之後的前導（generating marker）、隨程（transit marker）、及最終串聯（contiguous marker）並印證百聞不如一見等的訊號強勢程度有關（Leipor 1990:367；謝世忠1994a:95-96），更與「異國情調」（exoticism）味道的建構成功與否難脫關係。亦即，異族觀光吸引力體系（attraction system）（Leipor 1990）的有效作用，應就是建立於前導、隨程與最終串聯訊號的一體完好性，以及異國風味時時出現的高頻率魅力基礎上。誠然，我們都同意人類經驗不可能僅是單線進程，影響觀光動機和建構觀光印象的要素當是複雜，但，筆者以為，再怎麼複雜的要素，均可轉化至動機與印象合成的路途上。而若欲對此一路途作解剖性的認識，上述三項訊號或可為分析之基礎。

　　問題是，訊號如何能完好？又，高頻率該如何持續不墜？觀光媒介此時扮演要角，他或它努力使「異相」展現，以異相構成訊號要素，也設法

讓異相永不離觀光客身旁。「他」指的是「人」，「它」則代表「物」。媒介有人有物，人以導遊、領隊和旅行業者為大宗（Adams 1984; Cohen 1985; Fine & Speer 1986），物則可以觀光藝品紀念品相片為代表（Graburn 1976, 1984; Nason 1984）。在本文中，筆者擬以觀光場地所見的卡片明信片照片圖像內容為對象，探討該等紙類媒介做為前導、隨程或最終串聯訊號，及其成為吸引力要素，在東南亞北部泰寮兩國山地觀光世界中，所塑造出之「異」（exoticism）、「色」（eroticism）及「毒」（drugs）等三項異族的印象。我們相信，觀光明信片始終在努力建造一於空間和時間上均滿足觀光客所心儀的景象，或者如Patricio C. Albers 與William R. James（1988:134-58）所提示者，從明信片之重點內容與構成方式總是不斷被重複的景象觀之，此一共同的「凝眼」（eyes）和「編製」（frame）習慣，所反映者正是一種有如語法暗碼的內在結構。觀光可使一個人的「奇夢」（fantasies and dreams）成真，而幾張主題正確的卡片，應能對達到此一目標產生助益（Winiwarter 2001:453）。明信片上的人事物地景均經歷被「冰固化」的過程（cf. Crang 1994:341-42），它們因此可能與實況距離遙遠，但照片圖像故事不僅是一種現象事實，也是形同「萬國通用語」（universal code）般之潛藏結構的顯現樣態。該現象事實正每天被數以萬計眼睛審視著，畢竟，明信片擁有者已然透過觀光行路與觀光文化（touristic culture）的認知和想像，共同搭造了異國世界。

二、泰寮山地觀光

大陸東南亞（Mainland / Continental Southeast Asia）是國際異族觀光的重點地區。1980年代之前，越南、寮國、及高棉等共產國家保守封閉，緬甸社會主義政權亦不歡迎外人，因此，觀光焦點就全落在泰國。近十五年來，越寮陸續對國際社會開放，高棉也回復為君主立憲的柬埔寨王國，觀光客於是增加了這些去處。今天，除了緬甸內戰頻仍，旅人依舊裹足之外，其他地區大致均可在安全行走景況下（除開越柬寮過去戰爭留下之地雷可疑區外），充滿著觀光探奇的潛力。

不過，談起異族觀光，越柬兩國尚未起步（按，越南強調胡志明市

〔西貢〕、河內、順化等新舊都城遊覽和越戰紀念觀光，而柬國則僅以吳哥窟歷史遺產為重點，兩國少數族群並非觀光項目），最重要發展地區仍在泰國。至於寮國則因語言歷史文化近於泰國，所以，其近來才爭取曝光的觀光建置模式，多仿效之。

　　泰國觀光大體上可分三大類：其一是中南部島嶼海岸渡假休閒；其二是包括曼谷、阿瑜陀耶（Ayutthaya）、素可泰（Sukhotai）、清邁（Chiangmai）等在內之古今大城市瀏覽；其三為北方山地以非泰語系部落群體為主的異族探奇。寮國不靠海，但也開始開發內陸大湖邊的賭場飯店觀光，亦有與泰國相似的永珍／萬象（Vientiane）與琅勃拉邦／龍帕邦（Luang Prabang）今古大都參訪，以及北部山民或操泰語系之非主體寮人（如Lue人〔見謝世忠2005&2006〕）農村生活探索。兩國相較，泰國規模龐大，經驗豐富，觀光基礎建設完備，官方民間共同將觀光經營成一被「組織化了的工業」（an organized industry）。而寮國則因大眾觀光尚未普及，故多見三、二人或個人扛背包搭乘地方老舊簡易交通工具四處遊玩的行動。

　　至泰北進行異族觀光活動，多半均先搭機到清邁或更北的清萊（Chiangrai）。在兩個城市內，除了可做如吃喝購物一般觀光消費之外，亦能多少感染到山地異族存在的氣息。因為街上四處有招攬徒步入山「涉險旅行」（trekking tour）的廣告，相關服務處更張貼有各種不同天數或路線之地圖，上頭亦往往標有如Lahu, Hmong, Akha, Yao, Karen或Longneck等等「異」族村舍地點。有的會安排至該等村寨參觀採購，有的用膳住宿，有的甚至強調族人吸食鴉片的習慣（參Cohen 1996a [1979], 1996c[1983], 1996e[1989]）。再者，觀光客走動街市，很容易可買到部落生活主題的明信卡片，夜晚逛夜市，山民擺攤者也不少，甚至旅館樓下外面也常見類似的攤位環繞大門四周。另外，兩座城市各有部落文化或工藝博物館，進去看看，總能增加印象。

　　導遊依例安排大眾型觀光客至距城鎮不遠之樣板Hmong（苗族）村參觀。自助旅行來者，相當大比率會參與涉險行程，以期自我建構山林探險發現奇異的心情。筆者在泰北不止一次參加涉險團，全程觀察導遊的族群文化資訊傳播方式，以及觀光成員的回應對話，充分瞭解了作為「人媒介」（human media）之語言述說能力的重要性（按，筆者另規劃寫就〈涉險觀光與當代部落族群文化——泰寮兩國的例子〉一文，以期系統地

探討導遊、觀光客、及內山族群共構的現象文化）。不過，「物媒介」（material media）如博物館展示場紀念品、工藝品、以及照片圖像等，或許更有攜回家後，望之即能再憶的提醒功用。觀光是為脫離原本生活工作場域結構，繼而進入反結構（anti-structure）或解放空間（communitas）的狀態，參與其中，多數人行為不再「正常」，再節儉的人，也會買東買西，因此，採購那些功能角色有如隨程訊號或最終串聯訊號的物媒介等回家者眾。Nelson H. H. Graburn（1984）和筆者（Hsieh 2004）也才會以「居家博物館化」（home museumification）一詞來形容觀光回來，自家不斷累積紀念物，以至成為有如小小博物館般的現象。

　　寮國北部因均為觀光散客，又缺乏如清邁清萊等大城作為遊憩準備基地，所以來訪者不必透過人媒介，即已多能感受「異」氣氛。換句話說，從如Luang Namtha, Muang Sing, Bokeo, Udomxay及Muang Long等幾個小鎮騎自行車出發，不消達三、四公里之處，即能見著山民或非主體寮人村落，馬上達到感染異族效果。當地雖也偶見涉險旅行促銷者，但吸引力不足，主要原因就是民宿左鄰右舍即見各種異族村，不必花錢另請導遊帶路。不過，雖然如此，物媒介仍具一定被消費的誘因。畢竟寮國缺乏有系統的異族觀光工業，進入山民村，買不到紀念品，唯有鎮上小店或甚至只在首都永珍和古都龍帕邦才能購得工藝產品或異族人物特色明信卡片。觀光客難得看到它們，價格又便宜，因此多會購買。

　　筆者在泰寮兩國北部異族觀光區內蒐得作為物媒介重要項目之一的照片圖像多種，發現其中「異族樣相」、「女體裸裎」、以及「毒品主題」等是為展現重點，因此，即擬以之為題，討論北東南亞山民異族觀光透過此一物媒介，所被賦予的特定形象。

三、「長頸族」異俗

　　Karen是泰國民間認知的六大北方山地族群之一（另五族為Lahu [Mussur, Muser, Moocer], Hmong [Miao, Meo], Iu-Mien [Yao, Mien], Igor [Akha, Iko, Ko, Gor], Lisu）（參Lewis & Lewis 1984），主要分布於泰緬交界沿線，從北迄南長約一千公里的兩國山區。Karen的群體繁多，而其中有幾支始終激烈反抗緬甸

的統治，引來了緬軍長期圍剿，各地族人也就不斷逃難（Kunstadter 1979:119-63）。Patong（Pataung）是Karen的一支，其最特別的風俗就是女孩自小要以銅製圈鈷圍頸，依年齡增長，鎖骨肩骨受壓下沈，頸椎被迫隨圈環的限制範圍發育，造成女孩越長高，加上圈環越多，脖子外型也更拉長的結果。女子上圈環有美觀的界定，也有阻嚇自然與超自然威脅力量作用的想像。傳統上，未上圈環拉長頸子，就會失去族人的接納，繼而被迫流亡叢林，死於荒野。

原居於緬甸境內的Patong部落，在戰亂中避逃泰國，主要有Chiangrai省的一個村子和Maehongson省的三個村，人口合約五百人。由於脖子長，英文的long neck就成了族名。臺灣觀光客前來觀看之前，多有導遊介紹了「長頸族」，回臺之後，也配以自我相機攝製或商業購買的物媒介，牢記了泰國有一「長頸族」。

筆者在泰國北部各處，計收集到二十一張關及"Long Neck Karen"（長頸甲良人）的明信照片圖像。它們均在泰國印製，拍攝者有泰國人有西方人。從照片主題來看，大致可分集體合影、水畔休閒、母與子、生活綜合、及個人特寫五項（圖1至圖21）。

LONG NECK KAREN　　　　　　　　　　　　　　MAE HONG SON

圖1：三名少女半身照，穿白色短上衣，頭戴彩色花絮環帶。三人眼望不同方向，面容嚴肅。背景為模糊之家屋兩棟。（photo by Pinit Srimuangkao. Good View Arts CO., LTD.）

$\dfrac{2}{3}$　圖2：八位成年女子合影，外加右下一人特寫照。八人在簷下，
　　　或坐或立穿著白色上衣，有五位頭戴藍紅布帶，餘為其
　　　他色配樣式。每人均亦裝戴白銀手環和小腿銅環，面容
　　　嚴肅，建築牆背為月桃編織，右邊掛有販售的背帶數。
　　　（Copyright, Art Media.）

　　圖3：六位幼年女孩屋下坐姿拍照，右方外加一特寫個人照。
　　　前排三位頭帶近於圖一，後排三位花樣有異。（photo by
　　　Pinit Srimuangkao.Good View Arts CO., LTD.）

圖4：三位成年女子和一位小女孩合影。成年人面帶笑容，穿
　　　白色上衣，頭戴綠紅相間布帶，女孩則戴紅藍頭帶。四
　　　人均戴白銀環節，並裝有小腿銅環。背景為木築房子和
　　　樹林。（photography Michael Huteau. Distributed by
　　　Vis-Art, Bangkok.）

圖5：四位妙齡少女，面帶微笑。四人手戴白銀環節，挽髮針
　　　定，穿著無肩現代長衣，背後為樹林。（photo by Pinit
　　　Srimuangkao. Good View Arts CO., LTD.）

圖6：三十二位老少女性合影，人人有手環腿環，頭巾有綠、紅、藍、黃布夾雜，亦有花形前飾的裝扮。不少人露出笑容，背景為月桃牆屋。（photo by Pinit Srimuangkao. Good View Arts CO., LTD.）

圖7：十二名女子在水中歡樂嬉戲，髮型均挽髻，手戴環節。（photo by Pinit Srimuangkao. Makmai Art & Photo.）

圖8：五名女子靜坐水岸，均著無肩長衣，手戴銀環。其中一位正為另一位調整頸環。（photo by Boomee Thanomsooksun. Good View Arts CO., LTD.）

M A E H O N G S O N

T H A I L A N D

LONGNECK KAREN

圖9：本明信片由兩幅照片組成，上方一張三人在水中，下方一張與上方同組人
物，一人向另兩人潑水嬉戲。三人均戴手環和小腿環。（photo by Pinit
Srimuangkao. Makmai Art & Photo.）

圖10：本卡由八張照片構成，其中有七張與水有關，亦即不是坐
　　　在水邊，就是水中玩樂聊天，或是洗髮梳理。其間人物多
　　　著白色上衣或無肩長衣。（photo by Pinit Srimuangkao.
　　　Good View Arts CO.,LTD.）

圖11：四人坐長凳，左二抱小孩餵奶。大家均著白色長衣黑短
　　　裙，頭飾綠、紅、粉紅、白、黃、藍布，再配以手環腳
　　　環。背景為竹木月桃葉屋舍。（photo by Pinit Srimuangkao.
　　　Good View Arts CO., LTD.）

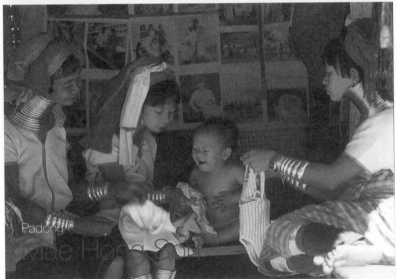

圖12：兩位成年女子各抱一小孩。婦人頭部以花飾扮於粉紅、藍布袋之上，手下臂亦見環飾。（photography by Somsak Luampongphan, distributed by Vis-Art.）

圖13：三位女子照料一名嬰兒。婦人頭中有紅、黃、灰雜色，白色短袖上衣，銀色手環與金黃銅頭環和腿環對照明顯。照片背景為畫報樣張貼飾。（photography by Jatupom Rutnin, distributed by Vis-Art.）

LONG NECK KAREN

14
———
15

圖14：即圖11之母親餵食小孩奶水特寫照。（No information.）

圖15：由五張相片構成，有躺睡，有屋前閒坐，有水邊休憩，有家中工作也有餐廳用膳。在水畔者著無肩長衣，餘皆穿白色上衣黑色短裙。除入水娛樂，其他場合均保持花彩頭飾。

（photo by Pinit Srimuangkao. Makmai Art & Photo.）

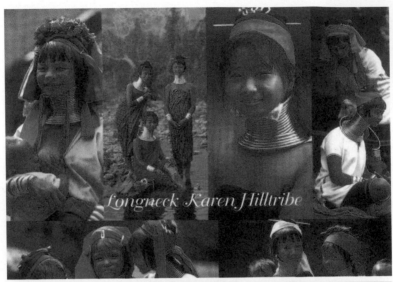

圖16：由六張相片組合而成，一母親餵奶，一兩位女孩背小
　　　孩，一水邊三女子，一聊天三女孩，一站立者協助坐者
　　　固定頭環，另一為著無肩衣個人照。頭顏色有紅、綠、
　　　粉紅、藍、白、黃等多種，也有戴上花飾者。（photo
　　　by Boonmee Thanomsooksun. Bast Arts.）

圖17：八位幼老女子個人照合成卡片。除兩張小孩外，餘成人
　　　皆戴多色合用頭巾，並穿白色上衣。（photo by Pinit
　　　Srimuangkao. Good View Arts CO., LTD.）

18 | 19　圖18：即為圖3右邊的獨照人物，頭飾多樣，有紅、綠、黃、藍、粉紅色
　　　　布，也戴有多色花朵。（photo by Pinit Srimuangkao. Good View
　　　　Arts CO., LTD.）
　　圖19：女孩獨照，笑容可掬，手戴銀環，身穿白色上衣，頭飾為藍、紫兩色。
　　　　（photography by Jatuporn Rutnin, distributed by Vis-Art.）

圖20：一女子正在為小女孩戴上銅環。女孩頭戴綠色巾飾，女子則以多色裝
　　　扮頭額。兩人均穿白色上衣，戴有手環。（photography by Nakaret
　　　Teerakhamsri, distributed by Vis-Art.）

圖21：與圖20為同樣人物場景。（Makmai Art & Photo.）

　　上述「長頸族」明信卡片所顯現出的人物裝扮特質主要包括有多彩
布條頭飾、白色上衣、銀手環、黑短裙、無肩長衣、小腿銅環、及最重要
的金黃銅環頸圈。花彩衣飾和手腿環飾並不異類，因不少族群也可能有類
似裝扮。唯一異相出現者，就是頸圈。小孩子的頸圈和成年人的頸圈數
不同，去到Patong人村落的觀光客會詢問該項問題，未曾去者，買到明信
片，也會仔細端詳，數著圈數，該驚嘆所得到的答案。異族之為「異」，
不需太多文字說明，圖像的成功亮麗，已能表達一切。「長頸族」的食衣
住行休閒娛樂玩水睡覺等等，無一不是至泰北尋異之觀光客的好奇問題。
明信片作為物的媒介，顯然足以發揮前導訊號、隨程訊號、以及最終串聯
訊號之一、之二或全數的功能。

一個人很可能帶「長頸族」照片回家耀示親友自己曾臨異邦。而此一舉動或許就成了該等親友的前導訊號，促使她（他）也想一探究竟。此外，即使一名未事先見著圖像經驗的觀光客，也大有機會人至清邁清萊，就在商店看到了長頸女子照片或涉險旅行資料，於是無不設法安排「深入」「異族」。抵達Maehongson或Chiangrai的Patong人村落之後，見著真實異人，很快地與圖像照片串聯起來，異族觀光戮力促成的目標，也就達到了。

四、袒胸原色

Dru Gladney（1994）曾討論到中國雲南畫派專以少數民族裸女為描繪主題。一般漢族民眾的認知中，非漢少數民族原始、自然、文化落伍，因此出現女體裸相不足為奇。Jane C. Desmone（1999:472）發現十九、二十世紀之交，以夏威夷風土為題之觀光明信片，屢見裸著上身的女子。她認為相片的圖像正可以使閱看者相信自己與土著果然處於差異極大之文明發展階段。筆者1988和1990兩年在雲南南部西雙版納傣族自治州進行田野研究期間，即有多次遇著不同背景男子述說傣族女子總在江邊洗澡刻板印象的景況。此類將非主體族群與色露意象合一的描繪，在東南亞泰寮地區也能看到。事實上，業已有學者對Akha族（或Igor, Gor, Ko, Iko）女性在漫畫書冊中總被繪成裸露上身一事，進行了族群圖像被建構過程的分析（Baffie 1989:393-407）。

筆者在泰寮北部城鎮收得二十張裸身女子明信卡片，以下依Igor（Iko, Ko, Akha）（十四張），Yao（一張），Karen（一張），Lahu（Muse, Moocer）（四張）等四個族別分別進行說明（圖22至圖41）。

22 | 23

圖22：為寮國觀光公司（Laos Tourism Company）所發行之一開懷大笑坦露
　　　前胸女子照片。該女子頭披黑頭巾，掛有相當高量之雙耳金屬鍊飾，
　　　穿著藍底紅花飾樣外衣。（photo by Michel Huteau. Laos Tourism
　　　CO.,Lao P.D.R.）

圖23：由寮國國家觀光部（National Tourism Authority of Laos PD.R.）所發行
　　　之一張以四幅個人照所構成的卡片，其中一幅為裸身女子，右下一幅
　　　即為編號圖22圖片。圖中顯現無論背小孩、挑物、或在村內休閒，女
　　　人露出胸部是常見情況。（photo by Michel Huteau, National Tourism
　　　Authority of Lao P.D.R.）

24 | 25

圖24：笑容可掬之露出乳房的女子像。女子頭戴寮國Igor銀飾黑布，胸前掛吊
　　　一中國製捲煙。（photo by Michel Huteau. Laos Flower.）
圖25：露出右邊乳房手持果實之微笑寮國女性。Igor該女子頭戴銀飾彩帶，
　　　垂鍊兩邊，下著藏青色略上彩邊之衣服。（photo by Michel Huteau,
　　　Carterie Du Laos.）

26
——
27

圖26：寮國女子，露出右胸，右手持葫瓢，後背簍子，頭上以層布
　　　固定銀飾垂鍊，下著深色衣款。（photo by Michel Huteau,
　　　National Tourism Authority of Lao P.D.R.）

圖27：寮國北部村內老少族人，左邊婦人露出胸前。兩位女子各
　　　抱一幼兒，小孩頭飾幣錢花翎，女子則一頭部花色纏帶，
　　　銀鍊雙垂，另一黑布包頭採素樣打扮。（photo by Michel
　　　Huteau. Carterie Du Laos.）

28 | 29　圖28：泰國北部的Akha部落婦女餵食小孩。女子頭戴銀飾帽，紫藍色上衣，黑裙飾以花樣。孩童戴飾有八枚幣錢的帽子。（photo by Sukit Tejavanija. Viewpoint Postcard Center.）

圖29：泰北露乳背小孩之婦人。女子頭戴銀飾帽，胸前有一大圓狀飾物，穿棕色上衣。孩童戴藍色帽子，飾有少數幣錢。（photo by Sukit Tejavanija. Viewpoint Postcard Center.）

圖30：寮國國家觀光部門製作之明信片。照片女子右乳露出，戴有兩串銀幣
　　　帽飾，面帶笑容。（National Tourism Administration of Lao P.D.R.
　　　Photo by Vincent Joly）

圖31：寮國極東北Phongsali省Igor女子照片。該名婦女露雙乳，背負木材行
　　　走路上，胸前掛滿珠飾項鍊。（photo by Jatupom Rutnin.）

32
33

圖32：寮國極東北Phongsali省Igor女子與幼童照片。該名婦女裸露上身，面帶微笑。（photo by Jatupom Rutnin）

圖33：Igor婦女與小孩在曬穀場合影。女子右乳露出，頭飾莊重。（photo by Michel Huteau.）

圖34：在寮國北部Luang Namtha地區之Igor族人。照片上三名婦女
　　　中有兩位裸露上身。（photo by Jatupom Rutnin.）

圖35：寮國極東北Phongsali之Igor村子。照片中一女子右乳露出。
　　　（Tourism Administration of Lao P.D.R. photo by Michel
　　　Huteau.）

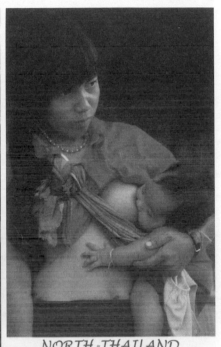

NORTH-THAILAND

36│37　圖36：兩位女子與三名小孩照片。其中坐於屋下之婦女正在餵食母奶。Yao
　　　　女性在圖上均戴繡花橫展寬形頭帽，穿黑色配紅色長領長衣以及幾何
　　　　花紋長褲。兩名較小孩童著重在帽子的戴用，較大一名則穿灰藍長衣
　　　　和花色褲子。（photo by Michel Huteau. National Tourism Authority
　　　　of Lao P.D.R.）

　　　　圖37：北泰Karen婦人正餵食小孩母乳。女子穿菊紅上衣，紅白項鍊，斜背
　　　　孩子，面色嚴肅。（photo by Prasong Krisakdawad. Makmai Studio
　　　　CO., LTD.）

<table>
<tbody>
<tr><td>38</td></tr>
<tr><td>39</td></tr>
</tbody>
</table>

圖38：北泰一名族人婦人上半身未著衣物，正在沖涼。（photo by Pinit Srimuangkao Makmai Studio CO.,LTD.）

圖39：與圖38可能為同一場景不同角度拍攝，惟兩張明信片由不同公司發行。（photo by Pinit Srimuangkao. Good View Arts CO., LTD.）

BLACK LAHU HILLTRIBE

Laos

圖40：明信片記有「里拉祜婦人與小
　　　孩」（Women and Children of
　　　the Balck Lahu Hiltribe）字樣。圖
　　　上兩名母親正讓小孩吸吮乳房。
　　　女子一頭披棕土色頭巾，兩人均
　　　穿黑褐相間衣裝，斜背孩兒。孩
　　　童均戴有帽子。（Art Media.）
圖41：寮國北部過去稱為「黃葉彎」
　　　（Mlabri [esprit des feuilles
　　　jaure] Phithong Leuang）的黃
　　　Lahu族人。照片女子裸露上身
　　　背負小孩。（Carterie Du Laos.
　　　photo by Michel Huteau.）

上述四族二十張照片均見女子裸露上身，其中有四張外加前節「長頸族」的圖11、圖14、圖16等三張，共有七張為媽媽露出乳房餵奶相片。論者或謂女子餵食為偉大母性象徵，不足為怪。不過，就如上揭Gladney所言，在中國，人們只合理化少數民族女性裸體現身，漢族既是「文明」，自然與其不同途。在篤信南傳佛教的泰寮兩國，幾乎不可能出現主體泰人寮人女性露乳餵奶卡片公開販售，所以僅有非佛教信眾的少數族群得有此一「專利」。顯然露胸一事比餵奶更為關鍵。換句話說，若以「母與子」之類語詞溫馨形容，恐怕並非商業攝影者的本意。Igor, Yao, Karen及Lahu等非泰寮系山區部落民，就有女性露胸（不論是餵食小孩或個人光景）的照片賣品，而主體泰寮女性則不允許被如此對待。事實上，一般觀光客若有機會在村莊走動，並不易看到如卡片所見之光著上身女子。也就是如此，才會有商業拍照者特意搜奇或創造異色，以增加賣點，也自動為部落民賦上「原始自然」的圖像。此一景況或即為Dean MacCannell所稱之「展演的原始族樣」（performative primitives）（1992:18）典例。

五、罌粟浪漫

泰國、寮國北部最著名的區域特徵就是鴉片。不論有無到過該地，一般多少會對泰、寮、緬三國間之金三角的毒品產銷留有印象。之所以如此，一方面可能真的北東南亞是為世界鴉片生產大宗，另一方面則應是區域內繁多少數族群、山區安全性顧慮、觀光加上探險的神祕性、以及媒體渲染等因素混成結果。觀光客入境泰寮，很容易可在機場、車站、及政府公布欄上，看到呼籲遠離毒品以及販毒吸毒處罰的說明。不過，位於泰國東北Chiangsaen附近已成大眾觀光地的金三角（Samnianthong），設有一鴉片博物館（Museum of Opium）（按，嚴格說來，應有兩間，惟另一間規模小，「名氣」不旺，故觀光人潮多到本文所言及之大館），訪客必須付錢才得進入參觀，頗能喚起深入鴉片區的情緒，符合了串聯訊號足可產生的功能。此外，在博物館和各城鎮商家中，亦可買到鴉片實景圖案的明信卡片。它們被買回至觀光客源出國家，成為當地親友的「前導訊號」，繼而造就一批批試圖前往一探「鴉片王國」究竟的觀光新客。

圖42：展現七、八株罌粟紅白花朵近照，右下角特寫正以刀刃切割果實鏡頭。卡片左上寫著「過往時光的鴉片」（Opiumin the Past）。（photo by Boonmee Thanomsooksun. Good View Arts CO., LTD.）

圖43：約三十朵紅白罌粟花，配以更多的果實綠莖。右上角亦有「過往時光的鴉片」字樣。（photo by Pinit Srimuangkao. Good View Arts CO., LTD.）

Opium Garden In The Past

Opium Garden In The Past

44

45　46

圖44：大片罌粟花園照。右上角特寫一朵盛開紅花以及兩株花苞。左下
　　　角書有「過往時光鴉片園」（Opium Garden in the Past）說明。
　　　（photo by PInit Srimuangkao. Good View Arts CO., LTD.）

圖45：兩名孩童身處罌粟花園中，左邊女孩雙手做摘花狀，右邊男孩則
　　　望著對方的手部動作。照片正上方有「過往時光鴉片園」圖說。
　　　（photo by Pinit Srimuangkao. Good View Arts CO., LTD.）

圖46：山谷中美麗奪目的罌粟花圃，標題為「泰國的鴉片田地」（Opium
　　　Field Thailand）。明信片背面有「過去泰國廣泛有鴉片，今在國王
　　　陛下以高冷蔬果花種取代種植計畫的推動下，鴉片生產已呈絕跡」
　　　字樣。（distributed by Vis-Art, Bangkok, Thailand.）

圖47：由四幅相片所構成。左上為八位穿著族群色服裝族人立於標有「金三角」
（Golden Triangle）黃金色字樣的門樓前。右上為在泰、緬、寮三國交會處的
湄公河一景。左下方為罌粟花園，右下則為一著紅、綠、藍三色服裝的女子置
身花叢中。卡片標題為「金三角：緬甸、寮國、泰國」（The Golden Triangle:
Myanmar, Laos, Thailand）。卡片後面書有「清萊省金三角、緬甸、寮國、泰
國邊境過去會種植鴉片」（The Golden Triangle, Chaingrai: Opium Cultivation
was once in the Borders of Myanmar, Laos, Thailand）。（photography by
Jatupom Rutnin, distributed by Vis-Art.）

　　罌粟花自然生長狀態時的鮮豔奪目，諸多明信卡片中一目瞭然（圖
42至圖48），果然印證了傳說中的吸引魅力。族人出現於花堆裡，直接告
知了山民與鴉片不可分割的關係。「金三角」聲名遠播，足以代表它的，
正是罌粟鴉片。而男子躺著吸煙，用具、火焰、吸法、姿態、神情映了眼
簾，寫實傳真。雖然不少卡片均強調鴉片是「過往時光」的故事，亦有提
到泰國在蒲美蓬國王感召下，成功地消除鴉片，但清晰明亮的照片，實感
受不到它已然「過去」。族人穿梭花叢或正在吸食，也是一項實證的告
示。卡片強化了北東南亞世界毒品中心的印象，金三角、豔麗花園、少數

圖48：一男子正斜臥床邊吸食鴉片。卡片後面英日文字寫著「泰國北部苗族正抽
　　　食鴉片」（Mae Hill Tribe is Smoking Opium in the North of Thailand）。
　　　（Phornthip Phatana LTD., Part.）

族群、以及「有人正在享用」的想像，共構出浪漫鴉片意象。如此以往，
不看到絡繹來此尋真的觀光客也難，泰寮山地觀光以鴉片為吸引力重心的
形象，終難破除。

六、討論與結論

　　在本文中，筆者描述了過去幾年（主要為2002年元月、2003年2月、
2005年1-2月、2006年1-2月、2007年1-2月）泰國寮國北部田野時，所收得
的四十八張顯現非泰語系族群山地部落特性的明信卡片。四十八張明信照
片，數量說多不多說少不少。「不多」的意思是，的確，我們還可找到更
多，相較下，目前的張數可能就不甚完全了。「不少」的意思是，在同一
觀光地點竟可發現集中主題或類同意象的明信片如此之多，想必其中存有

內在道理。筆者即是企圖找到內在道理。如前節所見，它們分別被劃歸為「長頸族」異俗、袒胸原色及罌粟浪漫等三類。三類劃分代表著北東南亞異族觀光最主要的眼光與體驗之慾。觀看者不僅凝視（gaze）（cf. Urry [1990]2002），更以類似拜物之欲刻板印象化對方。這些外來人透過卡片被要求以異、色、毒綜看北東南亞。圖像世界顯現出泰寮「異族」與凝看者之間的社會經濟極遠距離，而後者所見，事實上僅是商業觀光帝國主義建構的浪漫奇景（cf. Hayes 2002:176-78; Johnston 2002:188-225）。

只要查閱網際網路、商業旅遊說明和旅人返回之後的報導，即可見到上述說法之真章。在中文的網路旅遊廣告中，凡目的地為泰國北部者，幾乎千篇一律會提到「走入金三角神祕傳奇」、「金三角曾以其高海拔罌粟種植區而聞世，這裡早期是罌粟花和製造鴉片的大本營」、「特別安排神祕的金三角國家公園參觀鴉片文史館」、「金三角這三個字本身就會讓人聯想起此處是鴉片及海洛英的量產地」、「苗族村落種植罌粟花作為示範讓遊客參觀」、「長頸族姑娘是泰北旅遊行程中最引人矚目的奇景之一」、「最神祕的稀有少數民族——長頸族」、「參觀少數民族村『長頸族等』」（不著撰人2000；順通旅運社2002；泰國旅遊資訊網2001；五福綜合旅行社2006；雄獅旅遊2005；可樂旅遊2006；山富旅遊2001；易擲罔2006）。

金三角的「毒」與長頸族的「異」顯然是旅遊行程的重點。而媒體報導方面也不落於後，言說者對毒與異以特殊性形容詞語加以描述者俯拾皆是。自由新聞網陳雅雯（2005）以「勇闖金三角」為名進行報導，內容提到自己渴望親眼看到「罌粟花的蹤影」，也述說了「銅環長頸族」。黃慶安（2005a）以「泰北邊境神祕邊陲揭面紗」為題，報導「金三角的秘境傳說、長頸族的奇特風情」，也寫了「長頸族獨特審美觀遊客訪奇」另文（2005b）。旅遊Fun輕鬆網站報導泰國（2004），寫著「神祕泰北驚奇之旅長頸族讓人大開眼界」，也提及「金三角過去種滿罌粟花，是提煉海洛英等毒品的來源，捐客都用黃金交易，結果成了舉世聞名的毒品交易之地」。東方新聞網界定Patong（Padaung）人為「快樂著的長頸族」（2005）。中青在線則指其為「異國神奇美麗的長頸族姑娘」（2006）。人民網認為「傳聞長頸族女子為了美貌強忍折磨」（2004）。臺視甯德錦

對該族前景不表樂觀，他強調「泰北長頸族婦女自幼銅環圈脖，近親通婚長頸族難逃悲慘人生」（2005）。新華網（2005）態度則異，他們直接認定了「大千世界──美麗的長頸族」的存在。另外，TVBS林志偉也做了「探秘境　揭神祕長頸族面紗」專題報導（2005）。

《大紀元》吳協昌提到「在（寮國）旺陽大麻幾乎隨手可得，過去在旺陽鴉片也曾經是吸引西方背包客的原因之一」（2005）。王思佳更詳細寫及「（寮國）鄰近金三角，種植罌粟花或人麻等行為相當普遍，而且價位十分便宜，旅行團的風味餐裡會特別安排大麻雞，讓鮮少接觸毒品的臺灣旅客嚐嚐鮮，聽說喝越多，哈欠打越多，睡著則會作夢連連」（2002）。

旅行商業以「異」與「毒」作為前導訊號，宣揚它們的奇異神祕特徵不遺餘力。若再加上媒體報導的渲染，對不少受到感應的人而言，充滿探險情境的北東南亞之行付之實現，恐就在不久之後了。泰國政府不斷宣揚鴉片毒品已是過去的事，今留在山裡之部落族群，均早以其他蔬果定耕取代種植（Buergin 2000），而如Akha人則已有不少遠離罌粟種植，並移居城裡，改行平地都市生活（Toyota 1999）。不過，同一個政府卻在金三角觀光地蓋了鴉片博物館，而它總是引來旅人的遐思。此外，該國卻對以之為主要蒐奇目的，繼而湧入一睹「毒物」，或甚至想藉涉險觀光來一嚐真品者，不以為意。鴉片既是過去，也是極度負面歷史紀錄，理應「忘卻」（forgetting），但為了觀光，政府和民間商業反而不斷強調「記住」（remembering）一事（參Fujitani 1993）。他們要大家忘卻毒，卻要同時記住這裡曾有毒，而且是部落人所種植生產的。今毒品產出已然消除，則是皇室恩澤之功。事實上，80年代時的人類學者Charles F. Keyes與社會學者Pierre van den Berghe（Van den Berghe & Keyes 1984:348）以及當今的泰國本土學者Prasit Leepreecha，均提到泰政府無時無刻不在宣傳山地居民與罌粟的關係（Leepreecha 2004）。上述觀察更一次說明欲自人們心中拔除部落「毒」意象的難度了。

涉險觀光係泰北最吸引人的尋奇活動，更是重要觀光收入來源。不過，涉險入山，的確會遇上有人上前兜售鴉片（見Dearden 1991:404）。因此，北泰涉險協會理事長Saengdaern Boonlert接受Associated Press記者Steven

Martin與Chris Fontaine（1999）採訪時，就明白表示，除非涉險觀光全面禁止，否則鴉片販用不可能消失。事實上的確有人到北東南亞就是為了「毒品觀光」。Walter Glaser不滿足於所見到的鴉片陣物館和相關照片，故要求導遊帶去看真正的罌粟田，果然冒著險讓他達到了目的（no date）。Nikki and Craig（2006）則在寮國北部Luang Namtha遇見兩位自稱正在從事「東南亞壺煙之旅」（Pot smoking tour of Southeast Asia）的白人男子。該報導文章的作者甚至認為鴉片在寮國是合法的，而且是Akha族文化的一部分。前述北泰涉險協會理事長Boonlert受訪時，則結論每年至泰國觀光的人潮中，至少有十五萬人為毒而來，其中三萬人更是有組織的四處覓毒。泰國在1982年設置了「與山地部落和麻醉性植物栽種相關之國家安今問題處置委員會」（the Committee for the Solution of National Security Involving Hill Tribes and the Cultivation of Narcotic Crops），以期解決鴉片產銷難題（Buergin 2000）。泰國政府不斷宣揚在國王陛下和皇室成員關切之下，毒品問題已然解決，不過，委員會成立二十多年後的今天，仍有成千上萬「毒品觀光」成員及慕名金三角的一般旅客趕至泰國消費，足見其間玄機微妙。

上節列舉七張在泰寮城鎮購得的罌粟花和吸毒模樣照片，絕不是如卡片上斷定其為「過往時光」之事即可說明。山地族群（尤其是Akha和Hmong）、金三角、罌粟／鴉片／大麻／毒品、以及神祕國度等四大要素，已經交織成一。而交織整合的觀光吸引力基礎，即是浪漫情調。來泰北和寮北觀光，看不到毒癮摧殘健康的圖照卡片。反而在公開（如參加涉險觀光）和祕密管道（如專人帶去看花田）雙重作用下，七張明信片顯現之美麗毒世界，即成了被印證了的真實。觀光客可親眼看到花園，也能一嘗鮮味。

當然，一趟旅行不會只有鴉片目的。誠如上述各旅行商業出團行程，以及相關媒體報導所顯現者，看了「毒」，建立起想像之後，下一站往往就是「異」的代表——「長頸族」。觀光客在「長頸族」村寨百分之百做的事就是拍照，因為頸部框住數十銅圈真是太特異了。筆者找到的「長頸族」明信片有二十一張，遠多於鴉片主題者。這代表「長頸族」的「異」是公開真實存在，取鏡容易。攝影公司拍得多，角度廣，一方面為曾親到現場者，留下更完整的一套記錄（因為一般短暫到訪的拍照取材，不易如

此全面），另一方面，也能給尚無機會一瞧真相的人，得以購之以為彌補。人工式地改變自然身體工學結構，在人類歷史上雖不少見（如中國女人的裹小腳、西方女人緊束腰腹、西南中國和泰北的Lahu族人以重飾物拉長耳垂、以及今天割眼皮隆鼻豐胸等等），然加上金屬物於肉身，壓扁鎖肩骨讓脖子形式上變長的舉動，在審美流行業已西方標準全球化的今天，實在太奇異，所以才會令人印象深刻。經由大量明信卡片買寄或數位化存送各方過程，「長頸族」也就很容易名聞遐邇，並立即轉成下波新觀光客可能出現的「前導訊號」（事實上，不只明信片宣揚，政府所發行之旅遊小冊，亦以「長頸族」為省區的風光代表，直接產生了推波逐欄的作用）。

　　「毒」可想像（有一部分人當然有機會可體驗），而「異」可見證，那麼「色」呢？泰國的性觀光（sex tourism）相當有名（Cohen 1996b [1982], 1996d [1982], 1996e[1989], 1996f[1993]; Garrick 2005）。性觀光與上述毒品觀光因毒的吸引而來一樣，顧名思義是為「性」而動身的旅程，消費的地點多數是在曼谷、清邁、芭達雅等大城市。觀光地區的都市夜生活，很容易看見性工作者職場上的主動性，觀光客尤其是歐美白人男性穿梭期間，更是今日泰國所見之社會景觀常態。不過，就如筆者上節所言，佛教泰寮兩國女性在公開觀光書冊卡片上，是不能見著裸露的。因此，「色」的領域即不如「毒」與「異」可經明信卡片直接傳輸成觀光前導或隨程訊號。

　　筆者前文描述了五族（Patong, Akha, Lahu, Yao, Karen）二十三張裸上身之女子明信片，有的為媽媽餵奶，有的則個人祖裎胸乳，無論如何，這些都不可能出現於泰寮主體群體商業攝影出版物上。有研究指出，山地部落居民因缺乏貨幣，相對貧窮，又無城市生活的一技之長，因此，年輕女子很容易走上性工作者一途（Montreevat & Ponsakunpaisan 1997:289-306）。但在都會性工作職場上，不論是泰寮人或山地非泰寮系統婦女，多以新款泰式長桶裙或流行西服打扮迎客，該現象顯示，強調從娼者的族裔身分，並不重要。因此，部落女子裸身成明信片主題與泰寮性觀光浪潮應是無關的。卡片傳達的是部落原始、落後、自然、開放的意象，所以，一般並不會僅據此一圖像的作用，而思及規劃一趟性觀光之旅。性觀光的前導、隨程、及最後用以印證的串聯訊號並不在於卡片紀念品，它的活躍地點應

是，曼谷、清邁等地。在此一景況下，山地女子專有之裸身相片，就只是用來刻板印象化整體非泰寮系山地族群世界罷了。Janet Hoskins（2002:797-828）敘述了在印尼東方偏遠Sumba島上，觀光客大量拍照獵取獵頭儀式，留下「異國情調式暴力」（exotic violence）鏡頭的過程。在泰寮北部，來訪者的相機在村鎮路上找不著光上身女人。所以，欲證明「異國情調式原始情色」的「真實性」存在，唯有採購部落女子裸胸卡片。買這些光身女子的卡片，也是一種獵奇所獲。依筆者的田野經驗，「無羞恥觀念所以任意露乳」，是為一般泰寮人回應對相片所問的制式答案。不像外國遊客則或以之為「高貴野蠻人」（noble savage）浪漫想像，購之作為樂趣記憶。

　　「毒」源於山地，「異」的極致也是山民，現在女性身體的私隱上鏡頭成卡片，也變為部落專利。至此，非泰寮族系各群的觀光圖象建構基礎已相當明顯了。Erik Muggler（1991:206-07）曾以一張銷售量高之中國西南納西族觀光卡片為例，指出圖上的巍峨神聖玉龍雪山、佛寺、傳統東巴宗教保存場所、以及水塘小橋古建築等，事實上即一起再現了政府維護文化的政策意志。帶回卡片，表面上好似因觀光一趟，就此擁有納西歷史文化記憶，然深層意義上，卻是在肯定社會主義中國擇選該族特定文化並予以保護的功績。泰寮兩國北部山地異族觀光的「異」、「色」、「毒」三重點，藉著政府與民間公司主導之小小硬厚紙張卡片的印製發行，不僅隨見於商家門前擺設，更訴說了此一迷妳媒介正常續創構非我族類故事的事實（參Volkman 1989:91-110）。它們直接反映了泰寮社會普遍的山民形象思維，而此一思維與國際觀光力量朝第三、第四世界猛烈敲門的趨向順水合一，所以就出現了旅行商業行程廣告、媒體旅人事後報導、以及明信卡片紀念品等各大場域密集訴說山民與「異」、「色」、「毒」一體關係的結果。泰寮異族觀光之所以發達，不是沒有道理。

　　一般看到簡單幾張明信卡片，若不知其對購買者、見著者、與帶回家者，在不久將來可能產出的影響爆發力，那就未免過於輕忽角色成功的物媒介，在觀光過程中總能成為關鍵訊號的道理了。明信片前導、隨程、及最終串聯的效能之所以強有力，Susan Stewart的一段論述可作為說明。她指出，紀念品（souvenir）本身事實上即為「歷史」轉移至「私人的時間」。因此，紀念品就是一種特製的「日曆」（calendar）。紀念品除了

把公共表徵私我化之外，更將歷史與被個人化了的當下並置出現，同時，也直接轉置了可供購買之被大眾化生產的物品。明信片應可作為此類紀念品的代表。基本上，它係由不斷地重複移公至私的轉換展現過程所構成。消費者在一真實的現場脈絡內購買明信片，於是，自我的私人經驗，復活了該項物品，因為他會將濃縮固化於卡片上的社會景觀贈給受禮者驚豔之。此時，我們可看到由己手送出的明信片，已降服了視之有物的對方。收下了明信片，係代表對遠地場景經驗的有效認可，而該陌生未知的遠地，也就為收禮一方所接收了（Stewart 1984:138）。

　　換句話說，接受明信片為禮者之所以能將其發展成前導訊號，繼而出發從事觀光，就是明信片將異世界濃縮入內的效果。它也是前引Albers與James（1985）所述及之明信片製者、買者及觀者，形如共享的內在語碼結構作用使然。而語碼得以成為結構，繼之深入人心內部，然後群體再有所共享，其過程顯然是一強大之「憶態」（remembering）作用使然。John Urry認為憶態是一種社會建構、社會溝通及社會制化。在永無中止的過程中，「過去」（past）會不斷地被建置於當下時空（1995:4）。在我們的研究例子上，泰寮北部觀光明信片「異化」、「色化」及「毒化」了當地區域世界。異、色、毒是當下，也是歷史，亦是一種「萬國通用語」。古時代必有山民異俗和裸身，而鴉片又早被認定為「過往時光」。今天在明信片上印製它們，代表歷史正現於當前，買它存它者，也據此私人地擁有了「當下的歷史」，更一起進入深具魔力的彼此體認結構、相互溝通、以及共承制度的潛藏之處。與觀光客自我留影的業餘經驗不同者，明信片圖像是專業鏡頭的紀錄，它與令人喜愛之工藝紀念品，共同生成了如極致拜物效果般（highly fetished）的魅力（cf. Edensor 1995:142）。因此，若見有新觀光客動身前赴明信片圖上地點，即是說明了明信紙卡前導訊號正帶領他前往訪視「歷史」。真正興奮的體驗，就將出現於「未來」，而這份「未來」不久必會成為貢獻於「憶態」的養分。

引用書目

山富旅遊
　　2001 〈泰北─清萊清邁彭世落素可泰5H（泰航─清萊進／彭世落出）〉。《富遊網》
　　　　http://www.travel4u.com.tw/oversea/explain_all.　asp?MGRUP_CD=CNX05TG05（2006年
　　　　4月12日上線）。

王思佳
　　2002 〈4天車程寮國進雲南，臺幣10元的鴉片和法國麵包〉。《Mook自由自在旅遊網》
　　　　http://travel.mook.com.tw/news/news_3031.htm（2006年5月12日上線）。

中青在線
　　2006 〈異國神奇美麗的長頸族姑娘〉。《中國經濟網》http://www.ce.cn/xwzx/gnsz/
　　　　gdxw/200603/15/t20060315_6378818.shtml（2006年4月10日上線）。

五福綜合旅行社
　　2006 〈泰北古蘭娜（清邁・清萊）5日遊蹤〉。《五福綜合旅行社》http://lifetour.com.tw/
　　　　dream/esasisa/thailan/cnx_cei/thck_ec0002_5d.htm（2006年4月12日上線）。

不著撰人
　　2000 〈泰國熱門景點〉。http://www.tattpe.org.tw/2000-6.shtml（2006年4月12日上線）。

可樂旅遊
　　2005 〈暹邏奇緣　泰北全覽七日〉。《可樂旅遊》http://colartour.com.tw/b02overseas/
　　　　show_itinerary.asp?itiner-ary_seq=3758（2006年4月12日上線）。

吳協昌
　　2005 〈揭開寮國伸秘面紗系列（五）背包客旅遊天堂〉。《大紀元》http://www.
　　　　epochitmes.com/b5/5/8/6/n1010273.htm（2006年5月12日上線。

林志偉
　　2005 〈探秘境　揭神祕長頸族面紗〉。《TVBS》http://www.tvbs.com.tw/news/news_list.
　　　　asp?no=sharan20051113133035（2006年4月10日上線）。

易遊網
　　2006 〈豪華・泰北探訪雙程度西度假村5天（中華航空）〉。《易遊網》http://eztravel.
　　　　com.tw/ezec/pkgfrn/grp_begd-ate.jsp?LINE_CD=202&Prod_no=FR N000（2006年5月12日
　　　　上線。

陳雅雯
　　2005 〈勇闖金三角〉。《自由電子報》http://www.liberty-times.com.tw/2005/new/may/11/
　　　　life/travel-1.htm（2006年4月12日上線）。旅遊Fun輕鬆
　　2004。〈《泰北》神祕泰北　驚奇之旅　雙龍寺煙霧繚繞美斯樂流傳異域故事　長頸族
　　　　讓人大開眼界〉。《世界新聞網──旅遊Fun輕鬆》http://www.worldjournal.com/pr/
　　　　travel/thailand_news.php?nt_seq_id=91003（2006年4月10日上線）。

泰國旅遊資訊網
　　2001 〈清邁市〉。《泰國旅遊資訊網》http://www.webspt.com/server20/max/city-chiangmai.
　　　　htm（2006年4月12日上線）。

常櫻
　　2005 〈大千世界──美麗的長頸族〉。《新華網天津頻道》http://big5.xinhuanet.com/

gate/big5/www.tj.xinhuanet.com/2005-12/31/content_5949459.htm（2006年4月10日上線）。

順通旅運往（清邁）

2002 〈清邁府旅遊地區簡介〉。《順通旅運社》http://www.webspt.com/tour/Pattern_Tour/pattern%（2006年4月10日上線）。

程玄

1990 〈永寧摩梭人（納西族）母系家庭的現代適應性研究〉。刊於《傳統與發展：雲南少數民族現代化研究之二》。林玉亭編，頁442-454。雲南：中國社會科學。

黃慶安

2005a 〈泰北邊境　神祕邊陲揭面紗〉。《聯合新聞網》http://udn.com/NEWS/TRAVEL/TRAS1/2651771.shtml（2006年5月2日上線）。

2005b 〈長頸族　獨特審美觀　旅客新奇〉。《聯合新聞網》http://udn,com/NEWS/TRAVEL/TRAS1/2651772.shtml（2006年5月2日上線）。

雄獅旅遊

2005 〈探訪泰北清邁古城　文化之旅（五日）〉。《雄獅旅遊》http://www.liontravel.com/erp/exhtml/CNX5DCI002.asp（2006年4月12日上線）。

甯德錦

2005 〈泰北長頸族　婦女自幼銅環圈脖　近親通婚　長頸族難逃悲慘人生〉。《臺視全球資訊網》http://www.ttv.com.tw/news/html/094/11/0941111/09411114347801I,htm（2006年4月10日上線）。

楊菲

2004 〈緬甸長頸族女子　為了美貌強忍折磨〉。《人民網》http://www.people.com.cn/BIG5/14838/21883/22012/3027378.htm（2006年4月10日上線）。

劉苑

2005 〈痛並快樂著的長頸族〉。《東方新聞網》http://61.129.65.8:82/gate/big5/photo.eastday.com/eastday/dftp/node56770/node107629/undex.html（2006年4月10日上線）。

謝世忠

1990 〈「第四世界」的建構：原住民世界的契機與危機〉。刊於《人類學研究：慶祝丙逸夫教授九秩華誕論文集》。謝世忠、孫寶鋼編，頁177-215。臺北；南天出版社。

1992 〈觀光活動、文化傳統的塑模、與族群意識：烏來泰雅族*Daiyan*認同的研究〉。《考古人類學刊》48:113-29。

1994a 《山胞觀光：當代山地文化展現的人類學詮釋》。臺北：自立出版社。

1994b 〈觀光過程與「傳統」論述：原住民的文化意識〉。刊於《原住民文化會議論文集》。行政院文化建設委員會編，頁1-18。臺北：文建會（又同刊於《當代》98:10-29）。

2005 〈從族裔型國家到國族——國家及世界遊移的適應——跨國境泰語系Lue人族群置位的歷史過程〉。「國家與原住民：亞太地區族群歷史研究國際學術研討會」宣讀論文，中央研究院臺灣史研究所，2005年11月24-25日。

2006 〈雙邊繼承與性別等位——大陸東南亞「泰語系—南傳佛教」的文化基質〉（印刷中）。

Adams, Kathleen M.

1984 Come to Tana Toraja, Land of Heavenly Kings': Travel Agents as Brokers in Ethnicity. *Annals of Tourism Research* 11: 469-85.

Albers, Patricia C. and William R. James

　　1988 Travel Photography: A Methodological Approach. *Annals of Tourism Research* 15: 134-58.

Baffie, Jean

　　1989 Highlanders as Portrayed in Thai Pennyhorribles. in *Hill Tribes Today*. John McKinnon and Bernard Vienne eds., pp: 393-407. Bangkok: White Lotus.

Buergin, Reiner

　　1999 Hill Tribes' and Forests: Minority Policies and Resource Conflicts in Thailand. SEFUT Working Paper No. 7.

Brunner, Edward M.

　　2001 Ethnic Tourism: One Group, Three Contexts. In *Tourism, Anthropology and China*. Tan Chee-Beng, C.H. Cheung and Yang Hui eds., pp: 55-70. Bangkok: white Lotus.

Cohen, Erik

　　1985 The Tourist Guide: The Origins, Structure and Dynamics of a Role. *Annals of Tourism Research* 12:5-29.

　　1996a [1979] The Impact of Tourism on the Hill Tribe of Northern Thailand. in *Thai Tourism: Hill Tribes, Islands, and Open-Ended Prostitution, Erik Coben* pp: 113-144. Bangkok: White Lotus. (Originated from *International Asian Forum* 10(1/2): 5-38.)

　　1996b [1982] Thai Girls and Farang Men in the Edge of Ambiguity. in *Thai Tourism: Hill Tribes, Islands, and Open-Ended Prostitution*. Erik Coben, pp: 249-268. Bangkok: White Lotus.(Originated from *Annals of Tourism Researech* 9(3): 403-28.)

　　1996c [1983] Hill Tribe Tourism. in *Thai Tourism: Hill Tribes, Islands, and Open-Ended Prostitution*. Erik Coben, pp: 67-86. Bangkok: White Lotus.(Originated from *Highlanders of Thailand*. J. McKinnan and W. Bhruksasri eds., pp: 307-325. Kuala Lumpur: Oxford University Press)

　　1996d [1982] Tourism and AIDS in Thailand. in *Tbai Tourism: Hill Tribes, Islands, and Open Ended Prostitution*. Erik. Coben, pp: 325-345. Bangkok: White Lotus.(Originated from *Annals of Tourism Research* 15(4): 467-86.)

　　1996e [1989] Primitive and Remote: Hill Tribe Trekking in Thailand. in *Thai Tourism: Hill Tribes, Islands, and Open-Ended Prostitution*. Erik Coben, pp:31-66. Bangkok: White Lotus.(Digested from *Annals of Tourism Research* 16(1):30-61).

　　1996f [1993] Open-ended Prostitution as a Skillful Game of Luck: Opportunities, Risk, and Security among Tourist-Oriented Prostitutes in a Bangkok Soi. in *Thai Tourism: Hill Tribes, Islands, and Open-Ended Prostitution*, Erik Coben,pp:269-291. Bangkok: White Lotus.(Originated from *Tourism in Southeast Asia*. M. Hitchcock, V.T. King, & M.J.G. Parnuell eds., pp:155-178. London: Routledge.)

　　2001 Ethnic Tourism in Southeast Asia. in *Tourism, Anthropology and China*. Tan Chee-Beng, C.H. Cheung and Yang Hui eds., pp: 27-53. Bangkok: White Lotus.

Crang, Michael

　　1994 On the Heritage Trail: Maps of and Journeys to Olde Englande. in *Environment and Planning D: Society and Space* 12:341-55.

Dearden, Philip

　　1991 Tourism and Sustainable Development in Northern Thailand. *Geographic Review* 81(4):400-413.

Desmone, Jane C.

　　1999 Picturing Hawaii: The 'Ideal' Native and the Origins of Tourism, 1880-1915. *Positions* 7(2):459-501.

Dumont, Jean-Paul

　　1984 A Matter of Touristic 'Indifference.' *American Ethnology* 11(1): 139-69.

Edensor, Tim

　　1998 *Tourists at the Taj: Performance and Meaning of a Symbolic Site*. London: Routledge.

Fine, Elizabeth C. and Jean Haskell Speer

　　1986 Tour Guide Performances as Sight Sacralization. *Annals of Tourism Research* 12:73-95.

Fujiuani, Takashi

　　1993 Inventing, Forgetting, Remembering: Toward a Historical Ethnography of the Nation State. in *Cultural Nationalism in East Asia: Representation and Identity*. Edited by Harumi Befu ed., pp:77-106 Berkeley: University of California.

Garrick, Damier

　　2005 Excuses, Excuses: Rationalizations of Western Sex Tourists in Thailand. *Current Issues in Tourism* 8(6): 497-509.

Gladney, Dru

　　1994 Representing Nationality in China: Refiguring Majority/Minority Identities. *The Journal of Asian Studies* 53(1): 92-123.

Glaser, Walter

　　No date Hill Tribes, Poppies and History ... http://www.bpe.com/travel/asia/hill tribes.htm(accessed May 12, 2006)

Graburn, Nelson H.H.

　　1976 Eskimo Art: The Eastern Canadian Arctic. in *Ethnic and Tourist Arts: Cultural Expressions from the Fourth World*. Nelson H.H. Graburn ed., pp: 39-55. Berkeley: University of California Press.

　　1984 The Evolution of Tourist Arts. *Annals of Tourism Research* 11:393 419.

　　1989 Tourism: The Sacred Journey. In *Hosts and Guests: The Anthropology of Tourism*. Valene L. Smith ed., pp: 21-36. Philadelphia: University of Pennsylvania Press.

Hayes, Michael

　　2002 Photography and the Emergence of the Pacific Cruise: Rethinking the Representational Crisis in Colonial Photography. in *Colonialist Photography: Imag(in)ing Race and Place*. Eleanor M. Hieght and Gray D. Sampson eds., pp: 172-187. London: Routledge.

Hoskins, Janet

　　2002 Predatory Voyeurs: Tourists and 'Tribal Violence' in Remote Indonesia. *American Ethnologist* 29(4): 797-828.

Hsieh, Shih-chung

　　2004. Owning Cultural Souvenirs: Museumification at Home and Authenticated Materials. (〔擁有文物──居家博物館化與物品的真實性想像」）。「第八屆〈中華文明的二十一世紀新意義〉學術研討會」宣讀論文，2004年4月3-5日於國立故宮博物院。

Johnston, Patricia

　　2002 Advertising Paradise: Hawai'i in Art, Anthropology, and Commercial Photography. in *Colonialist Photogaraphy: Imag(in)ing Race and Place*. Eleanor M. Hight & Gray D. Sampson eds., pp: 188-225. London: Routledge.

Kunstadter, Peter

1979 Ethnic Group, Category, and Identity: Karen in Northern Thailand. in *Ethnic Adaptation and Identity*. Charles F. Keyes ed., pp: 119-163. Philadelphia: Ishi.

Leepreecha, Prasit

2006 *Ntoo Xeeb*: Cultural Redefinition for Forest Conservation among the Hmong in Thailand. In *Hmong/Miao in Asia*. N Tapp, J. Michaud, C. Culas, and Lee G.Y. eds., pp: 335-352. Chiang Mai, Thailand: Silkworm Books.

Leipor, Neil

1990 Tourist Attraction Systems. *Annals of Tourism Research* 17:367-84.

Lewis, Paul and Elaine Lewis

1984 *Peoples of the Golden Triangle*. New York: Thames & Hudson.

MacCannell, Dean

1992 *Empty Meeting Grounds: The Tourist Papers*. New York: Routledge.

1999 [1976] *The Tourist: A New Theory of the Leisured Class*. Berkeley, CA: University of California Press.

Martin, Steven and Chris Fontaine

1999 Laos Becoming Druggie Tourist Stop. Associated Press, http:// ww.taima.org/news/nw990313. htm(accessed May 12, 2006).

McKhann, Charles F.

2001 The Good, the Bad and the Ugly: Observations on Tourism Development in Lijiang, China. in *Tourism, Anthropology and China*. Tan Chee-Beng, Sidney C.H. Cheung and Yang Hui eds., pp: 147-166. Bangkok: White Lotus.

Montreevat, Judy and Margaret Ponsakunpaisan

1997 Prostitutions and AIDS: The Risks of Being a Young Tribal Woman. in *Development or Domestication? Indigenous Peoples of Southeast Asia*. Don McCaskill & Ken Kampe eds., pp: 289-306. Chiang Mai: Silkworm Books.

Muggler, Erik

1991 Money, the Mountain, and State Power in a Naxi Village. *Modern China* 17(2): 188-226.

Nash, Dennison

1989 Tourism as a Form of Imperialism. in *Hosts and Guests: The Anthropology of Tourism*. Valene L. Smith ed., pp: 37-52. Philadelphia: University of Pennsylvania Press.

Nason, James D.

1984 Tourism, Handicrafts, and Ethnic Identity in Micronesia. *Annals of Tourism Research* 11:421-49.

Nikki and Craig

2006 The Adventures of Nikki and Craig Lovely Laos. Blogger, http://nikkiandcragis. blogspot. com/2006/02/lovely-laos.html(accessed May 12, 2006).

Smith, Valene L.

1989 Eskimo Tourism: Micro-Models and Marginal Men. in *Host and Guests: The Anthropology of Tourism*. Valene L. Smith ed., pp: 55-82. Philadelphia: University of Pennsylvania Press.

Stewart, Susan

1984 *On Longing: Narratives of the Miniature, the Giganic, the Souvenir, the Collection*. Baltimore: The Johns Hopkins University Press.

Swain, Margaret Byrne

2001 Cosmopolitan Tourism and Minority Politics in the Stone Forest. in *Tourism, Anthropology and China*. Tan Chee-Beng, Sidney C.H. Cheung and Yang Hui eds., pp: 125-146. Bangkok: White Lotus.

Toyota, Mika

1999 Trans-national Mobility and Multiple Identity Choices: The Case of Urban Akha in Chiang Mai, Thailand. A paper presented at the 7th ICTS, Amsterdam, July 4-8, 1999.

Urry, John

1995 *Consuming Places*. London: Routledge.

2002 [1990]. *The Tourist Gaze*. London: Sage.

Van den Berghe, Pierre L. and Charles F. Keyes

1984 Introduction: Tourism and Re-Created Ethnicity. *Annals of Tourism Research* 11:343-352.

Volkman, Toby Alice

1989 Visions and Revisions: Toraja Culture and the Tourist Gaze. *American Ethnologist* 17(1): 91-110.

Walsh, Eileen R.

2001 Living with the Myth of Matriarchy: The Mosuo and Tourism. in *Tourism, Anthropology and China*. Edited by Tan Chee-Beng, Sidney C.H. Cheung and Yang Hui eds., pp: 93-124. Bangkok: White Lotus.

Winiwarter, Verena

2001 Buying a Dream Come True. *Rethinking History* 5(3): 451-54.

* 本文為行政院國家科學委員會專題研究計畫（NSC93-2412-H-002-019 與NSC94-2412-H-002）研究成果之一部，感謝國科會的支持。另外，研究進行與論文撰寫期間，承筆者多位研究助理郭倩婷、王鵬惠、楊鈴慧、劉瑞超、及賴冠蓉等悉心協助，一併致謝。最末，文章承三位匿名審查女士先生提供寶貴意見，尤為感謝。

（本文原刊於《民俗曲藝》2007/157:11-64。）

時空旅行過後的民族學資料
──國立臺灣大學人類學系所藏之海南島黎族物像[*]

一、前言

　　人類學者田野造訪，必會帶回資料。二十一世紀當下，民族誌學者可直接在現場鍵字輸存電腦，同時以三、二片記憶卡拍下千百張照片，因此，行囊輕鬆。不過，往前推二十年，學人們並無此機會。一般的景況是，每天有大量參與觀察資訊，必須手抄或打字成頁。田野數月半載，紙本筆記已如小丘，再設法揮汗扛回。至於，再前三十年，研究者任務更多，資料的收集與攜回，勞師動眾，有如大搬家。1960年代之前，人類學、民族學者進入異文化異族群田野地，就很容易自動生成搜購對方衣服、飾品、武器、獵具、樂器、食具、廚具、耕具、漁具、家居用品、交通工具、建材，儀式用具等物質文化品項的濃厚興趣。一趟下來，來自高度資本經濟地區的研究者，在殖民地或第三、第四世界範疇內，[1]只消一點小錢，即可大批「傳統」到手。它們多數就透過政府或大學協力，迢迢運至學者所屬之學術機構。自此，「土著」地方少了這些文物，而「現代」場域則多了一批學術材料。[2]

　　原本單純的生活用具，可能漂洋過海，也可能跨越山巔，然後轉至一全然陌生之地，同時，新的價值與意義開始被賦與、建置，甚至再賦與再建置。為何是賦與又再賦與？上述從「土著」異地老遠送抵國家菁英領地，當是第一回新的賦意（賦予意義）之機。學術一方開始整理，並述說件件「標本」的形質故事。標本化了的生活用具，在學府論文文字建構

下，成了特定族群文化的代表論述。隨著時間過程，文物益形古典，「珍貴」一語，就常被朗口使用。這是第二回新賦與時機。學術「標本」與「珍貴」文物自離開母土，就難有重返的機會。它們依學者之需，給予學院性的詮釋，更在積累較長時間之際，獲得「愈來愈珍貴」的肯定。不過，依筆者之見，這僅是第二回賦意的延續，關鍵性的再賦與價值，應會出現在另類場域之上。

另類場域指的是，前一場域與後一場域業經極度的大轉換，「後」與「前」出現絕對性隔絕，造成文物不僅難回母土，甚至因政治人事交通心境的絕斷，以及更後場域的學術主流阻絕，使得過去曾被賦以民族學學術價值的標本材料被頓然遺忘。許多年之後，新契機來臨，此一另類場域的出現或可使失落者另獲現代性意義與價值。從不遠千里「冒險」蒐購與時空旅行，到淪為長期忘卻，再燃點新意，「文物生命史」背後反映出的學術景象，值得吾人深索。

國立臺灣大學人類學系向以臺灣原住民社會文化研究著稱，該系典藏大量原住民各族文物，系館民族學標本陳列室長期展示臺灣原住民物質文化，[3]不少國內外學者和各級學校師生，更有不止一次參訪的經驗。換言之，臺大的原住民人類學藏品頗負盛名。一般甚至會將「最珍貴優質之原住民文物典藏」的認知，直接與人類學系連線。人類學系因原住民學術資料與相關研究聞名，然而，大概很少人知道，該系的民族學藏品中，也有相當數量與原住民甚至南島族系無關者，其中最典型代表，就是海南島黎族的標本與影像。[4]

在本文中，筆者即擬以臺大人類學系藏有黎族學術資料一事為對象，討論前述文物標本被賦意與再賦意，甚至另次又賦意的過程。

二、「緣」說黎族

1895年日本領有臺灣。1928年臺北帝國大學成立。1930年代末期，一方面太平洋戰爭已然開啟，另一方面，日本亟欲積極拓展帝國維繫的資源，因此，與臺灣近在咫尺的海南島，很快地成了侵佔目標。1939年2月9日，日本海陸軍突襲海南島，10日登陸海口，另一支南繞三亞港，不多

時，沿海主要城鎮全數拿下。國民黨軍隊幾乎不戰就全數退至山區。形式上，南京的汪精衛國民政府仍擁有該島行政權，但土地、人口、經濟資源等，均在日人控制之下。惟部份地方民團或共產黨游擊隊，則不時出沒反對日軍統治，因此，全境衝突時有耳聞，治安不甚理想。

軍隊佔領的第二年（1940），臺北帝大即與軍方搭上了線，大批教職員出發前往海南進行調查研究。鄭麗玲曾為文〈臺北帝國大學與海南島—以海南島的學術調查為中心〉（1999），詳細描述大學行動的過程，頗具參考價值。另外，厚厚數百頁的《臺北帝國大學第壹回海南島學術調查報告》（1942）與《臺北帝國大學第貳回海南島學術調查報告》（1944），以及散作宮本延人所著之〈海南島の原住民豫備調查（一）〉（1941）等，則是第一手報告資料。

帝大分兩次登陸考察。第一回依宮本的說法係1940年12月21日至1941年元月27日（1941:23），而鄭麗玲則說「自1940年11月分三班陸續派遣到海南島」（1999:31）。事實上是當時宮本所屬的「農學班」，遲至12月21日才到海口，而當日的前一天，「生物學班」業已完成一個多月工作，啟程返臺。無論如何，唯一的民族學者宮本延人確定是在島上待了一個月。鄭文僅以幾字提到農學班「到黎人部落附近調查實習」（同上，頁37），但其過程、內容及收穫，均未見進一步說明。1942年帝大又組「經濟、民族關係」、「理農學」及「農藝化學」三班，2月底全部出動，4月初回臺。宮本氏此次編屬經濟、民族關係班，仍是唯一的民族學者。不過，此次宮本專作漢人宗教，他在《第貳回報告》中，即以寺廟神祇寫了成果文章。換句話說，第一回的一個月，是為唯一以黎族為主的在地原住民族群考察行動，所有資料均是該次收得攜回。[5]短短四星期，使臺灣人類學與海南在地泰語系黎族有機會打了照面，[6]也開始了文物圖像境外生命史之途。

〈海南島民族人種調查〉短篇中報告了第一回計考察了海口附近之熟黎、南部陵水萬寧保定之黎族、以及西方石錄山東面樂安等地之侾黎與美孚黎（地圖1）。因此，所有黎人文物照片資料，必是收自上述三區域。帝大的土俗人種學研究室／講座／教室對入藏之民族學標本，均有初步的登記，惟具完整資訊紀錄，仍差大段距離。宮本曾表示，一個月匆匆，走

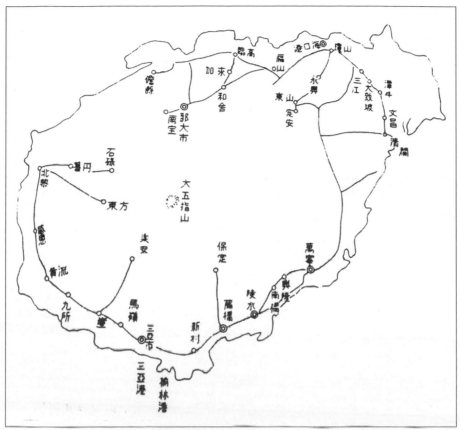

地圖1：臺北帝國大學第一回海南島學術調查團第二班（農學班）採訪地點。（資
　　　料來源；足立仁〈海南島土壤の應用微生物學的研究〉（1942），《臺北帝
　　　國大學第壹回海南島學術調查報告》，頁145。筆者按：本圖係經簡化處理）

訪範圍非常廣，一切只能「瞥見」而已。每一地點停留僅為1小時10分、1
小時半、2小時。他計畫未來再來仔細調查（1941:23）。但是，事實上，
宮本再也沒機會回去，因此，這批從黎人生活點滴或素材，質轉而成的學
術資料，就一直以1941年現狀存放下來，其間歷經美軍空襲、帝大受到波
及、日本戰敗、該校改制國立臺灣大學、土俗人種學更名民族學教室、
國民黨政府敗退臺灣、中華人民共和國建立、1949年臺大考古人類學系成
立、以及1982年系名易為人類學系等關鍵事件。這些1941至1982的種種事

蹟長串合算，約共跨越40年，再加上系名更換迄今又25年，全程合計黎族物像資料已在臺大65年。同時，在臺的中華民國與大陸中共政權長期敵對，人事物至少到了1980年代末期，幾乎均不相往來。黎族標本照片深深隱沒，今天的中國黎族研究者和黎人本身，多數大概仍對臺大藏有這批資料一事，全然無知。

臺大人類學系原有兩個機會，可對黎族材料作一全面甚至進階的整理或探索，其一為1950、60年代的系藏標本研究熱，其二為1949至2003維繫54年的「中國民族誌」必修課，可惜二個機會全錯失了。對標本感興趣的學者如陳奇祿、唐美君、李亦園、何廷瑞、王端宜等，全數投入臺灣原住民的主題（參謝世忠2006），唯剩黎族文物靜躺庫房，難獲青睞。[7]「中國民族誌」由芮逸夫教授開授至1991年，再由筆者接續12年。芮我兩人在課上與學生討論中國非漢族群，一方面族數太多，顧及不到海南的小族，而黎人研究之上乘品質的人類學文獻，亦尚未問世，另一方面不知何故，就是未能生成系上有批黎族材料，應可據之較活潑地向學生說明的動機。這批物像就此繼續沉靜。

黎族臺大結了識緣，卻在半個世紀歲月裡，彼此全然陌生。有緣千里來，卻只「相會」在一剎那。緣媒在前述各段歷史事件中，不是止盡了（即日人離去，以及兩個中國交惡絕裂等），就是始終未曾踏出步伐（即標本專家直接忽略之）。一直到20世紀之交，景況才有了改變。

三、數位圖說

2002年啟始，行政院推動國家型科技計畫，其中，數位典藏乙項，是為重點之一。國立臺灣大學、中央研究院、國立故宮博物院及國立自然科學博物館等幾個擁有重要典藏的機構，被國家科學委員會委請應予以充分配合執行。在臺大方面，藏有大量民族學、考古學標本和舊影像的人類學系，自然成了數位化重點單位。該系多位教師亦積極參與迄今。

國科會設立的計畫工作目標是五年為期，亦即2002至2006。五年間，人類學系在民族學方面，以族為單位，分別對約共5,000件器物標本進行測繪、描述、及數位攝影，另亦逐一沖洗、考証、說明了約5,000張日治及戰

後初期拍攝之老照片。該系2005年總整理四年成果之時，才發現在原住民物像資料即將全數數位化成功之際，有一系上典藏族類材料完全被忘卻，那就是海南島黎族（按，包括系藏太平洋和東南亞地區文物，亦已完成數位化）。

驚覺之時，趕緊最後一年（2006）排上進度，先行標本作業。當年結束，尚差舊照片還沒處理，但卻不知是否能有第二個五年計畫。筆者身為系主任，一方面等待政府的決定，希望消息正面，以使系藏文物材料能夠完整數位化，另一方面突然思及自己專研泰寮文化，而黎人亦屬泰語族系，竟長期漠視之。緊張加上慚愧煎熬了一陣子，終於國科會雖大幅變更了另五年的計畫旨趣內容，卻仍保留了基礎數位典藏的一項。於是，2007年開始，筆者以高度好奇，細細端看黎族影像材料，並與幾位助理共同進行各項沖攝考證敘述的工作。

人類學系藏有黎族生活影像照片393張，物質文化標本199件。宮本延人曾表示，當時在海南島作各項調查，均是包括「輸送、警備」在內的「全員同一行動」（1941:23）。因此，收得的文物，應是立即有人接手裝箱搬運，否則一個月多處奔波，宮本一人絕無可能處理諸多器物，外加笨重攝影作業。這是一個全程「集體」的行動。日人集體抵達，村人集體面對，前者再集體搬走後者家居或公共用品，然後集體離開，再集體現身下一地點。

由於探查過程的倉促性、短暫性、及集體性，而民族學者又僅宮本一人，我們很難想像各項記錄能夠精確詳實。「拿了再說」和「先拍為快」應是當時的思維，畢竟宮本係以為過一陣子情勢穩定了，即可回來細緻考察。在此一前提背景下，2007年的當下，筆者所能工作者，首先是校正原初登錄的錯別字，其次重讀標本介紹文字，找出比較明顯的誤記之處。校勘完成了，在器物方面，由助理逐一對長、寬、高、厚度，以及色彩、紋樣、形式、材料、功能等等，進行仔細量測記錄或系統說明。

宮本留下之文字記述，代表他對黎人的認識景況，60多年之後，筆者工作團隊重新的量寫數字作文，是為另一次對該族「科學瞭解」。宮本也許有他的企圖心，但因未能如願再回海南調查而作罷。至於我們，則以「茫然」（因對黎族一無所知）又「珍貴」（因其歷史久遠）資料對待的

心情，興奮看看量量寫寫。然而，這批材料對筆者來說，實在太陌生，即使在宮本登錄之外，又增添了不少圖文量數，自己與它們仍舊距離遙遠。[8]不過，雖然如此，我們還是能參考宮本文字，再看圖觀物說話，寫出半個世紀又十數年之前海南島黎人的部份生活故事。

四、物像黎情

　　臺大199件黎族標本，除了部分來路不明之外，多數不是日本海軍特務部1942年贈送，就是宮本1940年參訪中所購得。其中不明取得19，贈與104，自購75。在原始資料的詳細程度之上，自購者較佳，而不明者幾近空白。宮本寫下了買來之物的鄉社地點，但軍方贈品和不明來源者，卻均只知取自海南島。[9]我們在說明標本時，或不應混合三類，以免誤導對黎人存有泛同物質文化的印象。

　　下表所示為宮本75件的源地和物件品名。

表一　宮本延人1940年海南島參訪購得當地生活用具一欄表

編號	品名	購買地點
1	椰殼製容器	陸水縣長坡村
2	寢具	
3	漁籠	
4	稻鐮	
5	墨繩規	
6	瓢籠	陸水縣保亭
7	鉈籠	
8	笠	
9	笠	
10	笠	
11	織布片（屍體上蓋的布）	
12	織布片（屍體上蓋的布）	
13	服飾─花布帶	
14	服飾─長袖衣	
15	陶器	馬崁

編號	品名	購買地點
16	服飾—頭巾	感恩
17	服飾—頭巾	
18	刀	
19	印旗板	
20	椰殼吊燈	九听
21	椰殼匙	
22	髮簪	黃龍
23	髮簪	
24	髮簪	黃龍
25	水牛角飾	樂安
26	理線機	
27	月桃方盒	
28	漁荃	
29	咒棒	
30	咒棒	
31	咒棒	
32	咒棒	
33	咒棒	
34	咒棒	
35	咒棒	
36	咒棒	
37	咒棒	
38	小梳	
39	小梳	
40	小梳	
41	服飾—裙	
42	服飾—裙	
43	服飾—無袖衣	
44	小布片	
45	布片	
46	布片（白縞）	
47	寢具布	
48	寢具布	
49	織物原料	
50	袋子	
51	棉線	

編號	品名	購買地點
52	鉈籠	東方
53	服飾─裙	
54	骨杓	
55	服飾─裙	
56	服飾─男用前遮片	玉疊村
57	笠	安定（其他）
58	八極版（魔除版）	感恩（其他）
59	櫛	三亞（漢）
60	普通弓	東方
61	弓	樂安
62	陶壺	感恩縣玉疊村
63	車模型	玉疊（其他）
64	寢具布匹	籐橋（其他）
65	刺繡布	三亞東吉林
66	刺繡布	海南島
67	銀耳飾	
68	銀耳飾	
69	銀耳飾	
70	銀耳飾	
71	手鐲	
72	紐	
73	陀螺	
74	陀螺	
75	簪	

　　上表品名與地點均為宮本的原始記錄。75件中有5件標示出「漢」或「其他」族群所有，扣除這些，被宮本歸為黎族類屬者有70件。它們除了9件未書明採地之外，其他依數量多寡順序，分別為樂安（28）、陵水縣保亭（9）、陵水縣長坡（5）、東方（5）、感恩（4）、感恩縣玉疊（2）、黃龍（3）、九听（2）、三亞東告林（2）、馬崁（1）。簡而言之，樂安與陵水兩縣為最主要標本源採地，感恩與東方居次，其餘只是零散2、3件。不過，即使如收得最多的樂安一地，也僅28件，數量有限。宮本記錄上的大小地點共十處之多，又分散在全島極西（東方）、西南（樂

安）、極東南（陵水、保亭）、及最南的三亞，今天的研究者看到這些量稀源多的標本，即使登錄有案，其效果實如海軍贈送和不明來歷之文物一樣，大抵只能作泛泛感覺並想像黎人生活的「點」或「滴」罷了。

　　海軍贈品的104件亦涵括多樣種類，我們僅將其錄於下表內。

表二　日本海軍特務部1942年贈與臺北帝國大學海南島黎族104件文物總表

編號	品目	編號	品目	編號	品目	編號	品目
76	弓	104	毒刺	132	天秤棒	160	刀籠
77	弓	105	毒刺	133	天秤棒	161	編器
78	弓	106	毒刺	134	木鈴	162	編器
79	普通弓	107	毒刺	135	木鈴	163	木枕
80	矢	108	毒刺	136	木鈴	164	籐椅
81	矢	109	毒刺	137	木鈴	165	皮椅
82	矢	110	毒刺	138	木鈴	166	皮椅
83	矢	111	毒刺	139	鐵鈴	167	服飾—裙
84	矢	112	毒刺	140	切穗鐮	168	纏線車
85	矢	113	毒刺	141	鍬	169	纏線車
86	矢	114	毒刺	142	鋤	170	纏線車
87	矢	115	鐙	143	斧	171	麻線、木棉絲
88	矢	116	鐙	144	皮袋	172	服飾—長袖衣
89	矢	117	臼	145	火藥囊	173	服飾—男用裙
90	矢筒	118	杵	146	洗鍋用具	174	服飾—裙
91	毒刺	119	杵	147	葫蘆	175	服飾—頭巾
92	毒刺	120	杵	148	玄武木雕	176	服飾—頭巾
93	毒刺	121	銅鑼	149	山刀及鞘	177	服飾—男用前遮片
94	毒刺	122	大鼓	150	子彈殼	178	頭巾
95	毒刺	123	小鼓	151	子彈殼	179	布
96	毒刺	124	鼓吹	152	火藥筒	180	磁針
97	毒刺	125	竹笛	153	火藥筒		
98	毒刺	126	鼻笛	154	鉤		
99	毒刺	127	犁	155	發火器		
100	毒刺	128	犁	156	匙		
101	毒刺	129	手耙	157	鑿		
102	毒刺	130	耙	158	鑿		
103	毒刺	131	服飾—簑衣	159	剃刀		

另外的不明來源文物，亦以下表列出。[10]

表三　國立臺灣大學人類學系所藏19件不明來源之海南島黎族標本品目

編號	品目	編號	品目
181	尺	191	咒棒
182	尺	192	寢具
183	尺	193	寢具
184	尺	194	小織布殘布
185	排錢尺	195	籐札木棒
186	木鈴	196	服飾—帶子
187	髮簪	197	織布工具—紡輪
188	紡輪車（殘）	198	木輪
189	長柄平刃農具	199	編髮束
190	咒棒		

綜看宮本購買、海軍贈送、及不明取處等三類黎族文物，筆者試以物質文化各項類疇予以納歸如下。

表四　國立臺灣大學人類學系所藏海南島黎族標本之物質文化範疇類屬表

範疇類屬	次類屬	編號
生業工具	農業	4、8、9、10、18、127、128、129、130、131、140、141、142、143、189
	狩獵	60、61、76-78、79、80-89、90、91-114、145、149、150、151、152、153、154、155
	漁撈	3、28
布衣相關	服飾	13、14、16、17、22、23、24、38、39、40、41、42、43、49、51、53、55、56、67、68、69、70、71、72、75、187、196、199
	紡織	26、188、197
	布匹	11、12、44、45、46、65、66、194
居家生活	食具	21、54、117、118-120、146、156
	工具	5、19、115、116、132、133、134-138、139、148、157、158、159、161、162、181-184、185、186、195
	寢室	2、47、48、192、193、
	休閒	73、74
	樂器	121、122、123、124、125、126
	籠物	1、6、7、52、160
	容器	15、20、27、50、62、144、147
宗教信仰	法器	25、29、30、31、32、33、34、35、36、37、190、191

　　從類屬與次類屬的項次以及編號內容中，我們可以概括地擬寫出一份宮本、海軍、及不明來處標本所指稱之「黎族」的生活面貌文本。

　　1940年代初期黎人農耕之時，多穿戴簑衣笠帽，拿著刀、犁、耙、鐮、鍬、鋤等上工。捕魚時，一般以漁籠行之。狩獵工具則有弓、矢、毒刺、山刀，槍枝火藥等。該族有製作衣服必用的紡輪車、纏線車；女均有頭巾、長袖衣、裙、布帶、頭髮編束，再以髮簪固定。男子另有前遮片，女子則有銀耳飾、手鐲、梳子等配件或理容工具。族人間平常以木鈴、鐵鈴傳聲通訊或警示外援，並有鼓、笛、鑼等樂器。居家使用籐皮椅和木頭枕，亦有葫蘆、陶壺、椰殼、籠子、編器、月桃盒、骨杓、匙等盛裝器皿。族人常在宗教信仰中，運用咒棒、水牛角，喪葬時，常見以特製織布片覆蓋死者。

　　標本告訴我們的黎人生活如上。標本是靜物，宮本所攝製的393張照片，取自實景，動態人事物在內，或許可有更多的訊息呈現。

　　確定由宮本自行收得的文物有75件，而他拍攝的照片數量則有5倍之多。細看這些數位洗出之舊照內容，大致可有幾個重點：沿途舟車人員、自然山水、城鎮村寨、教堂廟宇、走動人群、團體合照、多元個人、衣飾布匹、器物用具、文面刺青、食物處理、建築屋舍等。這些照片有不少是漢人、回民、蛋民、甚至日人的活動場景，與黎人無關。[11]而宮本所收得之標本，大致也都拍攝於內，部份目前找不到可能於戰爭中毀損的文物，可從照片進行比對。扣掉與黎人無關以及重拍標本靜物之片張，照片所透露之黎人生活則有村寨、人群、合照、個人、文身、食物、房屋等，其中村與屋為定著物，合照、個人、文身又為攝影者所要求或安排之姿勢角度，真正「活生生動態」者，只剩走動人群和食物處理兩項。但是，兩項的張數仍是有限，不少黎族「人」景象，仍呈現在團體合照和「多元個人」（同一個人，拍多種角度）之上。

　　古典人類學民族誌學者常為留下「傳統」，所以，就要求受訪者盛裝前、後、側各角度拍攝。若有「奇異」身飾習俗如文面刺身、長耳長頸、厚唇突臀等者，更會焦距集中，從各方位凸顯特定的怪樣之處（參謝世忠

2007）。宮本的海南黎人攝影，就是此一資料取得技法的奉行者。以下是
幾個典例。

圖1（A1569）　　　　　　　圖2（A1570）

圖3（A1577）　　　　　　　圖4（A1578）

圖5（A1589）　　　　　　　圖6（A1590）

圖7（LB3_23-17）　　　圖8（LB3_23-18）

圖9（LB3_24-10）

圖10（LB3_24-11）

圖11（LB3_25-19）

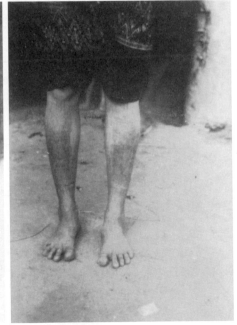

圖12（LB3_25-20）

1. 圖1（原數位分類編號A1569）為樂安侾族男子穿著丁字褲和過腰短背心，露出文手文胸之正面照。圖2（A1570）則為右側身照。

2. 圖3（A1577）為東方黎族女子戴頭巾、大耳環、長袖上衣，並顯露出面頸文飾之左側身照。圖4（A1578）則為該女子自掀胸口，展示刺文的正面照。

3. 圖5（A1589）為東方美孚黎族男子著長袖上衣、過膝裙、包頭巾，右持柴刀，左拿長樹幹之男子正面照。圖6（A1590）之背面照，則另現出置於腰後的籠子和固定頭髮的髮簪。

4. 圖7（LB3_23-17）為西南部樂安黎族男子著過肘半長袖過腰上衣左持線狀物，頭紮前突尖樣式布巾。圖8（LB3_23_18）為正面半身照。

5. 圖9（LB3_24-10）為西南部石錄山男子著過肘半袖過腰上衣，緊繫腰帶正面照。圖10（LB3_24-11）背面照則另現露出左後腰帶上掛一瓶狀物，正背後則有一柴刀。

6. 圖11（LB3_25-19）為西南部東方美孚黎人女子下半身花樣裙，顯露雙手腕環像。圖12（LB3_25-20）則為同一女子可能拉上裙子，露出膝下腳脛刺文像。

在團體合照方面，除了找來族人排站拍攝之外，日本學者似亦常喜歡和被研究者合影留念，宮本自不例外，以下為幾個典例。

圖13（A1571）

圖14（A1575-1）

圖15（A1575-2）

圖16（A1551）

圖17（A1563）

圖18（A1565）

圖19（A1566）

1. 圖13（編號A1571）為在西南方樂安，日方調查人員與前蹲族人手持即將為前者帶走返台之水牛角宗教法器合影。

2. 圖14（A1575-1）為東方著長袖衣裙頭戴布巾，配有腕飾之女子和幾位孩童合影。圖15（A1575-2）為調查人員加入這群美孚黎人一起合照。

3. 圖16（A1551）為西南沿海崖縣兩位黎人女子被要求顯露手腕刺文拍照

4. 圖17（A1563）為樂安附近兩位包有尖狀頭巾著長袖衣黎人男子側前照

5. 圖18（A1565）為樂安附近兩位黎人男女顯示手、臉刺文正面照片。圖19（A1566）為側面攝影。

　　靜態之個人或團體安排式照片，具有強制性和類似「展演性」本質，但若扣除田野倫理考量，影像內容還是有頭飾、耳飾、衣飾和手、腳、胸、臉、頸刺文，以及刀籠配置等文化特質資料參考的價值。所幸，宮本並未忘記自然動態生活景象的捕捉，它們可用以校正刻意安排攝影之可能缺失。以下是幾個典例。

圖20（A1549）

圖21（LB3_20-15）

圖22（LB3_24-13）

圖23（LB3_25-10）

圖24（LB3_25-25）

1. 圖20（編號A1549）為崖火市街上所見挑著裝有葫蘆、菜菜之編籃的黎族女子。由之，我們可之該族性別勞力分工、買賣品項、挑物方法、以及群體行動規模等的訊息。

2. 圖21（LB3__20-15）為秀英附近黎人女子在井邊以桶子汲水。圖中可見族人用水方式。

3. 圖22（LB__24-13）為西南部黎人女子抱小孩在家屋圍籬邊曬東西。從中可看到些許該族兒童養育景象，以及屋外空間使用方式。

4. 圖23（LB3__25-10）為東方石祿山附近黎人居民大人小孩飲食情形。大家蹲吃，中間大盤置菜，每個人面前另有米飯。

5. 圖24（LB3__25-25）為西南部黎人女子在爐灶間放置大型寬口窄底鍋子煮飯情形。鍋子煮食方式在圖中一覽無遺。

　　總之，標本的家人生活面貌，對照於老相片，當然可獲得不少社會文化資訊的補充。尤其是宮本自行採購之文物，就在各攝影地點，有些地方標本量少，照片即於適時供應鑑釋的材料，而標本量多者如樂安，其相片較豐，兩者合一，對該地點的認識可上層樓。不過，上節已說過，由於宮本四處取景，真正關及黎人生活者，大抵只有半數多一些，再分散北、西、南、東南等地各村寨，標本影像數量仍是相當有限。他們的生活訊息補足力量看似強大，但事實上卻不盡然。不過，雖然如此，1940年海南島人景象，透過臺大典藏之標本和照片的整理分析，依是可窺其一二。

四、學論黎族

　　黎族是社會主義中國官定的55個少數民族之一。不過，在國際人類學、民族學、歷史學、人文地理學等的研究社群中，黎族一直是極為陌生的一塊。以人類學來說，自1980年始起迄今近30年，西方和日本學者已出版了大量中國少數民族研究專著（參謝世忠2002; 崔蓮2001:53-62），但卻幾無任何關及海南黎族者。黎族屬泰語系群體，與廣西的壯、侗兩族語言相近。然而，筆者自1990年第四屆起，即全程參與每三年舉行一次的「泰學研究國際會議」（The International Conference on Thai Studies）（見謝世

忠2002; Hsieh 2007），到2008年元月9-11甫於曼谷Thammasat大學舉辦完成的第10屆會議，一共參加過7次。每次會議約有100至150篇論文發表，7次即計共至少700篇泰學相關文章，但竟無一專論黎族者。換句話說，黎族研究被包括歐美、日本及泰國在內之國際學者共同忘卻。不過，這個「忘卻」事實，應是一當代新現象。早在1939年日軍佔有海南以及1940至1942年臺北帝大兩次學術考察之前，東京的南支調查會就編有《海南島讀本》（1939）乙書，裡面有部分篇章提到「黎民四族二十萬人」。1942年帝大第一回調查報告書內宮本所寫〈海南島黎族の一部憶っいて〉（臺北帝國大學理農學部編1942:535-541），以及另於《南方民族》發表的〈海南島の原住民預備調查（一）〉（1941）兩文，前節已有提及。而森於菟於《民俗臺灣》連載7次的〈海南島見聞記〉的首篇就是「黎族の歌」。另日海軍特務部也委託小葉田淳編著了《海南島史》，四章二十萬字（另參朱慶葆、曹大臣2000:65-72），黎族亦是書中主要內容之一。[12]而第一本西方人所著的*Die Li-stamme der insel Hanan-einbeitrag zur Volkskunde Sudchinas*（Stubel[中文名字史圖博]1937），由清水三郎翻譯，再經本野義太郎編輯日文版《海南島民族誌》問世。至於早在1929年已由法屬印度支那殖民地河內地理學會（Societe de Géographie de Hanoi）出版的Francois M.Savina所著*Monographie de Hainanu*一書，亦記有他本人與隨行軍隊於1925年10月11日至30日穿越五指山區所錄之黎人生活民情。惟其被學界重視的程度，不如八年後出版Stubel該書，也未聞日人對它特別關注。總之，二戰期間日人對海南民族尤其是黎族的興趣頗高。不過，問題是，西文就這麼一大冊（Stubel），加一小本（Savina）中的一部分，而日文也僅上述幾種。戰後，國際目光一夕之間全數消褪。

　　現在就剩中文一方的了。海南雖然偏隅，歷史上卻早為中國皇朝注意，漢唐時期即有珠產郡、儋耳郡、瓊州之設，明清亦置瓊州府、儋州、崖州等行政單位。在有清流行繪製南方非漢／華夏族系畫冊的時期，海南也出現了一本不著撰人的《瓊州海黎圖》。李露露表示，該書文字多錄自乾隆時編修的《瓊州府志》，故成書年代應在清中後期（2001:6）。《海黎圖》內容有地圖、狩獵、射魚、踩田、收割、紡織、砍沈香、伐木、住宅、飲宴、對歌、婚聘、迎娶、械斗、及調節衝突等圖。1887年

（光緒13年），胡傳在海南待一個月，寫下〈游歷瓊州黎峒行程日記〉，
1934年《禹貢》半月刊在徵得作者子嗣胡適之同意後，刊行文章。文中提
及「生黎」、「熟黎」、「黎匪」、「黎夫」、「黎貨」、「崖黎」、
「儋黎」、「感恩黎」、「黎語」、「黎哨官」、「撫黎局」及「黎人不
知用犁」等，大致說明了官府、漢人及黎人間之互動過程。1931年志堅撰
文〈海南島上之黎人〉，提到黎人分黎、苗、岐、俘四種，「風俗習慣，
同者頗多」（頁10），又說黎人「仍然封閉自守，度其原始人之生活」
（頁9）。文中分別簡述其語言文字、服飾、屋宇、食料、婚俗、喪俗、
醫藥、武器、交通、交易種種與移徙、以及宗教（頁10-12）。1943年胡
兒的〈海南島之黎苗〉乙文，指出黎、苗兩族「性習迥異」，而黎族可分
成「黎」、「俘」、「伎」三派（頁75）。作者從村落、飲食、服飾、房
屋、日常用具、農產、工藝、農工以外的生產、婚姻、喪葬、一般習尚、
日常生活、契約及現狀等介紹族群。至此，可以看出中文文獻一步步增加
對黎人的認識。至少黎人的「多元性」從只是生熟黎之分，經四派之論，
及至苗黎分論，同時再於黎中另分三支，一路被發現調整。各項社會文化
特質，亦隨著時間逐漸詳細。

　　中華人民共和國迄今近60年，我們不易知悉民國之前的黎族文獻，有
多少被後來的學者參考使用，但資料和資訊的確是朝愈來愈清楚黎境的方
向增加。胡兒的三分黎人，大致與社會主義民族學者所要求調查者差距不
大。為配合民族識別和區域自治政策，各族均應出版一本簡史，黎族自不
例外。《黎族簡史》是第一本中文黎人研究全書，之後專著陸續問世。據
王海〈黎族文化研究著述概評〉（2005）的整理，1949年之後，有關黎族
的綜合性著作至少有18種，而對特定文化範疇或文學專論者，則有17冊。
另有邢植朝在〈黎族學：一項開創性的系統工程〉文章中（2006），亦作
了類似的著作歸納。他自史圖博的《海南島民族誌》和小葉田淳的《海
南島史》算起，一共推薦介紹了34部黎族論著。王與邢兩人各自提到同等
數量的好書，其中有八成重疊。瓊州學院陳立浩直接以該校的28種海南民
族文化研究論著寫就專文，宣揚成績（2007），其中幾乎全數均關及黎族
（按，僅有一文主題新疆）。研究者紛紛對黎族研究寫就類似「回顧與前
瞻」的討論文章，即表示相關研究著作質與量均已可觀。邢植朝甚至建請

設置「黎族學」，以凸顯它的重要性與高成熟度。事實上，黎族專著數量遠在前面幾人的收錄之上，例如李露露的《熱帶雨林的開拓者—海南黎寨調查紀實》（2003）和曾昭璇、張永釗、曾憲珊合著的《海南黎族人類學考察》（2004）兩書，就是不應被忽略的漏網之魚。

　　總而言之，對中國學者來說，過去幾個世紀以上的時光中，黎族研究可謂突飛猛進。民國和日人學者的粗淺族支分類，早已有了更精細之論調。曾昭璇等人的著作，即將黎族分成杞（岐）、潤（本地黎）、侾、美孚、及賽等六族，而且每族都細細描述人口分佈、體質、服裝、文身、船形屋、農業、手工業、婚喪、社會組織、法律、口傳文學、樂舞藝術、宗教、醫藥科技、漢黎關係、歷史、及合畝制等。李露露的該書則是作者在前期遍訪侾、美孚、本地及杞等四種黎之後，決定以侾黎的一村為調查對象，記錄詳細民族誌（他強調計拍攝了數以千計照片）（2003:3）。[13]

　　社會主義中國學者對黎族被界定為類似「父系家族公社」遺留之族親共耕共享的「合畝制」，尤其感興趣。幾乎每本專書著作必定提及它的存在與運作情形。不少學者或單位甚至不斷以探索該制度為題，申請專案研究計畫（見陳立浩2006；容觀夐2001）。其他如衣飾文化、布匹製銷、教育、椰樹文學與文化、經濟、族群關係、現代化等，亦常被提及應予以推動研究。即使國際學術自戰後中斷迄今，黎族研究在中國似乎已成地方顯學之一。曾昭璇等人之書以「人類學考察」為名，雖幾未參引任何理論性文獻，或開創清晰的社會文化解釋模型，但其調查資料已屬詳細，進步的績效可以看到。

六、對話有語？

　　黎族研究至少在中國已成相當氣候，上節說明可為明證。但是，曾對它感興趣的日人，早已斷線關係，而當年被他們其中之一成員宮本延人先生，辛苦搬至臺大的199件加370張，不僅日方忘卻，中方不曉，連保有60年的臺大也未曾稍有注意。今天數位整理出資料，所有丈量描繪和校勘工作，業已完成。下一步即應是設法黎族（在臺物像）連線黎族（在中學術），相互增加啟發暸解的機會。

　　事實上，在助理們整理文物和影像時，筆者也請工作人員隨時比對文獻，將與特定處理之材料相關的資訊登錄下來，以為參考，或者增添我們量視物像時的想像力。不過，問題其實也就出現在此。宮本時代雖已知生熟黎之外，還有如侾黎的支系存在，但現今以「黎學」之姿，所細部介紹的杞、美孚、潤、塞等亞族，其各自文化差異面向，多已被整理出來，我們努力將基本資訊不足的老標本照片拿著對應新文獻，卻常知難而挫。畢竟，籠統的登錄資料，遇上已然細描介紹的當代民族誌文本，真的只有撤退的份。核對過程中，頗為擔心納歸錯誤。原本標本最多取自樂安，但單樂安一區，就有多族黎人，各分支均在，到底60幾年前，確實收自何一地點，並不清楚，我們在對照文獻時，尤其感到不安，不能遽下結論。所以，即使每一標本均抄下幾則可能相關之文獻資料，大抵也是求得形式參考，無能發揮具體的「考證」和解釋作用。

　　宮本、海軍及來源不明的黎族文物，集中於臺大，在有限空間的工作室內，工作人員偶會有這批材料「珍貴」的感覺。然而，果真「珍貴」乎？跑遍多村，每村三、兩件，頂多一、二十，然後納歸廣泛「黎族」範疇之內。從籠統黎族角度視之，也許198件都是可供協助認識該族的素材，但以今天「黎族學」的立場看待，各族支歧異複雜，整理研究零散的臺大標本，基本上並不能增添太多黎族知識。換言之，統合看待它們並不妥，分而核對各小件與各族支，亦無以為功。臺大標本似乎注定孤寂。

　　筆者曾規劃將所有資料帶到海南島，一來拜訪「黎族學」相關學者專家，請其協助「指認」，二來準備循宮本60年前路線，一一回到原點，察看蛛絲馬跡。此項計畫因故未能成行。不過，即使成行了，大抵海南教授們應會以「珍貴」語氣看待，至於欲從中獲得具體的黎族知識，可能希望不大。畢竟，大量黎族文物在1950年之後，已陸續為中國研究單位收得存藏，臺大這批放入其中，並無在文化解釋上得以被特別突顯的位置。「珍貴」是因物品的長時間離散，以及複體空間（地理、政治、心裡等）的隔絕所致，基本上，它還是應放回瞭解海南社會文化的平台上，才較具人類學的意義。

　　專書問世至少40餘種的中國「黎族學」，迄今尚無聽聞擬欲調查研究「流落」海外黎族文物、影像、或其它可能性資料的聲音。臺大此批公諸

於世之後，海南方面會有什麼迴響，也難知悉。不過，至少臺灣這邊或有可能以探究此些物像材料為由，研擬專題計畫，前往海南田野。屆時，雙方可開啟因黎而結緣的新契機，即使材料進入現場後，因年失久遠外加記錄模糊，以致仍不易獲得更精確的文化知識，它依是一種對話的良機。或許對話之後，可以啟迪不少新意，而就算新意出產緩慢，只要有藉由臺大標本而建立起互動之實，至少中國「黎族學」就可超越在地學問，新加入海外臺灣的眼光。日本一方失聯甚久，本文的寫作，以及未來可能的中、臺「黎族學」交流網絡形成，或會喚起今輩東瀛學者的歷史記憶，重溫40年代的前人書寫，然後加入臺大標本的探知興趣。系統性的海南田野，因此或可於不久之後，由日、臺學人合作行之。據此，「黎族學」又納入了東北亞國際要素，對話層面增加，學問更真正成了國際學術範疇。將來泰學研究國際會議不會少了它，西方學人按理也會開始醞釀腳步，邁向海南島。宮本標本或臺大標本作為二十一世紀媒緣，其所能造就的學術契機值得期待。

七、結論：時空、賦意與珍藏

國立臺灣大學藏有海南島黎族文物影像數百件，對與該地該族一向少有往來之臺灣人類學界而言，該批物件的存在，實在頗為奇特。臺北帝國大學的海南島調查團於1941年在宮本延人的主導下，帶回了這些物像，不久之後，卻也「淹沒」於世間，直到今天才數位見日。

文物原屬宮本所至之島嶼北、西南、南方之通稱黎族的村寨人家，民族學者傳統習慣，一定設法買來帶回它們，以為研究材料。沿著一村村，宮本陸續增加購得物，也拍攝愈多照片。在簡單的登錄下，它們上船、經南中國海、巴士海峽，抵達基隆，再搬到學校。當時日本與重慶中國政府互為敵人，很快地，戰後不久的臺灣又與社會主義中國彼此仇視。海南黎族材料無辜，來了臺灣，日人卻離去，中、臺又絕裂，加上臺大學者專研本地原住民，以致宮本渡海運來的人類學物像資料，始終未有機會「出土」問世。這是時間進展過程中，所出現的模體空間紛爭結果。空間上的人群不睦，物像材料就形同隔絕於原來的主人和主體學術的興趣之外。

　　然而，忘卻原本材料的超過半世紀時間中，中國「黎族學」悄悄形成，多位研究者奮力向學。宮本延人的記錄是為賦與物像意義與價值的第一環，1950年代考古人類學系師生的清點整理，是為賦意的第二環。典藏日久後產生的「珍貴」效應，是為賦意的第三環，臺大2006、2007年的數位當理是第四環。不過，因黎族知識基礎的缺乏，因此，第二、四兩環賦意並未超越第一環多少，最終，材料好似僅剩第三環的「珍貴」一途，學人團隊因此陷入困局。中國「黎族學」於海南在地延續賦與知識意義，論著大量。這套賦意系統不會因加入臺大的第二與第四次賦意，而有太大的改變。主要的引目焦點反而是因時空曾有斷裂、交惡、失聯的記錄，才使得物像材料獲有一份想像上價值。「珍貴」因時空偶然而來，在人類學知識需求目標上，「賦意」並不會因「珍貴」而添分，反而是經多時空旅程之後的「珍貴」民族學物像，終須放下身段，走入「黎族學」的常態知識範圍內，尋求有趣的考據效果與生活對話。臺大不會因據有「珍貴」，沈入戀物泥沼，從而忽略民族誌精確「賦意」的任務。我們亟願號召失落的日本學人，一起合作，再次與黎族作朋友。

◆附註

1　傳統上，第一世界範圍歐美紐澳再加上日本，第二世界則舊蘇聯及其外圍東歐共產國家，第三世界泛指脫離殖民之後的亞非南美等地區國家。第四世界（The Fourth World）意義多重，有稱印度次大陸者，有廣意劣勢人群者，也有唯論國際間不具國家擁有地位的原住族群（indigenous peoples）者（見謝世忠1990）。本文此處係指前述最末之原住族群界定範疇者。按，在很長的一段學術史中，人類學者自田野地取得標本文物，被視為是很自然的事。

2　人類學界慣以「安樂椅上的人類學家」（armchair anthropologist）譏諷不做田野，只靠想像寫字營生的學者。不過，造成安樂椅現象，事實上也不無道理。試想，人人從大小部落社區帶回標本，存放典藏後，誰來接續處理？攜回者頂多只能整理其中少量，大多數則一旦進了博物陳列館藏室，就必須靠專人以之為材，述出學問。於是有人必得扮演博物館民族誌的研究者。他們幾乎終日鑽研標本，不想當安樂椅人也難。不過，學者們不會不知田野的必要性，因此，常見他們撥得空檔，有限期探訪文物源出地，交參考證比對資訊。基本上，當代已少有百分百安樂椅研究者，依筆者之見，他們多數應可被稱為「安樂椅坐一半的人類學者」（half-armchair anthropologist）。

3　臺大人類學系有考古學與民族學標本陳列室各一，其中民族學室空間約70坪，陳列臺灣原住民各族物質文化代表物品約1,000件，其他另有約5,000件典藏於庫房內。這些標本九成為臺北帝國大學（1928-1945）時期的收藏品（參芮逸夫1953）。戰後二十年間，持續又入藏部分田野購得文物，1963年之後，即不再主動添購標本。1994年在行政院文化建設委員會贊助下，該系曾舉辦一「臺灣原住民物質文化特展」。2007年人類學系參加臺大博物館群活動，全面更新民族學室各族各主題解說文字，並稍事調整展示內容。近年來，系方與諸如國立臺灣博物館、臺北縣立十三行博物館等各主要人類學博物館積極合作，出借藏品協助展覽，並合辦學術會議，充分活化典藏的效用。

4　人類學系亦典藏部分非臺灣地區之大洋洲與島嶼東南亞如菲律賓、峇里島等南島族系的文物，另有一些漢人生活物質用具或影像。長期以來，原住民文化為系上主體學術目標，因此，非原住民之文化文物資料，自然較易為人忽略。

5　第一回海南島學術調查團的農學班另有醫學部的體質人類學家金關丈夫教授參加。他曾為文描述比較島上住民之手掌理紋和指紋，其中所提及的黎族群體包括美孚、侾、石祿山、東方、樂東、保亭及熟黎等（金關丈夫1942:477-534）。此外，臺大考古人類學系成立之初，金關氏送來兩具黎族紡輪（芮逸夫1953:21），顯然當年其在量測手紋時，亦兼收得了部分黎族文物。

6　「黎」北方漢語唸li，而南方漢語如閩南語則音lai。海南島漢人操用閩南語，通稱在地土著為lai，經語言學校正唸為Hlai。中國學者慣將Hlai語歸屬漢藏語系內的壯侗語族，而該語族又可分為壯傣、侗水及黎等三個語支（Burusphat et al. 2003:xii）。西方學者James A. Matisoff（1983）則接續哈佛大學Paul K. Benedict教授（1942, 1975）所提之Austro-Tai概念，主張中國所稱之壯侗語族與漢藏無關，反而可併合南島與南亞語族系統。不過，無論如何，Hlai確定與泛泰語族同一系統。

7　芮逸夫在〈本系標本搜藏簡史〉一文中曾提到，「……，舊臺北帝國大學組織了一個海南島綜合學術調查團，宮本氏參加前往，採集得黎族等標本近百件。三十一年，又得日本海軍特務部贈送的黎族等標本百餘件，其中有銅鼓一件（1953:18）。」1950年代初，全系忙著清點整理描寫標本，芮氏稱，「兩年餘以來，已經整理約有1012件：包括……，海南島黎族89件，……」（ibid.20）。系藏標本整理之後，教師學生們即紛紛針對其中的臺灣原住民物質文化標本，密集研究，出版論文，而黎族則從未被排入書寫時序內。

8　事實上宮本延人於〈海南島黎族の一部について〉（1942）一文中，已附上了43張田野照片和76項文物圖像，約占人類學系黎族藏品的五分之一。他們靜躺於《臺北帝國大學第壹回海南島學術調查報告》六十數年，不易估量多少人會翻閱過該書，但可確定的是，黎族影像未有勾人興趣提筆述說的記錄。

9 我們難以得知早期系上工作人員到底增補校對了何些資料，但經前些時日的反覆察看，可以確信當時資料匱乏資訊不足，大抵只能用簡略日文中譯，記下宮本原意，不可能有考證發現或新創觀點。

10 前文提及金關丈夫曾送系兩具紡輪，因登錄資料不詳·該紡輪可能即是類歸不明來源編號188、197兩項。宮本和海軍的文物查無紡輪，而不明來源表的紡輪，剛好唯二，因此有筆者上述推測。

11 這些族稱均是宮本所用者。今天海南島有中國官定少數民族之一的回族人口約8,372（不著撰人，不著年代）。據Pang Keng-Fong的研究（1990），島上一部分回族係越南中部古王國Champa（占城／占婆）的移民後裔。「蛋」則為中國南部尤其是東南一帶古老的族稱，最早見於范曄《後漢書》與晉常璩之《華陽國志》。1950年代中葉，中國政府將之全納入漢族範疇內。

12 《海南島史》1970由張迅齋中譯出版。此外，海軍特務部另委託東京高伍節學校岡田謙教授、東京帝國大學尾高邦雄講師、及部屬政務局屋井部員多人，分別寫成〈海南島黎族の社会組織〉、〈海南島黎族の経済組織〉、〈昌感地方の開拓卜言語分佈の由來〉、〈舊海南島社会ニ於ケル儿官人群卜人教育制度〉、《重合地方ニ対スル黎族の移往ニ就テ〉、〈大歧黎ニ關スル諸多問題〉及〈漢唐の海南島経営〉等大小文章（可參2001年由山下晉司、中生勝美、伊藤亞人、中村淳所編之《海南島黎族の社会組織、海南島黎族の経済組織、民族調查資料》一書）。

13 各種群體名稱，正確發音應該ha（俫）、get（杞／崎／伎）、hkw;n（潤）、mo:ifau（美孚）tha:i（賽）等（see Burusphat et al. 2003:xiii-xiv）

引用書目

王海
　　2005 〈黎族文化研究著述概評〉。《西南民族學院學報》26:17-20。
朱慶葆、曹大臣
　　2000 〈日本對海南島之調查之評述〉。《民國檔案》2000(3):65-72。
李露露
　　2001 〈清代黎族風俗的畫卷──瓊州海黎圖〉。《東南文化》4:6-15。
　　2003 《熱帶雨林的開拓者──海南黎寨調查紀實》。昆明：雲南人民出版社。
邢植朝
　　2006 〈黎族學──一項開創性的系統工程〉。《廣東技術師範學院學報》3:11-14。
志堅
　　1931 〈海南島上之黎人〉。《民友》2:9-13。
南支調查會編
　　1939 《海南島讀本》。東京：南支調查會。
胡兒
　　1943 〈海南島之黎苗〉。《旅行雜誌》18(4):75-87。
胡傳
　　1934 〈遊歷瓊州黎崗行程日記〉。《禹貢半月刊》2(1):22-36。
容觀夐
　　2001 〈對當前黎族史研究的幾點思考〉。《中南民族學院學報》21(6):134-135。
宮本延人
　　1941 〈海南島の原住民豫備調查（一）〉。《南方民族》6(3):157-161。
　　1942 〈海南島黎族の一部〉。刊於《臺北帝國大學第壹回海南島學術調查報告》。台北
　　　　　帝國大學理農學部編，頁535-541。臺北：臺灣總督府外事部。
崔蓮
　　2001 〈近20年來日本有關中國少數民族研究文獻簡述〉。《西南民族學院學報》22(2):
　　　　　53-62。
陳立浩
　　2006 〈肩負使命不斷開拓進取　創建民族文化研究品牌──瓊州大學研究海南少數民族
　　　　　文化的回顧與展望〉。《瓊州大學學報》13(6):22-26。
　　2007 〈突出民族特色　創建科研品牌──瓊州學院研究海南民族文化的創新構想與實
　　　　　踐〉。《瓊州學院學報》14(3):42-58。
曾昭璇、張永釗、曾憲珊
　　2004 《海南黎族人類學考察》。佛山：華南師範大學地理系。
森於菟
　　1944a 〈海南島見聞記（一）〉。《民俗台灣》4(3):10-13。
　　1944b 〈海南島見聞記（二）〉。《民俗台灣》4(5):26-30。
　　1944c 〈海南島見聞記（三）〉。《民俗台灣》4(6):12-17。
　　1944d 〈海南島見聞記（四）〉。《民俗台灣》4(8):20-24。

1944e 〈海南島見聞記（五）〉。《民俗台灣》4(9):25-29。

1944f 〈海南島見聞記（六）〉。《民俗台灣》4(10):32-36。

1944g 〈海南島見聞記（七）〉。《民俗台灣》4(11):28-33。

湯熙勇

2005 〈脫離困境：戰後初期海南島之台灣人的返台〉。《臺灣史研究》12(2):167-208。

臺北帝國大學理農學部

1942 《臺北帝國大學第貳回海南島學術調查報告》。臺北：臺灣總督府外事部。

1944 《臺北帝國大學第貳回海南島學術調查報告》。臺北：臺灣總督府外事部。

黎族簡史編寫組

1982 《黎族簡史》。廣東：廣東人民出版社。

謝世忠

2002 〈「國族─國家」、共同體、及其解構──評泰國與中國少數族群的人類學研究〉。《亞太研究通訊》16:3-39。

2006 〈認識、理解與建構──《考古人類學刊》的半世紀原住民研究〉。《考古人類學刊》66（出版中）。

鄭麗玲

1999 〈台北帝國大學與海南島──以海南島的學術調查為中心〉。《台灣風物》49(4):19-59。

Han Stubel（史圖博）

1937 *Die Li-Stammc der insel Hanan: ein beitrag zur volkskunde sudchinas*（海南島民族誌）.Berlin: klinkhardtz Biermann.

Hsieh, Shih-chung

2007 Academic Pan-Thaism vs. Lao Academic Nationalism: Toward a Perspective of Understandings Tai-speaking World in Mainland Southeast Asia. A paper prepared for the "International Conference 2007 Data and Interpretation: Contemporary Understanding of Anthropological Knowledge", November 10, 2007, Taipei, Taiwan.

* 本文係行政院國家科學委員會「拓展臺灣數位典藏計畫──臺灣大學深化臺灣研究核心典藏數位化計畫──臺灣大學人類學系學術資料數位典藏計畫」（計畫編號：NSC 95-2422-H-002-027）研究產值之一部分，感謝國科會的支持。論文撰寫期間承李莎莉、王鵬惠、李蓁、王香榆、許湘彩、楊鈴慧、吳宜霖、劉瑞超、張嘉倩、郭欣諭、張娥凜等多位親朋學棣的大力協助，同表謝忱。

（本文原刊於《民俗曲藝》2009/166:315-360。）

社會科學類　PF0325　Viewpoint63

臺灣放眼亞洲北東南
——族群文化論集

作　　者／謝世忠
責任編輯／楊岱晴
圖文排版／楊家齊
封面設計／劉肇昇、陳香穎

發 行 人／宋政坤
法律顧問／毛國樑　律師
出版發行／秀威資訊科技股份有限公司
　　　　　114台北市內湖區瑞光路76巷65號1樓
　　　　　電話：+886-2-2796-3638　傳真：+886-2-2796-1377
　　　　　http://www.showwe.com.tw
劃撥帳號／19563868　戶名：秀威資訊科技股份有限公司
　　　　　讀者服務信箱：service@showwe.com.tw
展售門市／國家書店（松江門市）
　　　　　104台北市中山區松江路209號1樓
　　　　　電話：+886-2-2518-0207　傳真：+886-2-2518-0778
網路訂購／秀威網路書店：https://store.showwe.tw
　　　　　國家網路書店：https://www.govbooks.com.tw

2022年10月　BOD一版
2022年12月　二刷
定價：620元
版權所有　翻印必究
本書如有缺頁、破損或裝訂錯誤，請寄回更換

讀者回函卡

國家圖書館出版品預行編目

臺灣放眼亞洲北東南：族群文化論集/謝世忠著.
-- 一版. -- 臺北市：秀威資訊科技股份有限公
司, 2022.10
　　面；　公分
BOD版
ISBN 978-626-7187-25-8(平裝)

1.CST: 文化人類學 2.CST: 民族文化 3.CST: 文集
4.CST: 亞洲

541.307   111016900